華人眼中的法蘭西

從華工、留學生、記者到外交官，
橫跨二十世紀的旅法見聞

法國巴黎大學文學博士
陳三井——著

緒言

歐洲思想的發展，就像一曲旋律多變化的樂章，有高潮也有低調。十八世紀是個大轉折，也是新舊思想交替的時代。史家有謂，十八世紀，或者說法國大革命的那個世紀為「理性時代」（Age of Reason），也就是「啟蒙運動時代」（Age of Enlightenment）。

所謂「啟蒙」，是指人類生命及思想體系脫離宗教束縛的努力，而傳播啟蒙思想的人通稱為「哲士」（Philosopher）。對德國大儒康德（Immanuel hant, 1724-1804）而言，啟蒙意味著知識分子的勇氣，是為了反抗盲目接受他人指使的傳統，是對人類的一種挑戰。

啟蒙思潮並非起源於法國，但法國卻是啟蒙思想的主弦律、活動中心和大本營。法國學者的名聲和影響力彌漫全歐，法語成為各國的共同語文。這種思潮並不是一種社會的顛覆行為，而是從事社會改良的奠基工作，它一直支配著十八世紀的歐洲，也為以後的社會革命鋪路。

啟蒙運動在法國產生了三位最負盛名、影響力遍及全歐的哲人先驅，他們是伏爾泰（一稱服爾德，Francois Marie-Arouet de Voltaire, 1694-1778）、盧梭（Jean-Jacques Rousseau, 1712-1778）與孟德斯鳩（Charles de Secondat, Baron de Montesquieu, 1689-1755）。[1]

伏爾泰出身中產階級家庭，他以機智、詼諧、才華和明快的文風著稱。他的著作甚多，包括《英國書簡》、《瑞典查理十二史》、《路易十四的世紀》等。大文豪雨果（Victor Hugo, 1802-1885）曾說：「提起伏爾泰，等於敘述十八世紀的特徵。」杜蘭（Will Durant, 1885-1981）在《世界文明史》第九卷中，以很大的篇幅描寫十八世紀為「伏爾泰的世紀」（The Age of Voltaire），他認為，義大利有文藝復興，德國有宗教改革，法國有伏爾泰。意即伏爾泰之於法國，等於文藝復興和宗教改革，以及半部的革命運動史。伏爾泰不僅是啟蒙思潮的巨靈，也是法國大革命的報曉公雞。

伏爾泰一生最關注的就是「人」這個大問題，他為人的權利、人的尊嚴奮鬥數十年，其基本出發點與孔子思想中的「愛人」完全一致，故有人尊稱他為「歐洲的孔子」。[2]

為伏爾泰寫過傳的莫洛瓦（André Maurois, 1885-1967）謂：「十八世紀是中產階級與紳士的時代，是博學與輕佻的時代，是科學與浮華的時代，是歐洲的尤其是法國的全盛時代，是古典的面目染上浪漫色彩的時代。而這一切特點都集中於伏爾泰一身：他是十八世紀一幅最完美的圖像。」

盧梭出生在日內瓦，受英國洛克（John Locke, 1631-1704）的影響很大。他是啟蒙運動的功臣。民主政治的先導者。早期的思想見諸他的〈論科學與藝術〉、〈論人類不平等的根源〉，而

---

1 參閱："Dictionnaire de la Philosophie"（Larousse, 1964），武雅克譯，《西洋學術名著思想》（臺北：世界文物，1972）；莫洛亞著，艾嘉譯，《伏爾泰傳》（臺北：華新，1974）羅曼羅蘭著，《盧騷傳》（臺北：新潮文庫，1974），許明龍，《歐洲十八世紀中國熱》，（北京：外語教研社，2007）。

2 孟華（「歐洲的孔子」——伏爾泰）參見許明龍主編，《中西文化交流先驅》，（北京：東方出版社，1993），頁301-317。

以《民約論》一書影響最大。羅曼羅蘭（Romain Rolland，1866-1944）曾說：「盧梭是代表他那個時代心智力最顯赫的一個榜樣，他洞察，轉變以及改革了當時和後代的社會。他對於正在崩解中的舊世界，針對其病根施以無情的打擊，像大雨沖刷的工作。」透過作品，盧梭點亮了漆黑的時代，引燃了法國大革命的火炬。

孟德斯鳩曾任波爾多（Bordeaux）的司法官職，是傑出的政治哲學家，其人主要的代表作是《法意》（*De l'esprit des lois*），或叫《法律的精神》和《波斯書簡》，其政治思想在創立「三權分立」說，他甚為稱許英國的政制，認為英國混合了君主、貴族和民主政治（上、下議院）於一爐，又有三權的分立，所以是典型的分權與制衡的國家。《法意》成為十八世紀所有政治思想家的一部經典教科書，也為從事於改良或製訂憲法的政治家提供了重要的材料。

梁啟超認為，法國的啟蒙思想家對法國大革命的醞釀和爆發，發揮十分重要的作用。他特別推崇盧梭的《民約論》：「自此說一行，歐洲學界如旱地起一霹靂，暗界放一光明。風馳雲捲，僅十餘年遂有法國大革命之事。」他熱情讚頌盧梭的天賦人權思想，尤其對人生而有平等之權、坐而當享自由之福等論斷，最為傾心，稱之為「精義入神，盛水不漏」。他甚至尊稱盧梭為「近世醫國之國手。」[3]

繼起的「民國四老」，有「啟蒙先驅」美稱的旅歐留法的蔡（元培）、李（石曾）、吳（稚暉）、張靜江（人傑）四位先生，他們以法國為師，視啟蒙大師為尊，坐而言並起而行，採中法合作共辦教育文化事業原則，在法國組織「世界社」，創刊《新世紀》，除贊助「以工代兵」，派遣華工參加歐戰外，並發起民初旅歐教育運動，旨在讓歐美學術運河平均輸灌，融合中外學術，為人類文明開啟一新紀元。

民初旅歐教育運動，不但風起雲湧，掀起一股留學新熱潮，並為民初的中國思想潮流注入新元素。從徐特立到周恩來、蔡和森，乃至五四後期的巴金、徐志摩、傅雷、張競生等人，他們言必高談自由、平等，他們的出國留學動機，不僅為個人出路考慮，也在尋求建國的知識、救國的本領和強國的技能。待回國後，「推翻舊倫理、扯開自由旗，唱起獨立歌。」[3]

本書的設計，最初僅只十章，而以歐戰華工、勤工儉學學生、里昂中法大學生，以及半世紀以來的留法學生等為主角，以個人留學經歷和見聞為內容，但值得入「鏡」的前輩實在很多，不得不半途割愛而成遺珠之憾！另國人短期到法國觀光旅遊，開會兼考察遊山玩水者亦復不少，他們亦留下可觀的遊記和見聞，但因與本書旨趣不同，除少數幾篇有代表性作品外，亦不得不割愛。說之，為了完成本書，筆者已經翻閱、參考、引用逾百本的相關著作，前後從構思到書稿完成，耗時也近一年時間，實在能力有限，年齡大，也有力不從心之感！言此向讀者致歉。

3 許明龍，〈梁啟超的法國大革命觀〉，《國史研究》，1989年第2期，頁185。

目錄
CONTENTS

PART 16

情繫法蘭西：二十世紀六〇年代的留法學生

PART 17

江山代有才人出：留法新銳眼中的法蘭西

PART 01

旅歐留法先驅者的法國影像

民初旅歐留法啟蒙哲士

十八世紀的法國產生了伏爾泰、盧梭、孟德斯鳩三位啟蒙哲士，對法國的歷史走向造成了難以估計的深遠影響。同樣的，二十世紀初的中國也孕育了幾位以法國為師的啟蒙哲士，對近代中國歷史產生了巨大的影響。他們是李煜瀛（石曾）、張人傑（靜江）、蔡元培（孑民）、吳敬恆（稚暉）。俗稱「民國四老」，或「民國四皓」。

「民國四老」的共同特質

李、張、蔡、吳等四老，都出生於清末，活躍於民初，具有下列幾項共同特質：

1. 旅歐留法的背景。
2. 標榜改良社會的進德會會員。
3. 志同道合的同盟會會員。

4. 具無政府主義色彩。

「民國四老」在法國創辦的共同志業

除上述四項共同特質外，「民國四老」處處以法國為理想和榜樣，深受法國文化思想和政治、教育制度等各方面的影響，在中國和法國創辦了不少共同志業，對民初的政治、外交、文化、教育等方面產生了重大的影響。茲扼要說明如下：

1. 組織「世界社」，創刊《新世紀》，宣傳無政府主義

「世界社」於一九〇七年成立於巴黎，主要發起人有李煜瀛、吳敬恆、張人傑、蔡元培、汪兆銘（精衛）、褚民誼等人。

《新世紀》同樣創刊於一九〇七年，由吳稚暉、李石曾負責編輯，張靜江負責財務，共出版一百二十一期，主要撰稿人有吳稚暉、李石曾、褚民誼等人。他們的思想激進，宣傳無政府主義不遺餘力。

2. 鼓吹「以工代兵」，派遣華工參加歐戰

請參閱第二章「華工在法的困境」。

3. 發起民初旅歐教育運動

第一部分，包括創立「留法儉學會」、「勤工儉學會」、「華法教育會」，鼓吹「儉以求學，

3. 法國政教分離較澈底

蔡元培對於法國政教分離的情況，有深入的觀察。法國於一八六六年已廢除神學專科，自一八九二年至一九一二年，法國厲行政教分離之制，凡教士均不得在國立學校為教員，自小學以至大學皆然。換言之，法國教育能脫離宗教之迷信和君主之掌控，最宜於中國。

4. 法國美術教育發達

蔡元培在德國萊比錫大學留學時，便十分重視學習美學和研究美學思想，尤受康德的哲學美學思想和希臘美術精神的影響，所以特別注重美育，以美育涵養性靈，以優美代替粗俗，化殘暴而為慈祥。

蔡元培認為美育是養成健全人格所不可缺少的重要因素。他甚至認為，美術與國民性關係匪淺，凡民族性質偏於美者，遇事均能從容應付，雖當顛沛流離之際，決不改變其常度。當法國在歐戰期間，明知軍隊之數，預備之周，均不及德，而臨機應變，毫不張望，當退則退，可進則進，若握有最後勝利之打算，而決不以目前之小利害動其心者，此皆源於美術之作用也。民族性偏於優美一派如法國，其法語的雅馴，建築與器具的華麗，圖畫之清秀以及文學、美術之品味，復在在受到蔡元培的推崇。

蔡元培在華法教育會成立會上演說，更從日常生活中所見，推崇法國美術的發達。他信心滿滿的說：「法國美術之發達，即在巴黎一市，觀其博物院之宏富，劇院與音樂會之昌盛，美術家之繁多，已足證明之而有餘。」這是每一個到過巴黎的人都能夠輕易發現而又感觸極深的事。

5. 法國普通教育學費低廉

法國各級教育自拿破崙（Bonaparte Napoleon, 1769-1821）以來，便採取中央集權制，一切由中央統籌，學費廉求學易。其公立小學為普及教育之根本，全免學費，人人可得求學（類似臺灣的國民義務教育）。中學為學問之要徑，價廉而制簡。至於大學為高深學問之講求，學費相較於美歐國家為低廉。

李石曾認為，法國學校學費之所以相較節省低廉，與法國之平民主義發達有關。蔡元培對法人的儲蓄習慣極為推崇，譽為世界最善儲蓄的民族，故其全國富力，全操於小農及小康善儲蓄之家也。這與中國人的習慣相類似。

6. 法國人崇尚自由平等，較無種族歧視觀念

「自由、平等、博愛」是法國大革命最為響亮的口號，對近代中國，尤其對中國的知識界產生過巨大的影響。李石曾早年留學法國，與蔡、吳、張等人發起組織「世界社」，創辦《新世紀》週報，並設立豆腐公司，主張派遣華工參加歐戰。復倡議旅歐教育運動，鼓勵莘莘學子到法勤工儉學，且創設里昂中法大學以培養專門人才，而能充分融入法國社會，並成為巴黎沙龍的常客。據其觀察，「法國人民，素無歧視外人之習。」蔡元培亦補充說：「法國人無仇視外人之習。」

關於自由、平等，李石曾亦指出：「法人之思想自由，甲於世界。既無崇拜官紳之風，尤少深信宗教之蹟，不尚繁文，最富美感。」[2]

---

2 同前書，頁 30-40。

PART 02

歐戰華工逐夢法國

華工參加歐戰的想像效益

歐戰（或稱第一次世界大戰，1914-1918）爆發，協約方面之法、英、俄三國，因國內壯丁大多調赴前線，廠工缺乏，農務廢弛，於是先後到中國大批招募華工，或任木材砍伐，或在礦山工作，或參與軍火製造，或支援後勤運輸。[1]大體言之，華工們除了一小部分在後方的兵工廠做工外，多數分配在戰場上挖戰壕、送彈藥、抬傷兵、埋屍體等繁重工作。[2]於上述三盟國人力資源之補充，貢獻不可謂不大。

華工之所以大批赴歐，有兩項主要動機：其一，就中國政府而言，歐戰爆發，中國政府初採中立，後雖宣布對德、奧宣戰，但因國內政爭頻繁與財政及運輸上之種種困難，並未真正派兵赴歐洲與協約國並肩共同作戰。故此舉隱含「以工代兵」之深意。其二，就民間而言，旅法多年、曾在法國創辦「豆腐公司」的李煜瀛（石曾）極表贊成。李氏深受俄國無政府主義者克魯泡特金（Peter A. Kropotrin, 1842-1921）「互助論」的影響，認為此舉可裨益國人者有三：

一曰擴張生計：華工赴歐不但可以減少內地無業之民，他日殖產興業，尤大有裨於祖國。

二曰輸入實業知識：今乘歐洲工廠缺人之際，以我國具普通知識之工人分插其間，將來回國以後，轉相授受，必定能使工業常識普及於人人。

三曰改良社會：以吾國多數工人生活於彼國工界中，耳濡目染，吸其所長；他日次第歸國，必有益於社會教育之進行。[3]

按李石曾素抱改革中國社會、促成世界大同之理想，對華工參戰所帶來的積極效應，較常人樂觀。他認為，「救中國積弱之病，於此大交通之世界，宜莫如使人民多外出，無論士農工商於物質上、精神上皆有莫大之裨益。留學者固望日多一日，即華工亦望其多來。今法政府既多方招華工來法，若於工作之餘，授之以普通之學藝，導之以進化之道義，他日返國，非惟生計寬裕，而知識亦增進，則華工之來法，不但無損而又益也。」[4]

李石曾出身晚清一個官宦世家，與民初的政治精英均有密切關係。但他和許多人的想法不

1 陳三井，《華工與歐戰》（臺北：中研院近史所，1986），序言。

2 吳鴻國，〈一項偉大事業的發端〉，收入《一戰華工會議論文集》（山東：山東威海市檔案館，未註明時間），第10篇，頁3。

3 〈李石曾之移民意見書〉，《東方雜誌》14:7，頁173。

4 李石曾，〈紀事〉，《旅歐雜誌》12（1917.12.1），頁8。

3. 以英語糾正英工人之錯誤：華工間亦有通英語之翻譯，遇英工人操作電氣起重機或其他種類之起重機有差錯時，必相率譁然，並以英語糾正之。[12]

又據《泰晤士報》（*The Times*）特派員報導，中國人較南非之黑人多才多藝（versatile），而能適應新環境。華工可以整日堆積和拆卸木料而不覺辛苦，只要歐籍長官將工作仔細交待給華籍工頭或監督，他們都能如期完成任務。華工裝卸能力與效率高人一等，這是有口皆碑之事。華工亦能從事較細微而複雜之工作，例如有數位非技術工人可以練習駕駛坦克車，[13] 足見其學習能力之強與其對現代新式機器之好奇心。

法國勒哈佛（Le Havre）當地報紙論曰：「聯軍所得自華工者，遠超過印度人與非洲人。中國人聰明、謙和、有紀律。」法國福煦將軍（Général Foch）曾說：「中國人以刻苦耐勞，善於工作著稱，實為我寶貴之助手，尤其對防空、避彈、戰壕、軍事交通洞等保持戰線堅強之一切工程特為需要」，這是對華工工作表現之最中肯評語。[14]

根據西班牙作家薩爾瓦多・德・馬達里亞加（Salvador de Madariaga）的說法，英人是行動之人（man of action），法人是思想之人（man of thinking），西班牙人是情感之人（man of emotion）。就思想之人的法國人而言，在行動之前必加思索，愛將一切事情用一套理論（或模式）來規範它。[15]

早在招募華工前，法國便於一九一四年十月三日至一九一七年九月二十日期間，由殖民軍總指揮官法曼將軍（Général Famine）簽發一份「華工雇用指南」。這份長達六頁的文件，其基本宗旨是給那些有可能雇用華工的雇主們一些啟發。因為要從華工那裡獲得最大的效益，必須對中國人和他們的性格、能力等有一些基本的了解。下面的一段話提供了一些細節的描述：

「中國北方人溫順、聰明、耐心、仔細，靈活、堅強。他們生活的環境，冬季異常寒冷，因而很容易適應我們這裡的氣候。只要把他們的住宿和飲食安排好，盡量提供跟他們在老家時差不多的食物，食宿問題解決好，他們就會為你拚命幹活。給你雙倍的回報。」

「指南」也提出一些勞工管理的基本原則。如配備幹部的重要性，嚴格監管的必要性。禁止賭博，根據勞工的宗教信仰來劃分隊伍，尊重勞工的飲食習慣、種族政策等等。甚至在勞工抵達之前，就規定要對他們實行封閉式軍事管理。文件中還提到紮營的問題，例如上下班途中，必須有軍方人員監督，而且還要保持隊伍的整齊、準時。要警惕那些「歐洲兵痞」式的人，他們是出了名的賭徒、愛說謊者，有時趁機會撈一把，尤其會破壞紀律。中國是各種協會組織林立的國家，罷工時有發生。為勞工隊伍配備軍事幹部和實施嚴格紀律，就更顯得必不可少

---

12 〈華工在法之情形〉，《東方雜誌》115:8，頁 152。

13 M. Summerskill, *China on the Western front* (London: Michael Summerskill, 1982), p.114。

14 陳三井，《華工與歐戰》，頁 93。

15 陳三井，〈儲安平的傳奇一生及其歐洲民族觀〉，《僑協雜誌》180（2020.4），頁 62。

了。[16]

華工跟法國殖民地勞工一樣，被限制住在營地或軍營裡，這樣做的目的，一方面盡量避免他們跟當地居民接觸。另一方面，則有利於對這批骨子裡桀驁不馴的陌生勞工進行監督，即使如此，法國地方民眾或行政當局仍不時對華工的負面形象，向軍方提出指控。一九一八年三月，蒙塞爾萊呂內維爾鎮（Moncel-les Lunéville）鎮長向軍方抱怨說：「這些人很髒，把營房當成牲口棚和廁所。另外，他們動不動就赤裸全身，絲毫不感到難為情。」因此，鎮長要求趕走他們。軍營負責人回信說：「這些勞工不可能將他們派到深山老林裡。不過，有必要下達命令，讓這些華工遵守衛生規範，注意分寸。」幾天之後，華工被禁止在野外洗澡，他們每週日淋浴一次。必須嚴格遵守臨時搭建的廁所的使用規定。這類事情跟其他許多事情一樣，其實反映了工廠和營地的衛生條件問題。[17]

此外，法國陸軍部從各地收到長篇累牘針對華工的尖銳批評，按其內容可分類如下：

第一類指責，主要針對這些勞工的懶散和工作效率的低下。一九一九年九月五日，緊急工程處阿哈斯（Arras）地區負責人的一份報告中提到，一個華工填戰壕的效率為平均每天八・三立方，跟本地勞工的十至十五立方比，效率太低了。又省重建事務負責人馬松（Masson）更不容分辯地說：「華工的效率低極了，他們對重建工程有害無益。」布利格拉奈（Bully-Grenay）市長持同樣觀點，他寫給檢察官的信中說：「兩個歐洲人，抵得上二十多個這樣的勞工。」

第二類的指責，主要涉及使用火器和處理未爆炸的彈藥，華工把散落各地的武器彈藥撿回來玩，向空中放槍，在住宅附近練習引爆炸彈。一九一九年九月十一日，緊急工程處負責人在寫給第二連指揮官的公函裡指出，住在聖馬丹蘇科約（St. Martin-Sur-Coyeul）附近的華工，對在住宅或彈藥庫旁邊處理未爆炸的炮彈已經習以為常，全然不顧這種做法可能帶來的危險。

第三類指責，針對的是各種非法買賣和盜竊行為，特別是偷竊尚未回歸居民的廢墟家園之財務。一九一九年二月三日，國防部殖民軍司令特別發了一份通告，禁止華工闖進無人居住的住宅。

最後的一類指責，與飲用水的水源有關。華工遭投訴使用骯髒的容器從井裡汲水，污染了飲用水。一九一九年七月五日，卡萊海峽省省長因為此事遭省衛生處質問，於是命令緊急工程處給華工發一些新的水桶。[18]

據筆者研究，歐戰華工常有不守時間、生活隨便、吸菸喝酒、謾罵鬥毆、聚賭嫖妓、強暴婦女等之惡習，甚至私逃換廠、盜賣軍品、輕動公憤、糾眾抗命、罷工滋事等違紀事件，致投訴者層出不窮。

華工之所以惹禍生端不斷，主要可以歸納三個原因：

1. 良莠不齊，品類不一。因係初次飄洋過海，語言不通，又不慣團體生活，再加飲食衛生習慣不適應，致做出許多為人所詬病的壞事，雖屬闖禍者占華工之少數，然畢竟「一粒

---

16 洛朗・多內爾（Laurent Dornel），〈法國軍政當局眼中的華工〉，收入馬驪主編，《一戰華工在法國》，頁 231-233。

17 同上註，頁 239。

18 菲力普・尼維特（Philippe Nivet），〈戰後重建背景下的華工〉，收入馬驪主編，《一戰華工在法國》，頁 199-200。

老鼠屎，帶壞一鍋粥」，至為可惜。

2. 歐戰期間，華工背負精神苦悶和體力負荷雙重壓力。每天生活面對的不是冷冰冰的廠房與木棚，便是從總管、管理員、法籍翻譯到華巡捕等人嚴苛的管理和辱罵，動輒得咎，情緒不穩，自在意中。

3. 有人說，種族歧視或偏見，長期下來會像滾雪球似的結果，越滾越大，形成一顆顆未爆彈。美國人權運動領袖金恩（Martin Luther King）曾說：「暴動是無人可傾訴的語言。」華工的心聲以及長期鬱積的苦悶，必須靠另一種溫情來疏導，不是變本加厲的嚴格管束他們的行動，而是有計畫的帶引他們參觀景點或小城鎮，增廣華工見聞，深入了解當地民眾的生活，甚至安排華工與當地居民互動，共同培養出相互認識，彼此尊重的榮譽心。當然，這或許是慈善團體或教會應扮演的仲介角色，而不是軍方或政治人物的責任。不管如何，這或許也是改善雙方相處並減少彼此傷害的較佳方法。

孫幹《華工記》中的法國見聞

十五萬參戰華工，大部分應募者除四百位大專畢業生充當翻譯外，多為目不識丁的農民和工人，他們連家書都有勞基督教青年會的幹部代寫，更不可能留下日記作見證。像山東人孫幹留下《華工記》，真是萬不得一，十分難得之事。

孫幹其人其事

孫幹（1882-1961），原名寶楨，字祝枕，生於山東淄博和尚坊的一個耕讀世家。其父孫炳杏以教書為生，先祖孫之獬在明清時期為官，官至兵部尚書。

孫幹自幼受父兄影響，聰穎好學。早年從父苦讀經史子集，研習書法。民國初年，被傳山縣政府招考為單級養成所學員。民國三年，考入山東省教育會附設之師範講習所。一九一六年畢業於濟南省立師範，先後在多所小學任教。

孫幹在少年時便羨慕長兄孫寶棟，留學東洋之經歷，深切渴望有朝一日能遊學歐美，闖蕩世界，考察西洋教育之真諦；效法日本明治維新，堅信教育建國之理念，並立下「國家興亡，匹夫有責；革命先烈，效命於前，吾當追隨其後」的宏願。

一九一七年，歐戰慘烈，英法等國傷亡巨大，乃至中國招募華工。經雙方政府商定，中國「以工代兵」加入協約國作戰。英國在周村等地設立華工招募處。孫幹自覺考察西洋機會來臨，毅然報名，投筆從戎，成為十五萬華工的一分子（編號六三四八四，編制為第一〇二戰場運輸工程隊）。此時孫幹已三十六歲，並且是三個孩子的父親。

同年七月，孫幹與同批華工從山東青島搭英船出發，開船當晚，孫幹賦詩一首如下：

一離青島四青山，綠浪田花遠連天；
同伴千餘相歡呼，共祝前途康且安。

英船東航橫太平洋，先抵加拿大之溫哥華，稍事休息。再以鐵路運輸抵加境東部的哈利法克斯（Halifax），續用船隻運輸至法國港口卡萊（Calais），全部行程歷時兩個多月。

華工法國戰場服務，受英國部隊管轄，主要任務是開挖戰壕、工事和溝渠，並維修公路、鐵路和橋梁、搬運武器、彈藥和糧食。還有一部分華工在兵工廠從事技術工作。作為華工中為數不多的讀書人，孫幹除了為同伴代寫家書、記賬、起草訴狀外，並利用閒暇到附近鄉鎮參觀中小學校，考察中外教育的異同，特別是完成了《華工記》。

歐戰結束後，孫幹於一九一九年九月十五日回到故鄉。回國後，孫幹仍以教育為己任，在多所小學任教。一九一九年至一九三七年，任博山考院（高小）主任教員。一九三七年抗戰爆發，孫幹拒絕出任日本委派的維持會長一職，投奔解放區，從事共黨所領導的抗日工作。一九四九年中國解放後，孫幹曾多次當選為博山區或淄博市人大代表，一九六一年病逝。

《華工記》的重要內容

誠如整理本書出版的齊德智在「後記」所說，《華工記》是親歷一戰的華工較為完整的親筆紀實稀有的珍貴資料，也是華工史學研究的重要文獻之一。在威海於二〇一八年舉行的一次華工國際研討會上，筆者認識了齊德智先生，承其美意贈送我這一本坊間難得買到的《華工記》，特別感謝他我才有一手資料撰寫這一篇歐戰華工的法國見聞。

《華工記》採敘事體而非日記形式，共兩百五十七單元，全文約八萬餘字，共排版一百三十二頁，並附載手寫稿。內容包括：華工招募經過、運送至法國、在法國的生活、戰爭的殘酷場景、法國見聞及感觸、戰後遣返回國的過程等等。其中還涉及英國軍方對華工的管理、法國的風土人情、華工所面臨的各種困難，以及與當地居民的關係等等。所記錄的內容豐富生動，描寫細緻入微，並穿插有個人的情懷雜詩，以半文半白、平實質樸的文體娓娓道來，為一戰華工留下許多罕見的資料，亦為本書提供主題最合適而難得一遇的範本。[20]

《華工記》筆下的法國見聞和巴黎印象

孫幹到歐洲，是抱著闖蕩天下，考察學習的心態，並把握工餘閑暇，隨時訪察記錄，故能留下彼邦許多難得一聞的材料，於吾人今日了解法國人情風俗，並無明日黃花之感!?

首先映入孫幹眼簾的是法國的自然和人文景觀：

1. 道路、河川、房屋建築

孫幹到法國所見，不但「道路、房屋處處按法國之需，使之整齊。即其河流也必條條疏之，令其有用也。」而且河流之流通，「如火車之入隧道，然河身之上以石築建之窟窿高起上復，覆之以厚土數里而留一洞，盤旋上通地面，以備河中乘船之人便於上行或下行考察，長達數里幾十里不等，蓋為其露天運河之另培土，可謂之地裡運河也」。

又說：法國之國道直而且平，無論都會與鄉村，坦直大道靡不修治整齊，便於各種車輛之來往，交通十分方便。

---

19 孫幹著，齊德智整理，《華工記》（天津：天津社會科學院出版社，2014），參閱〈孫幹先生簡介〉、〈孫幹先生生平〉兩文。

20 胥戈，〈旅法華工眼中的一戰——孫幹的《歐戰華工記》〉，收入馬驪主編，《一戰華工在法國》，頁434-435。

重要的是，當年鼓吹並贊成華工大批出洋的旅歐留法先驅者，有鑒於華工文盲居多，對他們返國後所能產生的想像效應，在中國仍然貧窮落後的年代裡，除了擴張生計外，如何奢談輸入實業知識或改良社會？甚至有學者著書立說，標榜這是「文明的交融」，並高調說：「一戰華工，實乃中國派往『世界的信使』（the messengers of the wider world），預言他們回國後將成為傳播歐洲文明的最有力和最有效的橋樑。」[26]試想，在華工處處被視為「苦力」，被揶揄為「狗」、為「中國豬」，被描繪為「無組織、無紀律的野蠻人、流浪漢」，在一個帶有種族歧視和文明輕蔑、東西不平等的社會，華工如何進行「文明的交融」？如何扮演「世界的信使」？如何成為傳播歐洲文明的最有力和最有效的橋樑？

孫幹是個鳳毛麟角的少數特例，他通曉英文，但不懂法語，有志以歐美文明為榜樣，考察學習，將來回國後輸入新知識，造福鄉梓。可惜的是，他孤掌難鳴，他沒有組織，缺乏奧援，他所能發揮的力量實在有限。

一戰華工算得上法國華人移民的先驅，華工依合同戰後大部分被遣送回國，惟滯留法國者尚有數千人，他們多娶有法婦（並不排斥華工），生有子女，繼續構築他們的法國夢！

26 徐國琦著有《文明的交融：第一次世界大戰期間的在法華工》，他在〈第一次世界大戰期間法國華工與中國國際化及國家認同〉、《一戰華工國際學術會議論文集》文中引"The Chinese Students Nonthly"所說。

PART 03

基督教青年會志工助華工築夢

基督教青年會緣起及其四元目標

基督教青年會的創立

基督教青年會（Young Men's Christian Association）。簡稱Y.M.C.A，為一服務社會的組織，最早成立於一八四四年的倫敦，由布匹行青年工人喬治・威廉（George Williams,1821-1905）邀同志十二人所發起創立的一個服務社會的組織。[1]他為什麼要創立這樣性質的一個組織？蓋因當時的城市工人、商店夥計多半是來自鄉間的青年，一旦投身繁華熱鬧的倫敦，難免不為五光十色、紙醉金迷的生活所迷惑，很多就這樣墮落下去。喬治・威廉有鑒於此，遂邀約同志，聚會祈禱，互相幫助，希望透過堅定的信仰和正當的精神生活，以維持同業的品德。[2]換言之，這

1 *Encyclopedia Britannica, Vol.X*, P.835.

2 《基督教青年會駐法華工週報》（以下簡稱《華工週報》）1（1919.1.15）。

是青年基督徒自覺自勵、重新出發，自救而救人的一項慈善性、服務性的組織。

不久，同樣性質的俱樂部由布業而百業，很快就遍布全英國，並於一八五〇年傳至澳洲，一八五一年抵達北美。北美的第一個俱樂部建立於加拿大的蒙特利爾（Montréal）。第二個在美國的波士頓。一八五五年，基督教青年會首次在巴黎舉行國際性會議，有來自比利時、英國、加拿大、法國、日耳曼、荷蘭、瑞士和美國等各國代表參加。這個會議建立了現在大家所熟知的基督教青年會世界聯盟（the World Alliance of Young Men's Christian Association）。

在中國，最早的青年會為一八八五年成立於北通州潞河中學及福州英華書院的學生青年會。其後，北美基督教青年會於一八八九年曾派員來華，協助籌設屬於社會的青年會，及先後在天津、上海等地設立了該項組織。[3]所以，全國性的中華基督教青年會，正式成立於一八九五年。在清末民初的三十年歲月中，青年會的增長率遠超過其他任何一個基督教團體，蔚為一個層面甚廣而龐大的運動。至一九二二年左右，青年會在全國已經擁有三十六個市會，會員達五萬四千人；兩百個校會，會員有二萬四千人；幹事四百五十九人，其中外國籍僅占八十一名，其餘皆為華人。[4]

基督教青年會的宗旨——四元目標

基督教青年會沒有宗派門戶之見（non-sectarian），沒有政治之分（non-political），透過各種團體活動，以服務人群，培養高尚的基督徒德行為宗旨。青年會的標記，乃一紅色三角形，三角形的三個邊分別指德、智、體三育，後來加上群育，構成德、智、體、群四元目標，做為活動的準則。

按青年會的原始構想，德育活動是以宗教活動為主要範圍，而舉辦布道大會是其中重要的一環。智育活動則以開設英文夜校與舉辦智育演講為主。體育活動則包括在城市中興建運動場、健身房、游泳池等。群育活動旨在喚起群眾對社會的參與感。

晏陽初與《華工週報》

晏陽初獻身華工服務的初衷

晏陽初是享譽世界的平民教育家和鄉村建設運動的奠基人。但是，他一生偉大事業的發端，卻與歐戰華工結下不解之緣。

晏陽初（James Y.C.Yen, 1890-1990），又名遇春，家人稱呼雲霖，出生於四川省巴中縣一四代書香家庭，四川古稱巴蜀，沃野千里，號稱天府，而且文風鼎盛。人才輩出。清末張之洞出任四川學政，創立尊經書院，延攬三湘名學者王闓運出任院長，倡導講求實用之「蜀學」。晏陽初的父親晏美堂雖非尊經學院的學生，卻深受「講求實學」風氣的影響，設私塾教學以培育弟子。

晏陽初五歲時，在父親的教導下啟蒙，初讀「三字經」，再由淺入深，循序漸進閱覽《孟子》、《論語》、《中庸》、《大學》以及《詩》、《書》諸經，了解四書五經中的基本要義，如「民

---

3 魏外揚，《宣教事業與近代中國》（臺北：宇宙光出版社，1978），頁43。

4 *Encyclopedia Britannica, Vol.X,* P.835.

為貴，君為輕」、「民為邦本，本固安寧」、「天視自我民視，天聽自我民聽」等微言大義。待十餘年後，晏陽初到美國留學眼見民主社會的種種現象，立刻心有所感，常自問：「為什麼中國早有這些學說道理卻不能實行呢？」再過兩年，他到法國戰場為成千上萬的華工服務，終於發現了答案。原來有這麼多的中國人不識字，都是明眼瞎子，看不見世界上一切事務的進化，「本」不「固」，「邦」又怎能安「寧」強盛呢？由於這一番憬悟，決心從幫助華工識字開始，回國後努力做「固本」的工作。這是後來晏陽初從事平民教育、鄉村改造運動的緣起。

一九〇三年，晏陽初離家遠赴保寧府城「中國內地會」（China Inland Mission）所創立的西學堂求學，課程有英語、算學、歷史、地理、化學等。四年的學習，使他從此知道，宇宙的奇妙和世界的廣遠，更體會了體操、唱歌及各種課外活動的樂趣。其後，晏陽初先就讀香港聖保羅書院（即今香港大學前身），並有意前往美國奧柏林學院（Oberlin College）註冊，最後卻於一九一六年改變計畫入讀耶魯大學。晏陽初在耶魯大學期間，戰爭氣氛瀰漫全美國，耶魯校園裡也先後設立海陸軍訓練班及預備軍官訓練，教師學生踴躍參加。

身為耶魯大學華人協會會長的晏陽初，平日即踴躍參與各種會議及活動，課餘尤注意時局，深感世界正在激烈變化；民主自由平等觀念勢將普及全球，中國自不例外。如何取法乎上？尚須認識了解歐洲情況，加以法國戰場十餘萬華工的福利工作迫切需人服務，晏陽初因於大學本科學業告一段落後，即與中國同學加入美國基督教青年會主持的華工服務工作，為往後的「平民教育運動」開啟先河。

華工精神食糧——《華工週報》的創刊

據學者研究，基督教青年會共派出一百零九名志工，積極參與服務華工的行動。其中有七十四人是華人學生（二十九人直接來自中國），三十九人來自美國，一人在法國讀書，五人來自英國，[6]晏陽初、蔣廷黻、史義瑄、傅若愚、陸士寅、林語堂等人是其中佼佼者。

一九一八年六月中旬，晏陽初到達法國布羅恩（Boulogne）設立服務中心，當地有五千名華工，為他們代讀代寫家信，是每月經常而繁忙的工作。在服務過程中，晏陽初發現，華工們負責熱心，並不愚笨粗魯，只是因家庭貧窮、缺乏讀書機會而不識字。後來晏陽初想到，與其代他們讀家書寫家信，不如教他們識字、寫字，於是開了一個華工識字班。講說識字讀書的重要，鼓勵他們來學習，識字班以兒童啟蒙用的千字文《三字經》為教本，共有四十人報名參加，每日工餘飯後上課一小時。四個月後，三十五人完成學業，能夠運用這千餘字寫信，[7]成績令人鼓舞。

晏陽初看到這個「掃盲計畫」頗有成效，於是決定出版一份既可供眾人閱讀，又可以向華工提供大量訊息的週報，《華工週報》就誕生了。從一九一九年一月十五日至一九二〇年一月一日，《華工週報》共發行了四十五期，每期發行量從一萬份到一萬五千份不等。從第一至第十七期，由晏陽初主編，在晏陽初離開後，傅若愚擔任第十八至第三十九期的主編，最後第四十到

---

5 吳相湘編著，《晏陽初傳》（臺北：時報文化，1981），頁1-26。

6 王成勉等，〈一份海外勞工報紙的誕生〉，收入馬驪主編，《一戰華工在法國》，頁303。

7 吳相湘編著，《晏陽初傳》，頁28-29。

第四十五期由陸士寅主編。8

《華工週報》的宗旨很明確，「旨在啟迪華工心智，培養華工自尊自愛、愛國愛家的情操。」目的是使勞工在身、心、靈方面得到鍛鍊。透過這一份週報，希望傳達給華工最重要的一句話，便是「他們應該主動思考自身的幸福、家庭的幸福、國家的幸福等問題」。主編們語重心長地提醒他們，他們是中國在歐洲的代表。因此，他們應該品行端正，以獲得別人對他們個人，乃至對他們國家的尊重。而且，在他們回國後，還要把新觀念帶回去，藉以改造中國。這種苦口婆心的話，與當年李石曾等人在華工出國前所想像的效益如出一轍，真是用心良善。

根據王成勉的研究，《華工週報》從創辦到編輯、管理、發行，整個過程都是在基督教青年會的資助下，由青年會的志工完成的。所以，它辦報的方針和內容特色，無不與青年會的四元目標息息相契合，茲綜述如下：

1. 德育目標

按說在法國軍事地區，並不允許基督教青年會傳播福音或在營地裡舉行宗教活動。所以，一些基督教青年會的志工只能偷偷地接觸華工，從事宗教活動。不過，《華工週報》是一份公開的報紙，而且在出版發行前必須先通過軍方的審查。因此前後幾位主編只能以間接而巧妙的方式，向華工傳播福音，以免觸法。

值得一提的是，晏陽初所寫的《革心》（收錄於《華工週報》十一至十四期）一文，內容特別強調：中國之所以積貧積弱，原因在於人心墮落。文章另外指出，中國雖有儒、釋、道、伊斯蘭教等形形色色的宗教廣為流傳，卻對醫治腐敗的心靈束手無策，無法培養完美人格，達成修身、齊家、治國目標。反之，西方國家，特別是美國，他們之所以富裕強大，是因為人民有道德感。美國人如何做到人民有道德感呢？晏陽初的結論是，美國人請到了一位耶穌基督神醫。

此外，反映基督教影響的簡短評述，亦散見於各期的《週報》中，最常見的是華工對青年會志工所提供服務的敘述和感謝。華工表示感謝時，用來稱呼對方的有「十字架」和「救主」。[9]

2. 智育目標

《華工週報》中的許多內容，跟基督教青年會的智育培養計畫一致。智育發展是文盲或半文盲勞工最為需要的，也是學生志工最能發揮長處的地方，華工要學的東西千頭萬緒，經過幾位主編的精心設計，挑選出對華工來說最實用的知識，特別是跟他們回國後的生活密切相關的。因此，歷史、地理、風土人情、歐洲旅遊景點等實用知識在首選之列。這些知識不僅對他們的旅法生活有直接影響，而且也極有可能是他們回國後被首先問及的問題。此外，歐戰諸多方面的介紹，以及「歐美近況」等內容，每期都會在《週報》刊登，目的在於讓華工對歐洲有一個正確的認識。

總之，從智育的觀點，《華工週報》充滿了新知識和實用資訊，並且穿插笑話和謎語。在華

---

8 王成勉等，〈一份海外勞工報紙的誕生〉，頁304。

9 王成勉等，〈一份海外勞工報紙的誕生〉，頁312。

工們看來，編輯的這些努力，無疑提高了報紙的可讀性，讀起來興趣盎然。[10]

3. 體育和群育目標

群育和體育關係密切，每天在工地或工廠辛勤勞動十小時後，華工們需要休息、精神放鬆。以前，他們沉迷於賭博、酗酒、嫖妓等惡習。因此，青年會志工對他們耐心勸導，告訴華工衛生與健康關係到個人名譽，同時要保持身心健康。

除了消除營地裡的各種惡習，志工們還採取兩種措施。第一種是排除環境的干擾，鼓勵華工組織獨立的協會，建構一個健康的空間，於是各種協會如雨後春筍般地成立，目的是要戒除陋習。第二種措施是成立勞工球隊，經常安排籃球、足球、棒球等球類比賽。有時在各勞工營之間舉行；有時，則由勞工組隊和當地居民比賽。同時，也經常規畫游藝、魔術、電影、戲劇等活動在工場的建築中進行。

除了上述活動外，華工還組織各種劇社，在特別節日如國慶或過年節慶時舉行公演，表演踩高蹺、跑旱船、舞獅、唱京劇、合唱等節目。

這些以美國留學生為主體，以基督教青年會《華工週報》為平臺，除了倡導德、智、體、群四元目標為華工盡心盡力做各種服務外，他們並沒有忘記一項更重要的任務，那就是經常舉辦更嚴肅有格調的演講會，向華工解釋世界大勢、祖國前途，開啟其智慧，灌輸愛國思想。

有播種耕耘，便有收穫；有努力，便看見成果。

華工到法之初，大都為文盲，識字人口不過百分之二十。經過前段華法教育會為之設立華工學校以及蔡元培手撰華工學校講義的努力，加上後段《華工週報》為華工開設識字班所投下的心力，經過一年有餘，華工識字人數已增加至百分之三十八，[11]幾乎增加了一倍。所以說，青年會志工為華工的奮鬥人生增加有力條件，助其在法國築夢，並不誇張。

華工孫幹的《華工記》中，記載有青年會事十餘則，他每日與青年會幹事張翕如生活在一起（被委以副幹事之職），對青年會之各項服務華工工作，提供頗多第一手見證資料。茲簡單綜述如下：

1. 中國青年會自到法境後，常有英國軍官每至禮拜日必邀數人或數十人到青年會，一起做禮拜、親近上帝。
2. 青年會之設備，包括用具甚為簡單，所提供之讀物有《聖經》、《青年詩歌》等數十本而已，另有地球儀、地圖及新聞紙各數份。此時尚無《華工週報》。
3. 華工之食量大者，常覺每頓飯量不足未吃飽，而且所供應的茶水每餐僅一鐵碗，若逢天涼尚無大礙，倘遇天熱則不能止渴。此兩事均經青年會志工之建議，有所改善。

所以，孫幹對青年會的服務工作相當肯定，大讚：「真使吾輩樂不可當也。」[12]

青年會所扮演的角色，固然不是獨一無二的，但它所提供的各項服務，應是所有機構中最具規模、最有組織、最為詳備、最富創意、最能持之以恆的，雖然它仍有只考慮到點而無法照

10 土成勉等，〈一份海外勞工報紙的誕生〉，頁312-313。
11 徐國琦，《文明的交融：第一次世界大戰期間的在法華工》（北京：五洲傳播出版社，2007），頁137。
12 孫幹，《華工記》，頁85-87。

顧到面的缺憾。更重要的是，它處於一種客卿的地位，與華工之間的關係是亦師亦友，不像華工與總辦、翻譯之間多少在心理上或管理方面存有隸屬關係，所以彼此相處甚得，其所提供的各項服務也容易獲得華工的好感。13

華工對青年會的喜愛，除了孫幹的《華工記》所提供的親歷見證外，亦可由馬賽華工王佛仁所作的一首歌獲得較完整的影像。歌云：

諸同胞，由外來，辛辛苦苦到馬賽。
坐號房，心不快，一天到晚不自在。
青年會，善招待，華工同胞莫見外。
早九點，把門開，直到四點都可來。
學國文，把字猜，又念又記真是快。
學寫信，上講臺，編好做好真是快，天天聽講莫懈怠。
筆紙墨，不用買，隨時需要無妨礙。
有報看，有棋賽，許多玩意很奇怪。
有電影，暢心懷，星期二五兩點開。
諸同胞，勿徘徊，須知有利毫無害。
嘆光陰，最可愛，今日過去不能再。
同胞啊，勿疑猜，請到青年會裡來。14

誠如王成勉所特別指出，歐戰華工部分受到《華工週報》的洗禮教誨，加上在異國他鄉的經歷和見聞，他們已經脫胎換骨。回國後，一些人參加了「五四」等進步運動，也加入工會組織，參與解決中國工人所面臨的問題。[15]

當然，華工中亦有懷抱大志者，想以他們在西歐所學之新知與技術，幫助中國之工業發展與資源開發。可惜他們所帶回的儲蓄和所能招股募集的資金不足，因此未能一展抱負。[16]

眾志成城為華工圓夢

《華工週報》編輯群的奉獻

有關基督教青年會及其所創辦的《華工週報》，因有吳相湘編著的《晏陽初傳》以及四十五期《華工週報》的出土，研究者較多，故能針對晏氏的開創之功和《華工週報》的教誨之勞有所論述，所以知者較多。但《華工週報》還有若干位編輯因資料不多，並未受到應有的重視。在此希望沙裡淘金，一併稍加介紹。

第一位要介紹的是傅智，別號若愚。在晏陽初擔任第一期至十七期主編時，傅若愚任副主

13 陳三井，〈基督教青年會與歐戰華工〉，收入《近代中法關係史論》（臺北：三民書局，1993），頁179。
14 《華工週報》10（1919.4.23）。
15 王成勉等，〈一份海外勞工報紙的誕生〉，頁320。
16 陳三井，《華工與歐戰》，頁187。

林語堂（1895-1976），福建龍溪人，原名和樂，讀大學時改為玉堂，後又改為語堂。筆名有毛驢、宰予、宰我、豈青、薩天師等。六歲啟蒙，十歲就讀鼓浪嶼教會小學，三年後入廈門尋源書院。一九一一年入上海聖約翰大學文科，一九一六年畢業。一九一九年與廖翠鳳女士結婚後赴美入哈佛大學。以上是林語堂參加歐戰華工服務前的小檔案。[23]

林語堂參加華工服務的時間並不長（大約半年），與蔣廷黻相比，工作性質也比較單純。據林太乙的《林語堂傳》告訴我們：「玉堂在哈佛讀完一年，各科成績甲等，但他沒有經濟能力再讀下去了。他向基督教青年會申請前往法國為華工服務，教他們讀書識字。……青年會接受玉堂的申請，並且付兩人的旅費。玉堂將這打算告訴哈佛教務主任，問他可不可以在法國修課彌補他在哈佛的學分，而領哈佛碩士學位。那教務主任看玉堂各科成績都是甲等，說他可以在夏天於巴黎大學修一門莎士比亞戲劇課目。於是玉堂與翠鳳搭輪船前往法國。在法、德交界附近的勒克魯鄒小鎮住下。但一開始工作，玉堂便沒有辦法去巴黎修課。他為華人編了一本《千字課》，同時自修法文、德文。……玉堂很希望勞工中能找到他那被太平軍拉去當腳伕的祖父，仔細查閱勞工名單，卻沒有找到。翠鳳真是能刻苦耐勞，她穿著一件在波士頓買的暗色大衣，在戰場走來走去，撿舊鞋給他穿，給他很深的印象。……後來他們儲蓄了一點錢，由於德國馬克不值錢，在德國生活比較便宜，便申請到耶拿大學（Jena University）念書去了。」[24]

由上可見，林語堂是攜家帶眷到法國為華工服務的。事實上，他看重的是哈佛的學位和耶拿的入學，為華工服務只是附帶手段，不像蔣廷黻有強烈的動機。這好比一句臺語：「一兼二顧，摸蜆仔兼洗褲」一般。晚出由錢鎖橋所著同樣書名的書，除對當時哈佛修課特別稍加解釋外，並無新意。[25]這與葉雋指出，林語堂由美到法根本目的是為了去德國耶拿大學求學，在中轉之間與華工建立了一段淵源，[26]是同樣的意思。

除蔣延黻、林語堂之外，若干人的著作還提到李璜、張競生等人和華工的關係，但這些不管是個人的報導或同情的接觸也好，均與基督教青年會無關，將另闢他節還其本來角色，予以敘述。

小結

本章共分三節，主要敘述基督教青年會如何透過德、智、體、群四元目標和《華工週報》的啟蒙，以及一百多位學生志工所推動的各項活動，幫助眾多華工在心智上脫胎換骨，乃至未來在人生的規畫上築夢、圓夢的一段過程。

重要的內容已如上述，現在再補述兩件極其有意義之事。首先是，《華工週報》曾以「華工在法與祖國的損益」為題舉辦徵文比賽，並錄取三名給獎。第一名的傅省三（山東平度人）除獲得首獎十五法郎外，特別指出「華工在法，益處多損處少」，並分析理由八項如下：

---

23 關於林語堂生平，可參閱：《中國現代史辭典：人物部分》（臺北：近代中國出版社，1985），頁190；劉紹唐主編，《民國人物小傳》（臺北：傳記文學出版社，1980），第3冊，頁103-105。

24 林太乙著，《林語堂傳》（臺北：聯經，1989），頁50-51。

25 錢鎖橋著，《林語堂傳》（臺北：聯經，2018），頁64。

26 葉雋，〈戰爭史背景與華工教育的倫理觀問題〉，《一戰華工國際學術會議論文集》（一戰華工國際會議籌委會，2008），頁18。

1. 來法華工不都是良民，如不來法，必在祖國作亂。

2. 華工大半是貧民，既來法國，自己衣食外，家眷也有奉養。

3. 華工從前不知身與家及家與國的關係；一到陣前，看到外人為國為家犧牲性命，自己不知不覺的就生出一番愛國愛家的心來。

4. 從前華工只知道女子纏足為美，現在看見西洋女兵女農女醫等，與本國女輩比較，真是從前吃虧不少。若返祖國，定要改去舊日的惡習。

5. 在法國所見的軍器、農器、機器不少，增廣自己見識，將來回國，可開導本國人。

6. 我們工人在國內只信種種的邪說異端，不求真理，不求實學，既來歐洲，將來回國定不能如昔日的頑固。

7. 從前以為西人高於華人，今日與他們賽腦力賽筋力，方知他們不比我們高。若回祖國再加以教育，敢望將來祖國的進步。

8. 現在（巴黎）和平會竟將中華天朝大國名目取消，列在末尾，並不准我國有發言權。華工從此看的淘汰激勵，如夢方醒，就發起了強國愛國心；若不來法國，恐怕仍在中國作夢！[27]

從各方面來看，傳省三的文筆雖不夠好，但是具有重要的意義。它不僅顯示了華工在歐洲對周圍的環境觀察入微，也意味著對舊習俗和對自己國家的深刻反思。最重要的是，他們從此對自己充滿信心。自覺並不比西方人低一等，他們可以為國家未來的繁榮進步出力。他們更意識到自己是愛護祖國不可或缺的一分子。[28]

另一則是與蔣廷黻相關的有趣故事。蔣廷黻與華工相處一年，發現華工正是中國勞苦人民的最佳代表，他們在法境很用心觀察西方國家強盛的根源。歸納有法國即使是小孩也閱讀報紙；不分階級都可動手做工，並且負責盡職而有效率。因此，華工都急欲將這些經驗心得帶回中國，傳布同胞，共同努力使中國強盛。[29]

這兩則故事，背景論述雖稍有不同，但代表華工經歷這場戰爭的洗禮後，心智產生的巨大變化則無分軒輊。十五萬華工雖大多數沒沒無聞，但在他們心靈深處已在為多難的中國構築一個強盛的夢。

27 吳相湘，《晏陽初傳》，頁 30-31。

28 王成勉等，〈一份海外勞工報紙的誕生〉，頁 308。

29 吳相湘，《晏陽初傳》，頁 46、註 56。

PART

留法勤工儉學生所見的法國（上）

引言

一九一四年夏歐戰爆發，中國除利用「以工代兵」的名義，派遣約十五萬華工於西歐戰場擔任後勤工作外，贊成華工出洋的李石曾、蔡元培、吳敬恆等人另發起「勤工儉學會」，以「勤於作工，儉以求學，以進勞動者之知識」為宗旨，極力鼓吹全國各縣籌款派遣學生赴法，於是留法勤工儉學幾乎成為舉國公認之唯一要圖，自總統以至學者名流莫不竭力提倡、贊助，是以從一九一九年至一九二〇年形成一股巨大浪潮，前後踴至法國者近兩千人。[1]

其與歐戰華工最大的不同有兩點：一是華工以山東人為最多，而勤工儉學生則以四川、湖南兩省人為最多；二是華工百分之八十為文盲，而且以農民、工人居多；而勤工儉學生除少數年齡較大者外，大部分具有中學知識以上程度，且兼具改造舊世界理想的熱血青年。而更大的不同的則是，華工人數雖多達十五萬之眾，但在回國後所產生的影響，卻因種種條件的限制並不很大。相反的，勤工儉學生雖為數不到兩千人，但卻因先後在法國和俄國接受馬克思主義的洗禮，思想產生異化，為中國共產黨培養了大約兩百位急進幹部，經過大約三十年結合本土幹部的各種革命戰鬥，終於打敗國民黨取得執政，在民國史上締造了旋乾轉坤的一頁。

早在一九六二年，便有美國學者布蘭德（Conrad Brandt）指出這種巨大的變化，是「無政府主義者播種，共產黨收穫」[2]，更應了一句中國俗話：「有心栽花花不發，無心插柳柳成蔭」。名外交家陳雄飛在其晚年的口述自傳裡，除對這批勤工生思想轉變的原因有簡單的分析外，並引用馬軼群（曾任魏道明南京特別市長時的工務局長，後移民法國）某次在巴黎敘談時局的話，認為「當初若沒有『勤工儉學』，今天就沒有大陸上的中華人民共和國。」陳雄飛對此也甚表同感。[3]足見勤工儉學生所扮演的歷史角色之重要。

周恩來在法國騰飛

周恩來小檔案

周恩來（1898-1976），祖籍浙江紹興，生於江蘇淮安。入民國後，就讀天津南開中學。除

1 參閱：陳三井，《旅歐教育運動：民初融合世界學術的理想》（臺北：秀成科技，2013），頁51。

2 Conrad Brandt, "The French-Returned Elite in the Chinese Communist Party," in E. F. Szczepanik (Ed.), *Symposium on Economic and Social Problesm of the Far East: Proceedings of a Meeting Held in September 1961 As Part of the Golden Jubilee Congress of the University of Hong Kong* (Hong Kong : Hong Kong University Press, 1962).

3 許文堂等訪問紀錄，《陳雄飛先生訪問紀錄》（臺北：中央研究院近代史研究所，2016），上冊，頁83。

功課出色外，周也是個活動力極強，喜歡參加各項課外活動的活躍分子，曾與同學共同發起「敬業樂群會」，並創辦《敬業》校刊，且擔任學生會刊物《校風》週刊的總編輯。

一九一七年留學日本，喜讀日本馬克思主義學者河上肇和社會主義學者幸德秋水等人著作，眼界大開。翌年春回國，趕上五四運動爆發，後與郭隆真、鄧穎超、劉清揚等成立「覺悟社」，全力投入轟轟烈烈的學生運動。

一九二〇年七月赴法。在法四年期間，先後至少參與過四次政治性集眾示威活動，為勤工儉學生的工學前途和國家民族的利益而奔忙，並與同志組織共產黨小組、旅歐中國少年共產黨、中國共產黨旅法支部，並發行《少年》、《赤光》刊物，與反對派進行思想鬥爭。

一九二四年九月返國，歷任兩廣區委會委員長、區委常委兼軍事部長、黃埔軍校政治部主任。長期擔任中央政治局常委、中央軍委副主席、全國政協主席和國務院總理等黨政軍要職。

周恩來在法國騰飛

周恩來留歐四載，就像他之前留學日本一樣，除了曾在「法語聯合學校」（Alliance Française）短期補習法語之外，始終未得大學門牆而入。按周恩來出國的初衷，除了「求實學以謀自立」，並榮宗耀祖一番外，其深一層的意旨，還在「虛心考察以求了解彼邦社會真相暨解決諸道，而思所以應用之於民族間者。」就前半段獵取高深學術而言，他不像一般留學生能取得一紙文憑，「以謀自立」，故等於交了白卷。不過，他雖無緣在學術殿堂裡埋首鑽研，卻能充分利用民智開放的歐洲文明社會，加上個人的好學深思，對歐洲各種社會思潮，經分析比較後，終於使自己的思想大定，確立了對馬克思主義的堅定信仰。[4]

在「別李愚如並示述弟」一首自由體長詩中，周恩來譜出他個人的雄心壯志：

出國去，
走東海、南海、紅海、地中海；
一處處的浪捲濤湧，
奔騰浩瀚，
送你到那自由故鄉的法蘭西海岸。
到那裡，
舉起工具，
出你的勞動汗；
造你的成績燦爛。
磨煉你的才幹，
保你天真爛漫。
他日歸來，
扯開自由旗，
唱起獨立歌。

4 陳三井，〈周恩來與近代歐洲〉，收入陳三井著《舵手與精英：近現代中國史研究論叢》（臺北：秀威科技，2008），頁 205-206。

爭女權，
求平等
來到社會實驗。
推翻舊倫理，
全憑您這心頭一念。
……
三月後，
馬賽海岸，
巴黎郊外，
我或者能把你看。[5]

這與「五四」型知識分子的留學動機一樣，出國並非只為個人出路生計考慮，而是磨煉才幹，旨在尋求強國的技能、建國的知識和救國的本領。待回國後，「推翻舊倫理，扯開自由旗，唱起獨立歌。」

周恩來到歐洲留學，是有計畫有抱負的。他原計畫先到英國在大學讀書三、四年，然後再往美國讀書一年，而以暑假至歐陸遊覽。後來因英國生活費比法國昂貴，只因入愛丁堡大學未成，乃退而求其次回到巴黎學法文，一九二一年春又自巴黎遷居德國柏林，身為天津《益世報》的駐歐特派記者，他的所見所聞，他對戰後歐洲的殘破與其物質文明的衰退，乃至歐洲社會的種種問題以及所面臨的危機，都發表過一系列的報導。他的視野是以歐洲為全局的，法國是歐洲的一部分，論述法國時當然與歐洲渾然一體，無法完全切割或單獨進行。茲分幾個面向歸納如下：

1. 民族性

周恩來不但是位好學深思之人，亦是個行動之人。其足跡所及主要與英、法兩國為主，與兩國人民自然有所接觸。據周恩來觀察所得，「英人重實利，法人重自然，此為世界之公言也。產業之振興，應用工業之科學，法不如英。應用於農業上，則英不如法。」又比較說：「英人美術天才不甚多，所以英國好作品少。」[6]

這與一九四〇年代上海《觀察》雜誌發行人兼主編儲安平在其出版的《英人、法人、中國人》一書中所提出看法，大致吻合。儲安平首先指出，英人乃行動之人（man of action），法人則是思想之人（man of thinking），一般而言，英人重實踐和行動，他們大都腳踏實地，實事求是，不像法人愛空談理論。在智慧上，盎格魯薩克遜民族不及拉丁民族。因此，英人在戲劇、小說、繪畫、音樂、建築、雕刻等方面較少開出燦爛的花朵。相形之下，法人較重視理論，愛將一切事情用一套理論來規範它。思想之人的法人同時抱持「船到橋頭自然直」的想法，感情自由坦白，很容易從外表流露出來。[7]

---

5 劉焱主編，《周恩來早期文集》（北京：中央文獻出版社，1998），上卷，頁525-528。

6 周恩來，〈周恩來致李福敏信〉，收入劉焱主編，《周恩來早期文集》，下冊，頁115。

7 陳三井，〈儲安平的傳奇一生及其歐洲民族觀〉，《僑協雜誌》180（2020.3-4），頁51-53。

2. 歐戰後的殘破印象

周恩來抵達歐洲，已在歐戰結束兩年之後。但首先映入眼簾的仍是一幅殘破景象。據其親身體驗所得的觀感，大致可歸納如下：

(1) 物價高漲

「英國生活程度之高為各國冠。每年非中洋千元以上不易圖存。其他消費尚不論也。」

「若居倫敦，則英倫生活程度之高，實難久居。」

「而生活程度之高，倫敦又在巴黎兩倍上矣。」

「而英國生活程度之高，金鎊價格之漲，竟超過留美費用以上。」

「在法費用甚省，每月只中幣四十元便行，較英倫省多多矣。」

(2) 生活窘困

「游於巴黎、倫敦之市，雖覺繁華遠過東亞，然物質文明之享受，如煤、電、麵包、糖，已不能如我國上海、京津之取給均足矣！」

(3) 失業者多

「即以英倫、蘇格蘭論之，見失業者已超過百萬上矣！」

(4) 滿目瘡痍、復原緩慢

「法國受歐戰影響為最大，滿目瘡痍，戰地恢復舊觀至今日，猶不能達百分之五、六。」[8]

以上是周恩來初履歐洲，在致親友信函或透過旅歐通信，所透露有關戰後歐洲的一些初步印象。他對戰後歐洲的殘破與其物質文明的受創，頗有「百聞不如一見」的震撼感！他坦承：「未出國前，雖屢震乎歐戰影響巨大之論，然終以為歐洲物質文明發達甚盛，數年來之摧殘，特不過部分耳，何能礙及全體之發展。比以實驗證之，方知昔日之理想乃等諸夢囈。」[9]

周恩來的種種親身體驗，更具體證實了梁啟超在《歐游心影錄》中對一戰後歐洲的殘破和物質文明的衰退。

3. 論歐洲的危機

周恩來抵達歐土後，即展開對歐洲的「社會實況之調查」，於短短一年之內，在《益世報》發表一系列不下五、六十篇有關歐洲政情的報導。他一眼便看出，歐洲的不安，在於「生產力之缺乏，經濟界之恐慌，生活之窘困。」他認為戰爭之禍害，「遂使歐洲之生產減少，商務停滯，而工人之失業，中層階級之衰落實蒙其大害，因是無產階級之人日以加多，不能生活之人日趨死境。而社會之不安遂復影響於經濟之不安，經濟愈不安，其變動亦愈甚，結果遂激成異

8 陳三井，《舵手與菁英》，頁 190-191。

9 陳三井，《舵手與菁英》，頁 191。

樣之改造。」最後，他的結論是：「歐洲今日之危機在物質。換言之，即經濟上的麵包問題也。」

根據周恩來的分析，歐洲此時經濟上之現象，幾如百孔千瘡，無從救治。而其危險之極大者，約舉之可得以下六端：

(1)煤斤之缺乏：其直接影響則為製造工業之停止，交通機關之阻滯；因工業停止而輸出總額減少，因交通阻滯而糧食分配不能充分，則其間接者也。
(2)交通機關之不完全：交戰各國之機關車、車軌、車輛等，戰時悉被破壞，無力修繕。
(3)糧食之缺乏：大抵由於國內生產減退與國外輸入減退兩因。生產之減退，則因肥料及畜牧材料等輸入困難之故。
(4)原料之缺乏：戰時因棉花缺乏，德、奧、波蘭之機械紡織業衰頹。因樹膠不足，德國之自動事業衰頹。戰後固可自海外輸入原料，然卻缺乏現金。
(5)現金之缺乏：歐洲之困難者，莫如現金之缺乏。因德國須付巨額之戰爭賠款，法、比、義等國亦莫不等待他國之援助，其稱寬裕者，惟英美兩國而已。
(6)通貨之暴落：因缺乏現金之故，而濫發紙幣，通貨之暴落，遂為自來所未有，德國馬克、奧國克倫、俄國盧布紛紛貶值，此尤危機之最大者。

面對歐洲呈現「六缺」的大危機，周恩來雖觀察入微，但並未像醫生診斷後提出治病的良方。事實上，周恩來只是個旁觀者、見證者，他不但沒有能力開藥方，更沒有義務為錯綜複雜的戰後歐洲危機提出解套辦法。何況，他雖人在歐陸，心目中最關心的還是改革中國的途徑。

徐特立推崇法國教育

徐特立小檔案

徐特立（1877-1968），湖南長沙人。小名懋恂，取其勤勉篤實、誠信之意。家世貧寒，少時母親、祖父早逝，刻苦力學，「破產」讀書，自學成才。[11]

一八九五年，任本地蒙館先生，師從秀才王硯秋準備科考。

一九〇五年，參加岳陽會試，初試十九名，複試落第。

一九一〇年，得朱劍南資助，赴日本考察小學教育。回國後任周南女校校長。

一九一二年，創辦長沙縣立師範學校，任校長兼教員。

一九一九年九月，四十三歲，得朱劍南資助，赴法國參加勤工儉學。

一九二三年，自費赴德國考察教育。

一九二四年，自費赴比利時考察教育。

一九二四年七月，回國，並創辦長沙女子師範學校。任校長。

一九二五年，任湖南省立第一女子師範學校校長。

一九二七年，加入中國共產黨，歷任中央工農民主政府教育部副部長、陝甘寧邊區政委教育廳長，中共中央宣傳部副部長兼自然科學院院長。

---

10 周恩來，〈歐洲經濟之危機〉，《東方雜誌》15:3（1921.2），頁 43-44。

11 陳志明，《徐特立傳》（長沙：湖南人民出版社，1984），頁 1。

一九四九年後，歷任中共中央宣傳部副部長、全國人大常委等要職。一九六八年，與世長辭，享年九十一歲。

徐特立初體驗法國社會的平等自由

徐特立在出國前，擔任過周南女校校長暨縣立長沙師範學校校長，而以四十三歲之高齡適與鄧小平的十六歲稚齡成鮮明對比。一九一九年九月二十八日，他從上海搭乘法輪博爾多斯（porthos）號出發。一上船，便親自體驗了法國的人情味，並見證了法國社會的平等自由風氣。據其〈由巴黎致湘學界書〉中透露，請看：

> 「同船有軍人六、七百，我等與之水乳交融。見我暈船，則時時詢問。見我等學法語音不合，則殷勤啟導。同船一月，有如親交。馬賽登岸，揮手作別，似有不能捨之意。路人似骨肉，皆平等自由之精神也。」

從徐特立第一次與法國人接觸，即刻了解法國人是富於感情的民族，亦即對於陌生人充滿熱烈的情感，對於不同膚色的種族並沒有歧視的心理。

徐特立初抵法國時，法文一字不識，被安排入木蘭公立中學（Lycée de Moulins）學習法語。更直白道出：「一到法國。無所謂總統，無所謂平民，無所謂黑奴，無所謂文明種族，同為人類，即同為一家也。」這種平等思想的大領悟。

同樣的，他對於中小學內自由平等精神的發揮，更為印象深刻。他說，同學之間，「兩相辯論之際，絕對尊重個人言論自由」；又說：「法人平等之精神，人所共見。如校長與門房同座談天，毫無隔閡。先生與學生互稱先生，尤其甚者，對乞丐亦稱先生。……無論何人，都可握手，多上級的與下級的先握。」[13]

徐特立推崇法國教育

徐特立是個教育家，他擔任過教員、校長，前後到過日本、德國、比利時考察教育，一生與教育事業結下不解之緣。他在中年仍趕時髦參加過法勤工儉學，無非為了尋求新思想，學習新知識，藉「他山之石」，為祖國的中小學教育注入新元素，創造新的傳統，並且薪火相傳，垂之久遠。

五載赴歐留學（包括德、比短期的考察），徐特立在教育方面的收穫是豐碩的。他以行家的眼光，對盧梭的教育理論做了深入研究，在實地考察中比較了中國與歐洲的教育理念和模式。首先，他歸納出中國不及歐洲的五大缺失：

1. 中國學生畢業成績不足為憑，弊病叢生，應該由各校教師共同組織考試委員會，出卷、閱卷，彼此統一。（類似今日的聯招會）。
2. 教法不良。教育都是注入式，知識不是學生自修所得。

---

12 江來登、孫光貴著，《徐特立：人生軌迹及教育思想發展研究》（長沙：湖南人民出版社，2009），附錄年表。

13 徐特立，〈徐特立（懋恂）由巴黎致湘學界書〉，收錄清華大學編，《赴法勤工儉學運動史料》（北京：北京出版社，1980），第 2 冊，頁 132。

3. 教科書落後。現行教科書大多是間接由日譯英美書，輾轉到中國早已陳腐。補救的辦法是從編細目入手，先直接翻譯歐美最新部分教材。
4. 上級對教學品質檢查制度不健全，特別是畢業生品質缺乏監督，要建立督學制度。
5. 女子小學太少。

關於小學部分，徐特立十分推崇法國的課程少而放學並不早，其好處很多，法國的小學預備班（即我國現在的學前班）與幼兒園有明確的分工，法國的高級小學不像中國，主要不是升學教育，而是職業教育。法國的小學算術中包含幾何、代數、三角。因為法國本土居民在小學畢業以後至少是當工人，而且不做粗工。所有粗工都是讓外國人幹。徐特立認為，法國小學教育最可取的一點，就是給小孩充分的活動。

在致朱劍凡討論中小學各科教學及女子教育問題的信中，徐特立又說：「在法國，數學最重幾何。初等小學九歲即學幾何。因該科於日常用處極多。用種種實物教學，亦易明瞭。工業國家，幾何是人民之常識，到處遇著此物，所以易於學習。我國欲望此科之進步，非設多數之工廠，無希望也。」他再說：「數學一科與圖畫手工物理，均有極大關係，特立欲習此科，非欲成一數學家，不過從此預備研究科學也。」[14]

此外，徐特立回國後，對教育方面的論述甚多，其中一篇〈法國小學教育狀況〉（見《教育雜誌》第三卷，一九二四年七月）指出：「今日中國小學教育法，有所謂道爾頓制、萬雷制、協動制等，在歐洲已成陳腐之名詞。考法人教學，絕無花樣翻新之弊，注重在學生自動。」關於這一方面，徐特立在「各科教學法講座」中有過系統的說明。他贊成一般的方法，批判「注入式」、「問答式」、「自學輔導式」、「設計教學法」、「道爾頓制」、「實物教學」等教法，他認為以上這些本來是一般研究工作的方法，而把它用在大眾教育中是很不相宜的。[15]

徐特立回國後，教育理念更上層樓，他曾提出一種中西合璧的教育管理方式，茲說明其內容如下：

1. 支持女學生參與政治活動

在西方，尤其是巴黎，婦女已得到解放，女權與男權無異。而在五四之後的中國，婦女還有很多應有的權利沒有得到，到過歐洲留學，目睹法國女子可自由活動的徐特立，便通過身教來影響她們。在徐特立當校長的學校，他帶領男女學生郊遊，看戲、參加社會團體，從事政治動，從而打破學校長期以來對女學生的禁錮狀態，與時俱進。

2. 民主治校

徐特立回國後，一心以鄉梓教育事業為重，一切用人唯才，反對用人為親。他對法國之高度重視職業教育、法國學校課堂講授方法，以及地方自治給辦學帶來的好處印象深刻並加倍推崇。

更重要的是，他對法國的民主觀念、不分上下的平等作風十分欣賞。中國過去受到幾千年封建思想的影響，在學校裡往往實施家長式的管理，一切都是校長說了算，其他的老師和職工

14 江來登、孫光貴著，《徐特立人生軌跡及教育思想發展研究》（長沙：湖南人民出版社，2009），頁 141-142。

15 江來登等著，《徐特立人生軌跡及教育思想發展研究》，頁 142。

世亂吾自治，為學志轉堅。
從師萬里外，訪友人文淵。
……
匡復有吾在，與人撐巨艱。
忠誠印寸心，浩然充兩間。
雖無魯陽戈，庶幾挽狂瀾。
憑舟衡國變，意志鼓黎元。
潭州蔚人望，洞庭證源泉。[17]

鄉事國難當頭，這是一位即將離鄉背井遠赴異地從師訪友，尋良方，改造社會，扛巨艱，挽狂瀾的少年，從心底發出的雄心壯志，這也是「五四型」青年責無旁貸的使命，更是以蔡和森為首的新民學會會員高舉救國救民，義不容辭的革命任務。

因此，蔡和森一到法國的蒙達集公學，因校中功課淺，每日生活全在空曠的公園中，不上課不看書，「日惟手字典一冊，報紙兩頁」，「以蠻看報章雜誌為事」，希望一方面把各國社會黨、各國工團以及國際共產黨先弄明白；一方面對社會、工團、無政府、德謨克拉西（民主）四樣東西作一番研究、調查。他自估在法逗留五年，開頭二年不從事組織活動，先把法文弄清。第一年先蠻看報章雜誌為事，一年後兼習說話聽講。[18]

可萬事並不由人，人算往往不如天算，客觀環境的變化亦會改變原來既定的計畫。至一九二〇年六月間，亦即蔡和森抵法後的半年，先後到法的新民學會會員已不少，故於同年七月六日至十日在蒙達集森林舉行了一次為期五天的大會，與會者有蔡和森、向警予、蔡暢、陳紹休、張昆弟、羅學瓚、熊光楚、李維漢、蕭瑜、蕭植藩、熊季光、熊叔彬、歐陽澤等十三個新民會友。

這次會議最主要的決定是，確立今後新民學會的方針為「改造中國與世界」，但會上對於改造的方法卻出現了分歧的意見和激烈爭論。以蔡和森為首的革命派，主張激烈革命，立即組織共產黨，實行無產階級專政，即倣效俄國十月革命的方法。蔡和森之所以堅決主張注重「國際色彩」，走俄國的路線，其理由有二：

1. 俄國是共產主義之父，所以必須追隨俄國的領導。
2. 從地理上看，中俄兩國唇齒相依，聯繫容易，一旦中國革命起來時，可以或明或暗的依靠俄國的支援，不論是經費或武器方面。

而以蕭瑜為代表的改良派，頗不以為俄式—馬克思式的革命為正當，而傾向於無政府—無強權—蒲魯東式的新式革命，故主張溫和的革命，以教育為工具的革命，為人民謀全體福利的革命，以工會合作社為實行改革之方法，因為「世界進化是無窮期的，革命也是無窮期的，我們不認為可以一部分人的犧牲，換多數人的福利。」

蒙達集會議，導致新民學會主要發起人兼理論家思想的分化。此後雙方思想愈走愈遠。蕭瑜與李石曾、吳稚暉等人接近，從事以教育為工具的改良工作，蔡和森則一直與毛澤東保持密

17 蔡和森，〈少年行〉，《蔡和森文集》（北京：人民出版社，1980），頁 20-21。
18 蔡和森，〈蔡林彬給毛澤東〉（1920.5.28），《蔡和森文集》，頁 27-28。

切連繫。終於走上俄國革命的道路。

早在一九二〇年二月，部分新民學會會員在李維漢等人的發起下，組織了「工學勵進會」，後改名為「工學世界社」，這是旅法勤工儉學中最早成立、帶有社會主義性質的團體。成立之後，把學習和傳播馬克思主義與俄國十月革命的經驗，作為一項重要任務。該社搜集了幾百種新思潮書報雜誌和各種小冊子，其中有法文版的《共產黨宣言》、《社會主義從空想到科學的發展》、《國家與革命》、《無產階級革命與叛徒考茨基》、《共產主義運動中的左派幼稚病》以及法共的《人道報》、《共產黨月刊》、《俄事評論》，還有共產國際的出版品《婦女聲》、《女權報》，由社員分工進行翻譯和研究。「工學世界社」與「新民學會」雖屬兩個不同的組織，但骨幹多為新民會員，至此宗旨又一致，儼然一體，今後在從事對外政治活動方面，更是亦步亦趨，緊密的結合在一起。

同年的九、十月間，「工學世界社」在蒙達集開會三天，出席的社員有李維漢、李富春、張昆弟、賀果、蕭植藩等二、三十人，經熱烈討論後，大多數社員贊成以信仰馬克思主義和俄國式的社會革命作為「工學世界社」的宗旨。蔡和森不是社員，卻應邀出席在會上作了「怎樣救中國」的演講。他駁斥了各種錯誤的救國論調，堅決地喊出「我們要走蘇俄工人階級的道路。」

《蔡和森文集》透露的訊息

《蔡和森文集》（北京：人文出版社，1980）收錄了蔡和森從一九一八年至一九三一年生前大部分的著述，共一百九十九篇，其中作為新民學會會員通信，特別是與毛澤東、蕭旭東（瑜）、蕭子暲（植藩）等人的通信以及回國初期在《先驅》所發表的數篇文章，應是觀察蔡和森思想變化及其對歐洲（特別是法國）勞動界認識的第一手材料。茲分項簡述如下：

1. 衝決世界網羅，大規模自由研究

蔡和森與毛澤東通信，無論論學或是否赴法勤工儉學，都蘊藏著一個偉大的抱負，那就是「吾人之窮極目的，惟在衝決世界之層層網羅，造出自由之人格，自由之地位，自由之事功，加倍放大列寧與茅原華三兩人之所為，然後始可稱發展如量。」[20]

為達到此終極目的，蔡和森又有一種異想天開，不必要又有必要的想法，此即「不但本國學校無進之必要，即外國學校亦無進之必要；吾人只當走遍各洲，通其語文，讀其書報，察其情實而已足，無庸隨俗拘苦為也。」[21]有了這種不隨俗而自學自修的想法，難怪蔡和森抵法後，雖入學而不上課，以公園為自修自學的最理想場所，每天帶著一本小字典，硬啃法文報紙，生吞活剝的去了解法國和世界大事，進而吸收各種社會主義思想和馬克思學說。這種速成而蠻幹的自學方法，只能稱之為蔡和森式的自學方法，數以千計的勤工儉學生，大概也只有蔡和森有此超強本事。

---

19 陳三井，《勤工儉學的發展》（臺北：東大圖書，1988），頁 39-40。

20 蔡和森，〈蔡林彬給毛澤東〉（1919.7.24），《蔡和森文集》，頁 22-23。

21 蔡和森，〈蔡林彬給毛澤東〉（1919.7.24），《蔡和森文集》，頁 22-23。

2. 沿途見聞

記述沿途新奇的見聞，是每一位首次出洋的學生必做的功課，陳毅也不例外。

陳毅與徐特立的感受完全不一樣。首先，他在法輪上遭遇的是不平等的歧視。他所搭的「湄南」號的噸位一千五百，勤工儉學生坐的四等艙是由貨艙改的，他們不能上一、二、三等艙去活動，否則要挨罵、受罰。票價不同，待遇自然有別，但陳毅感覺受歧視，因而憤恨不平。從上海到馬賽。沿途經過海防、西貢、新加坡、可倫坡、吉普地等處。陳毅在海防和西貢，看到了法國殖民地亡國者的痛苦，蒼蠅滿地，骯髒不堪，土人窮困無文化。西洋人從船上拋一個銅板下來，土人立即圍攏來搶。法國人雇用黑人當警憲，壓迫當地人。大街上到處設「說話館」，實際上是大菸館，毒害當地人民。華僑在那一帶的地位也不比越南人高，也是挨打受氣。

3. 在法國打工的痛苦

初抵法國，陳毅原以為是到了天國一樣，社會秩序安定，城市清潔繁榮，對法國文明佩服得五體投地，但實際生活很快戳破了他的這種迷思。

首先，陳毅在馬賽認識了一些歐戰華工，聽到了他們被騙、受欺侮、遭到種族歧視的故事。後來，他到了巴黎入工廠工作。剛開始當雜工，打掃衛生，搬運貨物，工作很重。而且工廠制度極嚴，遲到了便不准入廠，一天的工資就泡湯了。有一次陳毅的手受了傷，廠方只准休息三天，養傷費也發得很少。法國工人就來慰問，大罵資本家沒良心，說他們寧願生在俄國。這種工人階級的深切感受，讓陳毅滋生了社會主義思想，在一九二〇年五一勞動節大罷工時，勤工生也參加了法國工人的行動，為中國人爭口氣。這種行動受到法國工人的熱烈歡迎。

赴法勤工儉學前，和廣大的學生一樣，陳毅對這一「新生事務」充滿了美好和天真的幻想。用他自己的話說：「我相信工學生活是人的生活。我以為勤工便是生產，替社會充裕生計；儉學是求學，是精神生活，是創造文化，為社會求進步。並且工學兼營，即理（論）實（務）並重，較在國內株守好得多了，……以兩手解決我的生活問題與求學問題，這真是少年的偉力，能在海外獨立，這也是一點光榮啊！」[28]

等到「勤工無門，求學無路」之後，一切美好的願望，就像吹脹的肥皂泡一樣破滅了。這時，一部分青年消沉了，灰心喪氣，白白地耗費時光；另有部分青年開始了新的追求，重新評估勤工儉學，重新認識法國社會，再對法國社會進行了考察和反思。陳毅看到了「資本制度的罪惡之一斑」，黑心的資本家在貨物銷路看好的時候，雇用過量的工人大批生產製造；等到貨物滯銷時就大批辭退工人。資本家有政府作為後盾，完全為自己的利益考慮，毫無人性！

陳毅在對勤工儉學的幻想破滅後，思想上有了很大的飛躍。在行動上，積極參予了兩次示威行動，從包圍使館的「二八運動」到占領「里昂中法大學事件」，也導致了和一百零四名勤工生一起被遣送回國的命運！

陳毅壯士斷腕回國行

一百零四位被押送搭船回國的勤工生，分三批由廣州、上海抵達國門。他們一方面為解決

27 聶元素等編輯，《陳毅早年的回憶和文稿》（成都：四川人民出版社，1981），頁19。

28 陳毅，〈我兩年來旅法的痛苦〉，《陳毅早年的回憶和文稿》，頁54。

生存和求學問題向政府社會各界呼籲，一方面為自己的茫茫前途尋求出路，陳毅意識到，不革命就沒有出路。因此，在蔡和森的引介下，加入了中國共產黨，繼續為革命而奮鬥。

陳毅回國後，先後留下兩首打油詩以明志。

歸途，面對波浪滔天的大海，心情是沉重的。這是陳毅路經地中海時，用滿懷激憤的筆觸寫下的詩句：

我今東歸，
歸向那可愛的故鄉。
故鄉是我的情人，
不知她而今怎樣？
歐陸的風雲蒼茫，
一股橫流東向。
袖手空歸的我呀！
怎好，怎好還鄉？
去國的壯懷，
只如今頭垂氣喪。
曾記否少年的肩頭，
應擔負什麼分量？
真不堪回想，

這五年的流浪！
踐踏了父母的血肉，
狼狽在地中海上！[29]

第二首，寫於從上海到四川的長安輪上（1921.12.14），發表於《民國日報》的「覺悟」副刊（1921.12.26），題為〈贈勤工儉學同人〉（原詩較長，摘錄部分如下）：

勤工，苦工，至於苦工而不得，
枵腹，露體，至於無有宿處，
請求，呼號，反至觸怒被囚，
絕食，跳牆，乃至押送歸國，再至於不敢還鄉。
……
那希望我們的人們，我們羞不敢見！
吾族生命維繫的責任，我們又無可卸逃！
擔一分算一分罷，忍著痛苦罷！
但是時間、禍變，不停的飛來，
我們只有傷、老、病、死，……

29 陳毅，《陳毅早年的回憶和文稿》，頁63-64。

如此的人生才可痛苦啊！
唉，可憐我們無路可歸的勤工儉學者！
……
苦朋友們，我歸去了，你們叫我歸去的，
我懷著鬼胎，毫不前進，任船兒走罷，
但是你們始終不把忘卻，
被幸福忘卻的人們終被幸福尋著！
與的不如取的，取的不如別人甘心送來的！
……
記著！忍著！
保著本來面目，
他年再見啊！[30]

這兩首詩，充分顯露一群勤工生的悲歌，寫盡他們「袖手空歸」的淒涼感，與周恩來、蔡和森兩人在出發前那種志氣昂揚、充滿騰飛雄心的豪情，簡直不可同日而語。

---

30 陳毅，〈贈勤工儉學同人〉，收入清華大學編，《赴法勤工儉學運動史料》，第2冊（下），頁664-666。此首詩與《陳毅早年的回憶和文稿》稍有出入，本文據前一版本作刪節。

PART

留法勤工儉學生所見的法國（下）

關山渡若飛

王若飛小檔案

王若飛（1896-1946），貴州安順人，又名運笙，號繼仁。

一九〇五年，因家庭貧寒，由舅父黃齊生接到貴陽，入達德學校讀書。

一九一七年，考取官費留學日本，黃齊生同往，在日本初步接觸馬克思學說。

一九一九年十月六日，從上海搭美輪「渥隆」（Wollowra）號，赴法勤工儉學。

一九二〇年四月至五月，由華法教育會介紹，至聖夏門（St. Chamont）一家鐵工廠作工，留有這段生活的日記。

同年十二月，至蒙達集參加「工學世界社」會議。

一九二一年二月，參加蔡和森、李維漢等領導的「二八運動」。

一九二一年三月，在蒙達集橡膠廠工作。

正途功名出身，到「外江」去做一、兩任官，回來買田、起屋。現在科舉停了，這個希望隨著幻滅了。

漳平和其他的縣差不多一樣，乃閩南偏僻而閉塞的地方，即使到了民國時代，外界的新知識不容易進來，大家沒有看報、閱讀雜誌的機會和習慣，像五四運動在北京鬧得沸沸揚揚，而鄭超麟就讀的龍岩地方有幾個人知曉，都是疑問。閉塞的結果，使鄭超麟在中學畢業之後，有一種莫名奇妙的苦悶感。他想飛，想脫離這個既狹隘又閉塞的環境，不僅要離開本縣，而且要離開本省，想到北京去就學，換一個可以滿足他對新知識追求的大環境。這種意念，正如同其他五四青年像周恩來、王若飛等人一樣，他們想到一個新世界展翅高飛，而赴法勤工儉學適時提供了這樣一個或許能滿足他們希望的機會。

1. **福建學生素描**

鄭超麟來自福建漳平，對福建生有基本的認識和了解。大抵有下列幾個特點：

1. 對「外江」學生採取排斥態度：福建同鄉聚首，常拿「外江」學生作為嘲弄對象。排斥別人的結果，被視為不開化或文化程度低下。
2. 福建學生因語言隔閡並不團結：一行三十五人因語言關係並不團結，分為汀州派與漳州派，漳州派又分為東黨和南黨，黨派鬥爭從廣州一直延續到法國。
3. 所受教育背景不同：汀州學生所受的是內地中學教育，注重國文，教師多為老先生，他們總有些線裝書知識；漳州學生受的是通商口岸的中學教育，屬教會學校式的洋場教育，教師多為西裝革履少年，較不重視古文。故前者視後者為淺薄的，而後者則反譏前者為落伍的。

4. 福建學生較不熱衷政治活動：福建學生除鄭超麟等少數人外，一般對參加政治活動並不活躍；但先後成立有聯誼性質的「福建同鄉會」、「留法福建學生會」、「留法福建學會」等團體。[3]

2. 法文老師與法文課

鄭超麟先後在聖日爾曼和木蘭兩個中學念過法文。根據他的回憶，食宿都在學校裡，學校特闢一個大寢室給他們住，一個膳堂給他們吃，一個教室給他們讀書。除了法文以外，沒有其他的功課。

法文老師當過兵，打過仗。據先生自己說，他殺死過好多德國人，他是個十足的沙文主義者（Chauviniste）。法國中學生都比他們年齡小，生活完全與他們分開。校中有三個塞爾維亞人，兩個阿爾巴尼亞人，一個波斯人，他們同樣住校，但與法國學生一起上課。

木蘭是個省城，距巴黎約兩個多小時的車程。鄭超麟在此沒有住校，而是和同學在校外合租一個房子同住，自炊、自學。

---

3 鄭超麟，《鄭超麟回憶錄》（北京：東方出版社，1996），頁12；鄭超麟，《史事與回憶——鄭超麟晚年文選》（香港：天地圖書，1998），第1卷，頁165。

3. 煮酒論英雄

鄭超麟長壽，活到近百歲，交遊廣，他的回憶錄中煮酒論英雄，對若干著名人物有較多的描繪，這是其他勤工儉學生所不及的。茲擇要介紹如下：

(1) 趙世炎

四川人，一個出身大家庭的子弟。天生具有領袖能力，能量才使用，機警，有急智，是個好演說家，主持會議和辦理外交是個能手，而且能在大原則下調和大家不同的意見。所以，鄭超麟尊敬這位性格不同的「川老鼠」，稱他為「我們的領袖」。

(2) 王若飛

貴州人，少年老成，他是一個矮子、頭頸短，手指肥，鼻樑微歪而曲，皮膚白淨，滿口貴州官話。愛喝酒，愛說笑話，頑皮，好鬧，是個有趣的人物。

(3) 陳延年、陳喬年兄弟

一九二七年，吳稚暉在某次演說中，大罵陳獨秀與延年、喬年兄弟父子三人的尊容醜陋。根據鄭超麟的憶述，這是胡說。陳獨秀並不醜，還有女同志誇講他的眼睛特別可愛。喬年是個美男子，身體強壯，皮膚皙白，兩頰同蘋果一樣紅。哥哥延年則恰恰相反，身體不很健康、肚皮比常人大，兩條腿則比常人細，皮膚黑而粗，濃眉毛，斜眼，近視，動作緩慢，精神稍顯萎靡不振，故有綽號叫「腐敗」。兩兄弟除外表不同外，個性也相異。延年愛說話，愛講故事。喬年則一聲不響，開會時不說話，多人閒談時也不說話，只有同王若飛鬧著玩時才有說有笑。

兩兄弟的感情很好，兩人一起脫離家庭。兩兄弟都是清教徒，吃得壞，穿得差，絕口不談女人。陳獨秀從民主主義進化到共產主義，兒子本來篤信無政府主義，經過法國的洗禮也退回到共產主義，從此父子間的隔閡完全消失了。

（4）《少年》刊物

《少年》是「旅歐中國少年共產黨」成立後，於一九二二年八月一日所發行的刊物，由後來加入少共的陳延年、陳喬年負責刻寫蠟板而油印。據鄭超麟回憶，《少年》是個大型刊物，十六開本，封面很令人觸目，畫了交叉的鐮刀和鐵錘，寫了一行「全世界無產階級聯合起來！」刊名之下，有一行小字「少年共產黨機關」。創刊號在寫印時，鄭超麟去義大利廣場那個小旅館看他們，延年在寫鋼板，王若飛、趙世炎、周恩來圍繞著方桌討論，有人建議在「機關」下面應加「報」字。但周恩來反對，他說德文此處只用"organ"，並不加什麼「報」字。理論文章是周恩來從德國帶來。延年寫的字比鉛印的字還要清楚，還要好看。[4]

工讀理論健將趙世炎

趙世炎小檔案

趙世炎（1901-1927），四川酉陽人。

4 鄭超麟，《史事與回憶——鄭超麟晚年文選》，上冊，頁185-195。

一九一二年至一九一四年，就讀龍潭鎮高小，課外常讀《天演論》、《民約論》、《進化論》，有反帝倒袁思想。

一九一五年八月，考入北京高等師範學校附屬中學，結識李大釗，和其他同學領導罷課活動。

一九一九年五月四日，北大、北京高師等十三所學生在天安門集會示威遊行。翌日，在校刊發表「工讀主義」文章。

一九一九年七月，經李大釗、王光祈介紹，加入「少年中國學會」。

一九一九年九月，進入法文專修館，主修法文兼修英文，為留法勤工儉學作準備。

一九二〇年五月九日，和十二名勤工儉學生，從上海搭乘法輪「阿爾芒勃西」（Armand Behic）號啟程赴法。

一九二〇年六月，到巴黎，除補習法文外，主要從事服務華工的工作。

一九二〇年八月，進入巴黎郊區一家鐵工廠做雜工。

一九二一年二月，與李立三等人在巴黎成立勞動學會。

一九二一年九月，與蔡和森、陳毅等一百多人，參加占領里昂中法大學運動。有一百零四名學生遭遣送回國，趙世炎巧計脫身，續留巴黎。

一九二三年，赴蘇。

一九二四年，回國，歷任中共北京地委書記、北方區執行委員會宣傳部長、中共江浙區委兼上海區委組織部長，參加領導上海工人武裝起義。

一九二七年七月，被捕入獄，與陳延年等人同時被殺，享年僅二十六歲。

工讀理論健將——趙世炎

民初工讀思潮的發生，有其內在和外在的社會背景。就內在而言，中國自清末以來內憂外患紛至沓來，國事蜩螗，實業不振，經濟發展落後，民生困苦。有識之士以為，中國之弱，在於國民「愚陋怯弱，渙散混濁」，故梁啟超提出「新民」為今日中國第一急務。若要開通民智，恢宏器識，進而改良社會，更非注重一般平民與勞動大眾，先從教育著手不可。蔡、李、吳等人之發起留法儉學會、勤工儉學會，就是這層用意。

趙世炎受此薰陶，早在就讀北京高等師範學校附屬中學時，便於學校週刊上發表〈工讀主義與今日之中學畢業生〉一文，這可視為他對工讀問題的處女作，也是他對工讀活動的基本主張。

首先，他對「工」與「讀」這兩個一勞一逸、絕對相反的事情，覺得無法兼顧。若硬要兼得，只有半工半讀，而且從中學畢業生開始。何故？這有兩個理由：其一，惟有中學畢業生，始有半工半讀之能力，故由他們來提倡；其二，中學畢業生正當少壯之時，對於家庭既可脫離一定程度之依賴，本身又無過多之負擔。尤有進者，中學畢業後能力漸增，若能破除好逸之思想，屏除邪念，遠離惡俗，培養奮鬥之能力，為個人生活遠圖計，為社會工藝興起計，為國家實業發達計，皆莫善於此。[6]由此可見，趙世炎是贊成由中學畢業生來擔負起半工半讀，從改

5 詳細經歷，請參閱：「趙世炎生平大事年表」，收入《趙世炎文集》（北京：人民出版社，2013），頁629-678。

6 趙世炎，〈工讀主義與今日之中學畢業生〉，《趙世炎文集》，頁11-14。

工程師文憑，但在考試時因粗心做錯一道題，故月薪由一千法郎減為七百五十法郎，但已比前在雷諾及雪鐵龍兩廠單純從事體力工作強多了。

以上是沈沛霖前後在法國著名工廠打工的自白，樸實無華。接著再敘述他儉學的過程和經驗：

(1) 聖洛中學

這是沈沛霖到法後第一個學習法文的學校，十幾位中國同學依程度，分別編入不同的班級，與沈同班的三位來自福建由廣東都督陳炯明資助遣送，他們是雷翰、丘天錫、傅國韶，俱為早先到達的儉學生。雷翰、丘天錫兩人係福建上杭縣人，其名字出現過《民國日報》（1919.10.2）上。[13]

據稱，法文教師原係該校老師，後去服兵役，曾擔任過排連長，退役後再復任教員。他的教法很好，注重聽力與會話，完全用直灌法進行教育，不用書本。有時上課即在他家的客廳進行，指著客廳內物品練習口語，如此反覆，收效甚快。未及半年即基本掌握了法文的對話和聽講。俗話說：「工欲善其事，必先利其器」，相信經過這半年與法文老師的直接對話和聽講，為沈沛霖以後的勤工和求學打下了良好的語文基礎。

(2) 巴黎的讓涅爾學院

在該校的勤工儉學生有六十多人，但中國學生一多對外國語言的練習反而有害。沈在此校的時間並不長，因為他聽說還有一間實習學校，收費低廉，且所學課程實用，便於找尋職業。

（3）布里夫工業實習學校（Ecole Pratique Industrielle de Brire）

在法國所謂實習學校，係介於大學、專科學校和中學之間的一種特別學校。布里夫位於法國中部的科雷省，距巴黎有數百公里。該校設有電機、機械、化工諸學科，學藝並重，收費較廉，以培養技工（技師）和初級技術人員為目標。程度雖不高，惟所學課程頗為實用，故甚受一般勤工儉學生之歡迎。校內另設有實習工廠，課堂中所學可於此付諸實踐，實踐之不足，亦可從課堂理論中補充，是謂工學兼顧，很適合勤工儉學的原則。沈在該校僅學習工作半年左右。

（4）索米爾工業學校

該校位於法國中西部的曼恩・羅瓦爾（Maine-et-Loire）省，係高等專科性質的學校。學習課程有大代數、畫法幾何、微積分、機械製造原理、電機學、動力學等。學校若未被認可具同等學歷，需參加入學考試。惟對外國學生，入學考試要求尺度較法國學生放寬，但其後每學期的考試（包括期末考及畢業考試）則一視同仁。上課與法國學生混班，前後共有二十多位留法勤工儉學生在該校肄業，其中以張漢河（四川人，成績名列第四）、沈沛霖（名列第八）兩人成績最優。兩年後，沈獲得機械工程師文憑，在勤工儉學生中極為難得。有此專業素養和專門工程師文憑，難怪他在三十年後能在北京工業學院和浙江大學兩所高校擔任教授。

---

13 參閱：張允侯等編，《留法勤工儉學運動》（上海：人民出版社，1980），第1冊，頁624。

PART

里昂中法大學生在法國

引言

里昂中法大學（Institut Franco-Chinois de Lyon）成立於一九二一年十月，為李石曾、吳稚暉、蔡元培等一批早年鼓吹赴法勤工儉學的哲人，與里昂當地熱心中法教育人士所共同創辦的一所海外中國大學，其目的在以比較經濟的組織，利用法國國立里昂大學及其他各學門學校現成之設備與師資，為我國作育有志深造之人才。里昂中法大學的設立，可視為民初旅歐教育運動的一個重大實驗，亦可看做中法合作教育發展過程的一項具體成果。

里昂中法大學（簡稱里大），又稱中法學院。所謂大學，只不過是一塊招牌，實際距離大學的標準尚遠，它的性質幾近國內為勤工儉學生所辦的留法預備班，頂多只是大學的預科而已。因為它沒有自設的大學專門課程，也沒有大學自聘的大學專任教師，其主要活動在於組織一些特別演講會與法文課補習，以及為理科學生特設的數學、物理複習課程。

里大創辦以後，歷經內憂外患，勉強維持近三十年，二次大戰期間校舍一度為德軍占領，改為軍用醫院，勝利後始收回。至一九四七年，里大因經費難以為繼，各項活動始告停頓，校務也跟著結束。

里大前後共有四百七十三名學生註冊，為我國培養了不少各領域的高級人才，從政府部門到大專學校所在都有。茲從中選擇若干位傑出並有資料可論述者，介紹給讀者。[1]

鄭彥棻在法國的留學生涯

鄭彥棻小檔案

鄭彥棻（1902-1990），廣東順德縣人。

鄭彥棻自幼命運多舛，四歲喪父，十一歲亡母，十五歲又失去親弟弟，不幸之遭遇，無情之打擊，接踵而至。因家境不好，其苦學歷程，刻苦自勵之志，益令人敬佩。

一九一八年，鄭彥棻自考入廣東高等師範附屬初級師範學校，先後從預科讀起（一年），歷經本科二年，因成績優異連跳兩級，以同等學力考進國立廣東高等師範理化部，以數學為主修，化學為副修。

一九二四年，廣東高師畢業，奉派前往日本考察教育事業。

一九二五年，由高師校長鄒魯（海濱），選送赴法留學。

1 關於里大的歷史，請參閱：陳三井，《旅歐教育運動：民初融合世界學術的理想》；葛夫平，《中法教育合作事業研究（1912-1949）》，上海：上海書店出版社，2011。

一九二七年，進入巴黎大學法學院習統計學。

一九二九年，代表駐法總支部，返國參加中國國民黨第三次全國代表大會。

一九三〇年，考進日內瓦國際聯盟祕書廳工作。

一九三五年，返國擔任母校中山大學（係由廣東高師與法政、農業兩專校合併，初名國立廣東大學）教授兼法學院長。

一九三七年，抗戰爆發，應宋子文之邀請，離粵赴滬參加抗戰工作，任職國際反侵略會中國分會。

一九四〇年，出任廣東省政府委員兼祕書長，復兼任三民主義青年團廣東支團部幹事。

一九四八年，當選行憲後第一屆立法委員。

國民政府遷臺後，辭去立法委員職務，先後出任僑務委員會委員長、中央第三組主任、司法行政部部長、總統府副祕書長、祕書長、總統府資政等黨、政要職近四十年。

一九八〇年六月壽終於臺北市三軍總醫院，享壽八十九歲。[2]

里大只是中國學生暫棲之所

鄭彥棻於二十四歲時（一九二五年）才到法國留學，以今日眼光看並不算晚。他的《往事憶述》，對於到法國留學的過程，有詳細的憶述。他是里昂中法大學註冊在案的學生之一，他的〈回憶就讀中法大學，永懷吳校長稚老〉一文，短暫寄寓里大的一段歲月，也有珍貴的回顧。

出國留學，本是時代有為青年的夢想。但留法並不是鄭彥棻的第一志願，當時他想留學的首要目標卻是美國。機會是留給準備好的人，原來那時法國政府歸還了庚子賠款，在李石曾、吳稚暉等人的建議下，中國政府就利用庚款在里昂創辦了中法大學，而且給予中山大學海外部六十個官費生名額。一九二五年，中山大學校長鄒魯選派教授一人、學生十名到里大（即中山大學海外部）留學。鄭彥棻在廣東高師畢業後，留校任附屬小學訓育主任，另在大學部選修教育課程，因成績優異而獲選。

在留法期間，鄭彥棻在里昂中法大學事實上只待一年多，註冊報到後，他對里大的環境和各項教學設備，頗感失望。歸納而言，其犖犖大者如下：

1. 校舍建築

該校原為砲臺改建，有一棟三層樓房，備作辦公室和學生宿舍，並設有禮堂、補習法文的小教室、飯廳等。另在校門樓上闢有女生宿舍，而在校園空地一角，又建有一個可供休憩的小亭子，就總體設施而言，比國內一般大學簡陋而狹小。

2. 教學條件

在校內，除了法文補習的功課之外，沒有本校自設的課程，也沒有自設的教師。補救辦法是，凡註冊入校學生經核准後，可以自由地到里昂各大學各學院，或其他專科學校，甚至里昂以外的其他學校，選讀自己愛讀的學科。

2 有關鄭彥棻資料甚多，主要參閱：蘇錫文主編，《鄭彥棻先生年譜》，臺北：傳記文學出版社，1991；馮成榮著，《鄭彥棻傳》，臺北：東大圖書，1993；鄭彥棻著，《往事憶述》，臺北：傳記文學出版社，1985。

3. 群聚效應

里大都是中國學生，大家早晚生活在一起，說中國話，吃中國飯，過中國式的生活，彼此照應固然方便，但缺乏鍛鍊語文的環境，也甚少機會和當地人士接觸交流，並非良好的留學環境。[3]

綜上所述，里大只能當做短期暫棲之所。要想在語文方面更精進，在學科專業方面更上一層，便須像翅膀長硬的小鳥一般，振翅向外高飛了。

從花園中學到巴黎大學

鄭彥棻的及時醒悟和以後的選擇，為里大生提供一個良好的榜樣。

鄭彥棻到法國之初，自覺法國語文的基礎甚差，但有鑒於里大環境不適合語文的修習，便申請進入當時法國有名四大中學之一的里昂花園中學（Lycée du Parc-Lyon）念法文。花園中學設有高中特別班，專門為高中畢業生準備進法國國立高等師院而設。鄭彥棻為何要進入這個特別班？主要動機有二：一是為尋求學習法文的最佳環境，二是想藉此機會，研究法國的中等教育制度。

法國雖是一個號稱自由民主的國家，然根據鄭彥棻的親身體驗，對中等學校學生的管理，卻相當嚴格。自早至晚，生活均按一定的時間和規律，而且全國所有的中學的課程和作息時間，也是整齊劃一的。花園中學的學生大部分住校，住校生整天都有專人管理。大約幾十個人同住一間大房，在大房的一角即有一位老師同住。不論寒暑，不管天亮與否，全部寄宿生一律在五點半起床。早晨，電燈一亮，便有老師來巡視，洗臉刷牙有一定的時間，盥洗後就到自修室自修。這是早餐之前，精神最好最有效率的一段時間。自修時有一個老師負責指導，為學生個別解答疑難。自修室和教室一樣，均有固定坐位。學校對通學生管理甚嚴，遲到逾時便不准進教室，只能進自修室，等於被剝奪了上課權。

此外，學生在校內不得隨意看課外書，必經老師檢查過內容後才能看，法國的中、小學教科書，均由公家供給；念完之後，應繳還學校，故一般使用到的都是舊教科書。中學生不但管理嚴，連閱讀報紙都在禁止之列。主要考慮是，學生應該專心讀書，而不該分心旁騖。故鄭彥棻在花園中學唸了一年，甚覺大有收穫。[4]

鄭彥棻除了尋求良好的環境，努力把語文磨練好之外，同時決心把研究學問的基礎打好，方法弄好。他在廣東高師主修的是數學，到法國之後決定修習統計學，認為統計方法是研究社會科學不可或缺的鎖鑰。於是他由里昂轉學巴黎，進入巴黎大學法學院，主修統計學，先師從統計學名家麥斯教授問學，復選修紀德（Charles Gide）教授主講之「合作原理」。他之所以重視合作原理的研究，主要是早年在廣東就學時所受到的兩個影響。其一，他聽過孫中山先生講三民主義，謂「建國之首要在民生」，要解決民生問題，採用王道方法，重視分配社會化，倡導推行合作運動；其二，他讀過戴季陶《協作社的效用》一書，對當時歐洲剛流行的合作制度深感興趣，覺得很適合中國的需要，值得作進一步的研究。鄭彥棻受此雙重影響，認為實行三民主

3 鄭彥棻，〈回憶就讀中法大學，永懷吳校長稚老〉，收入陳三井編，《民初旅歐教育運動史料選編》（臺北：秀威科技，2014），頁 293。

4 鄭彥棻，《往事憶述》，頁 40。

義中之民生主義，必須倡導推行合作運動，始能達到分配社會化之目的，故特別重視合作運動及其原理之研究。一九三一年，鄭彥棻終於在麥斯教授悉心指導下，完成《限制製造麻醉藥品統計上之諸問題》論文，獲得巴黎大學法學院統計師學位。

在出國留學之前，胸有成竹，有目標，復有計畫，並腳踏實地的予以貫徹；在讀書留學期間，知己知彼，學以致用，並深符時代需要，蔚為國家之用，這是留學正能量的極致發揮，也是鄭彥棻留學成功的典範。

戴望舒所要尋找的生命印記

戴望舒小檔案

戴望舒（1905-1950），學名朝寀，字戴丞，別名夢鷗，祖籍南京，生於杭州。

一九一三年，在杭州讀小學，從小喜愛文學。

一九二一年，在杭州念中學時，結識施蟄存、戴克崇（杜衡）等人，組「蘭社」，出版《蘭友》旬刊，內容以舊體詩詞、小說為主，自任主編。

一九二二年，署名戴夢鷗，發表第一篇小說《債》於《半月》刊物。是年，與施蟄存同往上海，入上海大學中國文學系。

一九二六年，轉入震旦學院法科一年級，與施蟄存、戴杜衡合辦《瓔珞》旬刊，人稱「文人三劍客」，任主編。同時加入中國共產主義青年團（C.Y）。

一九二七年，遭孫傳芳拘留過，四一二事變後被政府通緝。

一九三〇年，中國左翼作家聯盟在上海成立，出席成立大會，並為第一批成員。

一九三二年，搭法輪「達特安」號，自費赴法留學。

一九三三年十月，在里昂中法大學註冊。

一九三四年，離開里昂，到西班牙旅行。

一九三五年春，結束在西班牙旅遊，回到巴黎。

一九三五年夏，從法國返回中國。

一九三八年，因日軍占領上海，移居香港。

一九四一年，日軍占領香港，因從事抗日活動入獄。出獄後為香港《華僑日報》、《香港日報》主編副刊。

一九四六年，任教上海新陸師範專科學校，並兼任暨南大學教授。

一九四八年，因有人密告，遭上海當局通緝，再流亡香港。

一九四九年，中華人民共和國成立，到北平參加國際新聞局從事法文編譯工作。

一九五〇年，因氣喘病復發病逝，享年四十五歲。[6]

---

5 蘇錫文主編，《鄭彥棻先生年譜》，頁 29；鄭彥棻著，《往事憶述》，頁 40-44。其法文論文題目為：*Problemes Statistiques concernant la limitation de la fabrieation du stupéfiants*, paris, 1931.

6 有關戴望舒年表，參閱：施蟄存、應國靖編，《戴望舒選集》，臺北：大臺北出版社，1990；北塔著，《雨巷詩人：戴望舒傳》，浙江：浙江人民出版社，2003；趙衛編著，《戴望舒》，臺北：三民書局，2000。惟內容與時間出入頗大。

戴望舒在里大

戴望舒在巴黎生活不過半年，因生活費用昂貴，便南下里昂，於一九三三年十月一日正式註冊里昂中法大學，里大提供給他一年免費的住宿和伙食，條件是他必須和其他的中法大學的中國留學生一樣，在國立里昂大學正式報名註冊，選習一張文憑。學年終了，如考試不及格，可以再念一年，第二年考試不及格，即會被中法大學開除學籍，遣送回國。

戴望舒到里昂之後，選修國立里昂大學的法國文學史，雖說這是文科比較難考的一張文憑，但他在註冊繳了學費後，從不去上課聽講，也不和法國同學一樣按期繳交作業。到學年終了，當然不能去應付考試。那他究竟在忙些什麼呢？據他的室友羅大岡的回憶：他整天在宿舍裡窗前埋頭用功，既不是寫詩，也非搞創作或寫論文，更不是給他在國內的未婚妻寫情書。他忙的有兩件事：

一是將一部《比利時短篇小說集》翻譯成中文。這是他出國前向中華書局預支了一筆稿費，書局不斷來信催他交稿。所以他急著還文債。這部譯作後來於一九三五年六月由上海商務印書館出版。

二是他也把中國當代短篇或中篇小說，例如丁玲的《水》譯成法文，經過艾田蒲的加工與介紹，發表在當時的法共的文學刊物《公社》上。換言之，戴望舒在當時已著手向法國文學界，翻譯介紹中國的左翼文學。

此外，他在個性上，是一種「閒散藝術家」性格和青年政治家憤怒脾氣的矛盾結合。他在上海因為政治活動而被捕，在里昂期間也曾冒著生命風險而上街遊行示威。最不該的是，在里大住宿、國立里昂大學修習文憑的緊要關頭，他卻請假前往西班牙旅行，名義上為查閱搜集在馬德里圖書館的中國古代小說此一不急之務而去，卻又好管閒事的熱情重犯，在馬德里參加左派群眾運動。事為法國警察所悉，通知了學校。戴望舒請假逾時未歸，又參加了學校所不允許的政治活動，又因已註冊的法國文學史一課一直沒有成績，所以數罪併罰，被學校勒令退學遣返。[11] 里大同學錄上，註明戴望舒離校的時間是一九三五年二月八日。[12]

戴望舒在里昂逗留的時間比巴黎長，若以〈巴黎的書攤〉一文，代表他對巴黎的懷念，那〈都德的一個故居〉一文便是他描繪里昂的代表作。都德（Alphonse Daudet, 1846-1897）是里昂人，他的著名小說《小東西》（*Le Petit Chose*）與同時代的另一位作家拉馬丁（Lamartine）的散文《里昂絲綢工人——苦難的象徵》，都是戴望舒所要尋找的生命印記。

在多少中國留學生心目中充滿詩情畫意的里昂，卻在戴望舒文中一開頭便是：

> 「里昂是多霧出名的，一年四季晴朗的日子少，陰霾的日子多，尤其是入冬以後，差不多就終日在黑沉沉的冷霧裡度生活；一開窗霧就往屋子裡撲，一出門霧就朝鼻子裡鑽，使人好像要窒息似的。」

這段文字與其說是戴望舒於三〇年代初期在里昂生活的真實經歷。不如說是對都德《小東西》某段文字的改寫。而十九世紀中期的里昂，也就是都德小說《小東西》中的里昂印象，在

---

11 段懷清，《法蘭西之夢：中法大學與20世紀中國文學》，頁198-199。

12 李塵生編，〈1921-1946年里昂中法大學海外部同學錄〉，《歐華學報》1（1983.5），頁136。

大條件：

1. 中文底子要好，文學修養特別是中國古典文學底子要好，民俗底子要好，語言底子要好，否則玩不動。
2. 法文底子要好，這是天經地義的事。
3. 最好長期在法國生活，對法國枝微末節都熟悉，太太或者丈夫最好是法國人，身旁等於有本活字典。

李治華本人恰好具備這三個條件，所以他便成了最適當的法譯不二人選，這無疑也是本書成功的有力保證。[17]李治華對法譯《紅樓夢》的成功，也坦承歸功於「父傳、師教、自修、妻助」八個字。[18]真是何其不易啊！

李治華筆下的里昂中法大學

李治華自一九三七年十月七日到里昂中法大學報到，註冊入校，至一九四二年獲得國立里大文學碩士，乃至翌年與法國女子雅歌結婚，長達五、六年，可能一直以校為家，生活和讀書合為一體，所以他對中法大學是有深厚感情的。他的回憶，比起其他有些像蜻蜓點水般棲宿的同學，應該比較寫實而客觀的，最重要的是內容詳盡而具歷史價值。

在《里昂譯事》一書中，李治華有關里昂中法大學的回憶，分成兩部分：一是在〈我的回憶〉一文中的第六段載有「里昂中法大學海外部」一節，共八頁半；二是另撰〈里昂中法大學話舊〉一文，共十二頁。前文沒有註明日期，後者的寫作日期是一九九二年四月。茲分幾項主題綜述如下：

1. 里昂中法大學的校舍建築

里昂是法國第二大城，文化和工商業都很發達。校舍是由一座舊軍營改建的，里昂市政府以一法郎象徵性的租金租給中法大學，這座古老碉堡的確清幽可喜，四周街道上很少汽車或行人往來。

學校圓拱形門洞上刻著「中法大學」四個顏體漢字，下面刻著法文校名，進了門洞，右手是門房，左手是法國庶務的住宅，樓上是女生宿舍，中間是一個寬敞大院，院中有一塊草坪，對面是禮堂，禮堂上面是校長住所。右方有一幢坐北朝南的大樓是男生宿舍。男女生宿舍之間有一排平房是廚房。大樓對面是個籃球場。大樓西角與禮堂後面還保存著古羅馬時代幾段石築引水渠道聳高石壁的遺蹟。男生宿舍共有四層，樓下闢有餐廳，男女同學在一起用餐，出了餐廳，有書報閱覽室、彈子房和乒乓球室、鋼琴室及醫療室。西翼另有法文教室兩間。

中法大學實際上只是一個學生寄宿舍，當時大約有六十多位同學，加上與李治華同批的十二個新生，一共七、八十人。學校校規甚嚴，男生不許登上女生宿舍大樓，女生不准進男生的房間。有事只許在大樓樓下或院中見面。所有的同學都是一樣待遇，食、宿、學費皆由校方供應。北平中法大學選送來的學生，每人每月還有三十元的零用錢可用。[19]

---

17 陳三井，〈李治華和他的翻譯世界〉，《法蘭西驚艷》，頁104。

18 段懷清，《法蘭西之夢》，頁227。

19 李治華，《里昂譯事》，頁43-47。

2. 里昂大學管理上的內憂

李治華到里昂深造時，已是中法大學辦校的末期，又值第二次世界大戰期間，法國敗戰連連、巴黎已告淪陷，里昂在物質生活方面和交通不便上日漸感受威脅之時。

不過，李治華並沒有忘記，里大剛開辦之初，數百勤工生為爭取平等受教權，進軍里大，強占校舍的「里大運動」，結果氣走了吳稚暉校長的往事。里大的問題，出在校務組織的偏差。所謂中法合作教育，是法國人提供土地與庚子賠款，並掌握管理大權，李治華也特別提到，從開辦時的吳稚暉校長到代理的褚民誼副校長並無實權。當一九二三年十月開學時，學生對褚民誼毫無信任，被自費生非法監禁起來，經校方召請警察才把他釋放出來。褚氏因此自認無法履行職責，便離開學校到斯特拉斯堡（Strasbourg）大學去攻讀醫學博士。後來學校的祕書曾仲鳴缺乏威信，中法大學協會（Association Universitaire Franco-Chinoise）任命古恆（Maurice Courant, 1865-1935）為協會常務理事兼代理校長之職。[20]

提起古恆其人，里昂中法大學中國學生真是誰人不曉，無人不知。他出身巴黎大學法學院與巴黎東方現代語專，主修中文和日文。早年從事翻譯性質的外交官生涯，自一八八八年起至一八九五年間職務一直在北京、漢城、東京三地間調動，度過漂泊不定的歲月，且有兩度喪子之痛。其後離開外交部，擔任編目性的研究工作，但在巴黎首善之都找不到合適的棲身之所，於是南下到國立里昂大學覓得教職，一邊教書，一邊勤奮著述，終於一九一三年以四十八歲之壯年通過博士學位，從此成為國立里昂大學執牛耳的漢學教授。當一九二一年里昂中法大學開辦後，古恆出任協會秘書，襄助會長雷賓（Jean Lépine）處理校務長達十五年之久。這位對中法合作教育事業頗著勞績的幕後功臣，治事向來一絲不苟，有著法國人嚴肅、冷峻的一面，因此不大為第一批中國學生所喜，有的說他頭腦十分冬烘，有的批評他行事古板，甚至認為他是保皇黨。[21]

李治華入校時，古恆已經逝世不在，但李治華仍從學長口耳相傳中留下中國學生不喜歡他的若干見證。因為古恆既掌大權，在協會與大學雙方交涉中，一向態度強硬，且施展其鐵腕政治手段。據聞，當合辦者之一的廣東省欠款越來越嚴重時，他曾在一、二年內，把三、四十名粵籍學生遣送回國，因此平息了自費生與公費生多年爭議不休的糾紛。[22]

里大學生對古恆有許多惡評，不在此細述。最主要的是，其人鐵面無私，不通人情。特別是攬權、專權，以協會祕書的身分，凌駕中國籍的里大校長、副校長之上，吳稚暉、褚民誼等人都鬥不過他，而黯然去職離開。中法合作事業，人事一環最難合拍。不過，話說回來，李、吳、蔡等人在民初所發起的旅歐教育運動，從儉學、勤工、巴黎中國學院到里昂中法大學，有天馬行空的理想，到處掛招牌，標榜無政府主義，不講人事行政管理，仍然深陷在國人講地域、人情、關係的泥淖中，這是十分可惜的事情。或許，正因為有古恆的鐵面無私，不講人情，「嚴師出高徒」，才能為里昂中法大學這個「先天不足，後天失調」的海外大學，培養出博士一百二十九名、碩士五十五名、工程師六十三名等的豐碩成績。

---

20 李治華，《里昂譯事》，頁87。

21 陳三井，〈吳稚暉與里昂中法大學之創設〉，收入陳三井主編，《郭廷以先生九秩誕辰紀念論文集》，上冊，頁203-238。

22 李治華，《里昂譯事》，頁87。

張若名批判法國帝國主義

張若名小檔案

張若名（1902-1958）。河北保定清苑人，字硯莊。

一九一六年，考入天津北洋第一女子師範學校，與鄧穎超（之後成為周恩來太太）同為第十級學員。

一九一九年五月，五四運動爆發，與郭隆真、鄧穎超、劉清揚等發起組織「天津女界愛國同志會」，任評議部長。

一九一九年九月，與周恩來等創辦「覺悟社」。

一九二〇年，「覺悟社」發動數千名學生到省署門前請願，與周恩來等當場被捕。

一九二〇年十一月，獲釋後，與周恩來、郭隆真等人搭法國郵輪「波爾多斯」號赴法。

一九二一年，任北京《晨報》駐法特約通訊員，先後發表〈留法儉學生之恐慌與華法教育會〉、〈留法儉學生最近之大覺悟〉等通訊報導。

一九二二年，加入「中國少年共產黨」，從法國中部布盧瓦（Blois）遷居巴黎。

一九二三年，與郭隆真前往里昂，發展組建「共青團」里昂支部。

一九二四年，因身分暴露，遭法國祕密警察跟蹤盤查，幾被驅逐出境。後決心退黨，得法國參議員于格儒之資助，入法國里昂大學讀書。

一九二六至一九二八年，遷入里昂中法大學女生宿舍，開始接受公費生待遇；並先後獲得法國里昂大學四張證書，通過文科碩士學位。

一九三〇年，與楊堃在里昂結婚，並以博士論文《紀德的態度》（*L'Attitude d'André Gide*）獲得國立里大博士學位。

一九三一年，回國後，在北平中法大學文學院任教，講授「法國文學」與「心理學」。

一九四八年，與楊堃一同應聘為雲南大學教授，定居昆明。

一九五八年，在反右風潮中，被打成右派，因不堪刺激，跳河自盡，享年五十六歲。[23]

一九六三年、一九八〇年，鄧穎超兩度為張若名平反，恢復在中共黨內之一切身分。

張若名在法國的政治活動

一九二一年夏天，張若名、郭隆真遷到法國中部布羅瓦居住，在那裡經常和周恩來、巴文俊等見面，共同議論時事，討論國內近況、法國政局和共產主義運動。一九二二年上半年張若名、郭隆真加入趙世炎、周恩來、李富春等人在巴黎組織的「中國少年共產黨」。「少共」在巴黎戈德弗魯瓦街（rue Godefroy）十七號的一家小旅館設立「中央執行委員會」作為領導機構，由趙世炎常川駐守。「少共」一開始，完全是祕密的組織，每位成員都有一個化名，例如周恩來的化名是「伍豪」，張若名是「一峰」，郭隆真是「林一」。

一九二四年一月二十一日，第三國際創始人列寧逝世，法共里昂支部決定舉行一次大型追悼會，並通知旅法中共組織，歡迎中共派代表參加，並在大會上發言。當時中共本想參加，並

---

23 關於張若名資料，參閱：黃嫣梨編著，《張若名研究及資料輯集》（香港：香港大學亞洲研究中心，1997），頁185-218。

訊社」記者採訪巴黎和會與接待勤工儉學生到法兩件事。

首先，從巴黎和會的召開說起。梁啟超等一派被安福系排擠，結束了政治生涯，回到書齋，潛心著述。在著述的同時，梁任公開始籌畫遊歷歐美。適逢歐戰結束後，各戰勝國決定在巴黎召開和平大會。中國作為戰勝國之一，派出陸徵祥、顧維鈞、王正廷、施肇基、魏宸組等為代表赴會。作為推動中國對德參戰的重要人物，梁啟超對這次和會十分關注，向徐世昌總統建議成立外交委員會，以汪大燮（前外交總長）、林長民（前司法總長）分任委員長和理事長。國內輿論也支持任公借歐遊之機在巴黎和會上為中國的外交出力。

經過一番活動，梁啟超取得了中國代表團會外顧問的資格，北京政府以他主張參戰有功撥款六萬元。加上自籌的四萬元，落實了歐遊經費。梁氏並挑選了一批有名望有專長的隨員，包括蔣百里（方震）、張君勱（嘉森）、丁文江（在君）、劉子楷（崇傑）、徐振飛（新六）、楊鼎甫（維新）等人同往。李璜並不在隨員名單中，他出現在巴黎和會，是以「巴黎通訊社」通訊員的身分去的。[10]

據李璜回憶，周太玄的法文程度有限，無法讀報，因此要求他讀報譯給周聽，再筆錄下來加以編纂，並油印數份寄與京滬各報，大受歡迎，打響了「巴黎通信社」。李璜還透過王正廷代表的幫忙。弄到一張記者證，因之得以中國記者身分隨時進入凡爾賽宮採訪，與各國記者打交道，此來當然比只看法文報要印象深刻，且消息比較靈通。其結果《新聞報》受益，銷路為之大增。

李璜在採訪巴黎和會新聞過程中，還自詡作了兩件得意之事。一是為了日本繼承德國在山東的權益問題，曾一同訪問過英國首相勞合•喬治（Lloyd George）與法國總理克里孟梭

（Georges Clémenceau）。綽號「獅子」的英相笑容滿面，避重就輕的回答說：「中國大得很呀！區區膠州灣一點地方，又值得諸位如此緊張的來問嗎？」對這樣令人啼笑皆非的回答，幸有中國同伴以英語回嗆說：「山東是我們孔夫子的出生地，等於我們中國人的耶路撒冷；所以我們不能放棄我們的耶路撒冷的權益。」而綽號「老虎總理」的克里孟梭卻擺出老虎尊容，怒目不答。

另一事是，《凡爾賽和約》簽字前，中國代表團因各方壓力雖表明不前往簽字，但在巴黎的華人和留學生怕受騙，共有學生六名、記者四名（李璜在內），前往布羅恩森林（Bois de Boulogne）附近的陸徵祥首席代表住處包圍，防其私逃前往。只要他敢於出門，便飽以老拳，與他同歸於盡。[11]

在巴黎和會閉幕後，李璜已對記者生涯感到厭倦之際，又因李石曾的友情託付，幹起一段時間他情非所願的勤工儉學生到法的接待員工作，李璜認為，早期「以工代兵」來法的歐戰華工，肯吃苦耐勞，挖泥平土，故大受軍方與工廠歡迎；但李石曾後來提倡、大批前來的勤工儉學生，卻多是「手無縛雞之力，笨活兒幹不動也不願幹的文弱書生」。華法教育會人手有限，每逢上海有船到馬賽，動輒百餘人，李石曾便動用私情，拜託李璜從巴黎搭火車到馬賽去接船，雖提供車資和食宿費用，但工作既麻煩又瑣碎，且耽誤上課讀書時間。此種接待員工作，偶一

10 丁文江編，《梁任公先生年譜長編初稿》（臺北：世界書局，1958）；謝放，《跨世紀的文化巨人：梁啟超》（廣東：廣東人民出版社，2005），頁147-148。

11 李璜，《學鈍室回憶錄》（臺北，傳記文學社，1973），頁42-43。

為之尚可，長久而言便是人生的浪費！難怪李璜勉強去過兩次，便逃之夭夭，離開巴黎到異地求學去矣！

踏上留學的康莊大道

李璜幹完記者，擺脫偶一為之的接待員工作之後，終於勇敢的選擇一條留學的康莊大道。這不是大多數留學生只為一紙文憑所走的輕易道路。李璜的語文程度夠，專業程度不差，而且重實學而不慕虛名，十分難得。

李璜到法後，前後至少就讀過三個學校，分別說明如下：

1. 蒙達集農業實習學校（École Pratique d'Agriculture de Montargis）

蒙達集雖是法國中部一小鎮，對勤工儉學生而言卻十分有名，因為至少逾兩百名勤工儉學生在此地中學學習法文。李璜稱此地為「中國共產黨的發祥地之一」，像蔡和森、向警予等人都曾在該地中學念過法文。

但體弱多病的李璜卻接受李石曾的建議，步其後塵到該地農業實習學校做學生。這種學校專為本地貧寒學生而設，注重實習，故設有工廠農場，半日讀書，半日下田，志不在深造。李璜在該校停留約四個月，雖因生活有規律，飲食富營養而減輕了腸胃病之苦，卻考慮戶外工作氣候嚴寒，又不符合志願而離校他去。

2. 註冊巴黎大學文學院

李璜回到巴黎後，健康已漸恢復，決心重到巴黎大學文學院註冊，不但旁聽名師塞諾博斯教授（Prof. Seignobos）的歷史課和蒲格萊教授（Prof. Bouglé）的社會學課，在大感興趣之餘，並決心去考這兩科的文憑（certificat），以作為獲得碩士學位（license）的基礎要件。按巴大的文學碩士，必須考得四張文憑才能算數。有此資格，將來始能報名攻讀國家博士學位。這是一條為法國人設計，而非對外國學生作要求的學位道路。李璜捨易求難，其抱負和勇氣令人敬佩！

除聆聽名師講課之外，李璜同時每週去請教講師傳科涅（Mr. Faucounet），研讀孔德（Auguste Comte）的四大本《實證哲學》（*Cours de Philosophie*），並私下請教塞諾博斯教授兩次。一次是有感於俄人侵華，請教授指示一本俄國政治史名著研讀。教授感嘆道：「俄國的政治最難透徹了解，我未看過一部較好的俄國政治史，超乎我所寫的近代歐洲政治史之上。關於俄國這一部分，我自己也並不滿意。因為俄國是宮廷政治，政治祕密很難發現。就材料而言，也少得可憐！」第二次，李璜想報考歷史門這張文憑去請教他，獲得額外鼓勵。教授認為他比法國青年讀史有見解，將來在為時四個鐘頭的考題作文，即使法文寫得較差，只要有見解，他可以通融。因此，李璜在巴大獲得的第一張文憑，即是史學文憑。[12]

3. 蒙伯利葉大學（Université de Montpellier）

李璜在巴黎大學文學院讀書本來很起勁，但為了逃避他沒興趣幹的額外接待員工作，只好遷地為良，跑到南法偏西部靠近西班牙的蒙伯利葉大學念書。他以暑假遊歷為名，透過傳科涅

12 李璜，《學鈍室回憶錄》，頁 45-47。

7. 天主教會

法國是個天主教國家，天主教徒的人數超過基督教徒以及其他任何宗教的信徒，因此天主教會的影響也不能忽略。[15]

顧維鈞上述這些備忘錄似的提醒，有的是他在出任駐法公使前跟法國駐華公使麥禮德談話的節錄，有的是他在公使任內工作經驗的心得，例如他曾經透過蒙齊奧（Muncio）這位梵蒂岡教皇使節，認識法國的主教、大主教和樞機主教等天主教領導人士。可見人際網絡越開闊，對外交事務的正向推動越有幫助。顧使筆下對法國上層社會這些扼要簡明的觀察，仍具有時代的價值。

陳雄飛的法國文化體驗

陳雄飛小檔案

陳雄飛（1911-2004），上海人。

一九二一年，十歲，就讀法國天主教聖母會創辦的中法學堂。

一九二五年，保送震旦學院，一九二八年獲法學士學位。

一九二八年，十七歲，就讀該震旦學院博士班，一九三〇年獲法學博士學位。

一九三〇年，十九歲，進入巴黎大學法學院博士班。

一九四一年，三十歲，獲巴黎大學博士學位。

李璜回到巴黎後，健康已漸恢復，決心重到巴黎大學文學院註冊，不但旁聽名師塞諾博斯教授（Prof. Seignobos）的歷史課和蒲格萊教授（Prof. Bouglé）的社會學課，在大感興趣之餘，並決心去考這兩科的文憑（certificat），以作為獲得碩士學位（license）的基礎要件。按巴大的文學碩士，必須考得四張文憑才能算數。有此資格，將來始能報名攻讀國家博士學位。這是一條為法國人設計，而非對外國學生作要求的學位道路。李璜捨易求難，其抱負和勇氣令人敬佩！

除聆聽名師講課之外，李璜同時每週去請教講師傅科涅（Mr. Faucounet），研讀孔德（Auguste Comte）的四大本《實證哲學》（*Cours de Philosophie*），並私下請教塞諾博斯教授兩次。一次是有感於俄人侵華，請教授指示一本俄國政治史名著研讀。教授感嘆道：「俄國的政治最難透澈了解，我未看過一部較好的俄國政治史，超乎我所寫的近代歐洲政治史之上。關於俄國這一部分，我自己也並不滿意。因為俄國是宮廷政治，政治祕密很難發現。就材料而言，也少得可憐！」第二次，李璜想報考歷史門這張文憑去請教他，獲得額外鼓勵。教授認為他比法國青年讀史有見解，將來在為時四個鐘頭的考題作文，即使法文寫得較差，只要有見解，他可以通融。因此，李璜在巴大獲得的第一張文憑，即是史學文憑。[12]

3. 蒙伯利葉大學（Université de Montpellier）

李璜在巴黎大學文學院讀書本來很起勁，但為了逃避他沒興趣幹的額外接待員工作，只好遷地為良，跑到南法偏西部靠近西班牙的蒙伯利葉大學念書。他以暑假遊歷為名，透過傅科涅

12 李璜，《學鈍室回憶錄》，頁45-47。

先生的介紹，遠至偏僻的蒙大投入文科主任拉戈底葉教授（Prof. Lacodier）的門下。李璜除了報告在巴大的讀書經過外，並自稱身體不適巴黎氣候，且醫囑法南較宜，並強調其讀書目的在了解西方思想的根源及其實際。拉戈底葉教授為其擇定古希臘史、法國文學史與邏輯學三門課，一面在蒙大旁聽，一面到當地公立中學（Lycée）的哲學專班聽講。一年之後，大有進益。卻又返巴黎，原因何在？因其家姊也來巴黎學畫，為了互相照顧，故在巴黎拉丁區租一套房住下。除繼續師從幾位教授問學外，又至高等實習研究院（Ecole Pratique）旁聽牟士教授（Prof. Mauss）的比較宗教學課，撰一篇有關中國西南苗族風俗與信仰的論文，深得牟士先生謬賞，通過另一張文憑。[13]

李璜在巴大文學院讀書的最後兩年（自一九二二年秋至一九二四年夏），特別注重社會的研究，又考得蒲格萊教授的社會學文憑，也考過傳科涅教授的教育學文憑，連同以前的一張歷史學文憑，加上蒙大牟士教授授予的一張證書，可以合併申請一張碩士學位，實至而名歸，但為了黨務與國事，他接受了國立武昌大學的聘書，不得不犧牲更上一層樓的學業，為人生的另一階段旅程而奮鬥。

左舜生見聞雜記中的法國

左舜生小檔案

左舜生（1893-1969）。譜名學訓，字舜生，黨號諤公，湖南長沙人。

一九一二年，考入長沙縣立師範，後轉入新成立的「外國語專門學校」，學習英文兼選修日文。

一九一三年，束裝赴滬，入震旦學院修習法文，與李璜、陳登恪等相友善而訂交。

一九一九年，加入少年中國學會。

一九二〇年，入中華書局編譯所任新書部主任。

一九二四年，與曾琦、陳啟天、余家菊等人，於上海創辦《醒獅週報》。

一九二五年，應曾琦等人之邀，加入中國青年黨。

一九二六年，由中華書局資助，赴法留學。

一九二七年，因兄長之逝，束裝提前返國。仍在原書局工作。回國後，任教復旦大學及大夏大學、講授近代史。

一九三九年，任國民參政會參政員。

一九四七年，發表為行政院政務委員兼農林部長。

一九四九年，攜眷來臺，旋赴港定居，與何魯之等創辦《自由陣線》週刊和自由出版社。

一九五四年，赴日本訪問。

一九五五年，任教香港新亞書院。

一九六九年，扶病來臺，促成青年黨團結後返港，不久舊病復發，來臺就醫罔效病逝，享年七十七歲。[14]

13 李璜，《學鈍室回憶錄》，頁 48-52。

14 主要參閱：陳正茂編著，《左舜生年譜》，臺北：國史館，1998。

左舜生的巴黎觀感

左舜生早年在震旦學院學過法文三年，與李璜、曾琦有同窗、同室之誼，卻遲至一九二六年始由中華書局資助赴巴黎一償留法之心願，但因兄長相繼過世，在巴黎只待半年，不得不提前返國，故可以說，他是中國青年黨同輩中最晚到法國，在巴黎停留時間最短的一位。

左舜生著作甚豐。多為編纂史料、研究中國近代史的專著。他遊學巴黎的見聞。在其《近卅年見聞雜記》一書中交待得比較詳細。據其自述，他到法國之前是有備而去的。茲分別敘述如下：

1. 對法國歷史和文學的涉獵

在出國之前，左舜生讀過一部分法國的歷史，尤其對一七八九年法國大革命以後的現代史，了解得比較詳細。左舜生對法國文學素來欣賞，一、二十年來凡經人介紹過的名著，只要讀得下去，大抵都涉獵過。可惜他並未舉出任何一本文學名著，讓我們分享他的讀後感。

2. 沿途見聞述感

左舜生以三十二歲的高齡出國。在當年與大部分的勤工生一樣，都從上海搭船出發，沿途也是一條熟習的路線，經過香港、西貢、新加坡、可倫坡、波賽港（port Said）。只要船一靠岸，他便與同伴上岸遊覽，開眼看世界。沿途大多為英、法所屬的殖民地，左舜生拿殖民地的經營和建設與國內若干城市的許多方面相比較，頗自嘆不如而有悵然若失的喟嘆。他曾經將沿途見聞，透過通信方式寄交《醒獅週報》發表。他的總體結論是：英國人的能力較強，以香港、新加坡與西貢堤岸一帶比較，覺得前兩個城市較為清潔整齊，富有生氣；同時，一般中國人在英殖民的生活，也比安南人似乎要好些。[15]

再翻閱《醒獅週報》，果見左舜生所撰《歐游雜訊》兩篇。茲分別補錄如下：

「香港真是一個美妙的所在。市街和住宅環山一層層的建築著。市街在最下的兩層，洋人和那些『體面華人』的住宅，便在山腰或山頂。路上行人不多，只時時看見一種兩人的籐轎。抬著那些肥碩而白皙的客人，匆匆沿山坡而下。在我們眼中，全島已經是一個天然的公園，但英人卻另有一種公園的設備，這種意味似乎也和在西子湖邊建立西湖公園差不多。」[16]

「到了西貢，正值大雨，岸上接客的多鵠立雨中，中國人和法國人都衣帽整潔；土人和一部分的中國苦力，則正裸著半身在泥中奮鬥，準備從事搬運等工作。西貢經法人一番開闢，雖然看去還很簡陋，但大體上已經像一個近代的都市了。市中有高大華麗的戲園、旅館、咖啡店；有一百貨商店，規模幾與上海的先施、永安相等，所銷均法貨，價較巴黎、上海略昂。交通有汽車、電車、馬車、人力車；而用以運貨的雙牛車更不少。馬路除一、二大街外，殊欠整潔。街上所見的人物，以形貌儀態論，法人

15 左舜生，《近卅年見聞雜記》，收入沈雲龍主編，《中國青年黨黨史資料叢刊》（臺北：中國青年黨黨史委員會，1984），第6種，頁31。

16 左舜生，〈歐游雜訊〉（一），《醒獅週報》99（1926.9.4），第5版。

第一，華人第二，印人第三，不幸的主人翁的安南人，似宜屈居最下。安南人也有衣服麗都的，但女子多跣足拖鞋，頭舉手帕，口嚼檳榔，手留指甲，就有姿質稍美的，也為這種惡習所掩；男子的體格大抵矮小，態度更十分萎縮，看不出他們有什麼知識。西貢是一個新都市，堤岸卻是很舊的，西貢的中國人雖然也很多，但勢力似乎不及英國人大。堤岸便完全是中國人的勢力。」

「新加坡全埠均為華人勢力所籠罩，商店幾盡為華人所經營。中國人教育頗發達，且全市華人均有一種活潑氣象。馬來人懶惰性成，除粗笨工作外，不能作任何事業。印度人偶有經營小商店或錢業者，但情形亦甚可憫。新加坡生活程度，與上海略同。以西貢與香港、新加坡相比，法國人實在只稱得上「次帝國主義者」，其能力表現不及英人。」[17]

3. 馬賽一瞥

左舜生所搭的法輪「阿多士」（Athos）號，經過漫長的航行後，終於抵達位於地中海的法國馬賽港。碼頭給左舜生的最初印象並不算太好。不滿意的有三件事：一是海關人員的檢查並不認真，倒是對十法郎的小費相當滿意；二是碼頭和街道都不怎樣清潔（一般而言，碼頭的髒亂和附近市街都不甚乾淨）；三是兩人五件行李，從碼頭運到火車站，被搬夫敲去一千三百法郎，而且臉孔還不好看。[18]（費用高得離譜，這是無熟人接船，工人伺機痛宰生客肥羊的招數）。

可見，左舜生初抵法國國門，便印象欠佳，被敲竹槓又受氣。對外國人而言，法國並不是與生俱來的天堂，往往要經過七七四十九的磨難，才能轉運漸入佳境。

4. 巴黎觀感

左舜生總共在法國只待了半年，在巴黎的活動不算多。留下見聞記載的篇幅也甚有限。茲分項簡述如下：

(1) 點評辜鴻銘的《中國民族之精神》

左舜生到法國之後，讀到法文本辜鴻銘所著的《中國民族之精神》一書，對辜氏於中國文化大捧特捧，並不苟同。辜氏就中、英、德、法四國作比較。說英國人博大而稍欠精深，德國人精深而稍欠博大。只有中、法兩國既博大而精深。左舜生認為，這樣一種觀點不免流於武斷，他不否認法國人在文化上可以作中國的益友。

(2) 參訪名勝古蹟的觀感

左舜生到法國，先住在巴黎郊外，除了每週固定時間至巴黎大學歷史政治研究所聽課外，嘗遍訪巴黎及近郊之勝蹟和博物館，藉以了解法國歷史文化與藝術。他的《雜記》對這些名勝古蹟留下簡短的評述：

「凡爾賽宮過於富麗，不太合我的脾胃；楓丹白露（Fontainebleau）的明媚風光，卻對我有較強的吸力；雨果的故居和他的手澤，引得我留戀低迴；約瑟芬行宮

---

17 左舜生，〈歐游雜訊〉（二），《醒獅週報》103-104（1926.10.2），第7-8版。

18 左舜生，《近卅年見聞雜記》，頁31。

人三次砲擊之，專以教堂為射的，殘破過半矣。[5]總之，梁啟超等一行考察戰場所到之處，殘垣斷壁，滿目瘡痍，一片淒涼，令人慘不忍睹。所以，他不禁發出了「真不料最可寶貴的科學發明，給這般野獸一般的人拿起來戕殺生靈荒穢土地」的感嘆！[6]

《歐洲心影錄》宣告歐洲物質文明的破產

歐戰告終後，梁啟超想一遊歐洲，到歐洲各國考察，他們一行在歐洲不過一年，曾於巴黎郊區的百魯威（Belle Ville）租了一棟房子住下。這棟房子是專為避暑而建的，沒有什麼禦寒的設備。到了冬天，他們貪其便宜、僻靜，未換地方。不料一九一九年的冬天，氣候特別寒冷，梁啟超等人「別無所苦」，卻親身體驗到「數人共圍一爐，炙溼薪取暖」的那種缺煤的痛苦。他在《歐遊心影錄》中對此有生動的描述：

「歐戰以來，此地黑煤的稀罕就像黃金一樣，便有錢也買不到。我們靠著取暖的兩種寶貝，就是那半乾不溼的木柴，和那煤氣廠裡蒸取過煤氣的煤渣。那溼柴煨也再煨不燃，吱吱地響，像背地埋怨，說道你要我中用，還該下一番工夫，這樣活剁起來可是不行的。那煤渣在那裡無精打采的乾炙，卻一陣一陣的爆出碎屑來，像是惡狠狠的說道，我的精髓早已榨乾了，你還要相煎太急嗎？我們想著現在剛是故國秋高氣爽的時候，已經一寒至此，將來還有三、四個月的嚴冬，不知如何過活？」[7]

梁任公決沒想到，一向過慣舒服生活的歐洲人，竟會有朝一日要煤沒煤、要米沒米，開門七件事都要皺起眉頭來。除了煤之外，生活必需品也並不充裕。梁啟超繼續有具體的回味：

> 「我們來歐已是停戰之後，戰中況味未曾領受，但在此一年以來，對於生存必需之品，已經處處變得缺乏。麵包是要量腹而食，糖和奶油，看見了便變色而作。因為缺煤，交通機關停擺的過半，甚至電燈機器也商量隔日一開。……那富人便有錢也沒處買東西、那窮人從前一個錢買的東西如今三、五個錢也買不著，這日子怎麼能過呢？……以上所說情形，在戰敗的德奧等國，固然是加倍艱難，就是戰勝的英法等國，還不是荊天棘地，到底戰後的痛苦和戰時的痛苦孰輕孰重，我不敢斷言哩！」[8]

梁啟超的另一個感觸，是他在一九一八年十二月十二日乘火車自科隆（Cologne）去柏林途中所受的苦。在車行十五小時中，「僅得餅乾一些充飢，蓋既無餐車，沿途飲食店亦閉歇也。戰敗國況味，略嘗一臠矣。霜雪載途，益增淒黯。」[9] 歐洲向以物質發達著稱，梁氏不禁要問，這就是物質發達的結果嗎？他的歐洲物質破產的第一個印象便由此而來。從歐洲物質的破產，又

---

5 丁文江、趙豐田編，《梁任公先生年譜長編》（北京：中華書局，2010年），頁459。

6 謝放，《跨世紀的文化巨人：梁啟超》，頁151。

7 梁啟超，《歐遊心影錄節錄》，收入《飲冰室合集》專集之二十三（上海：中華書局，1941年再版），頁2。

8 同前註，頁5-6。

9 轉引自張朋園，《梁啟超與民國政治》（臺北：中研院近史所，2006），頁162。

引申到西方科學萬能是否也跟著失靈？

歐洲行的遊歷考察，對梁啟超思想產生了一個重大轉折。第一次世界大戰對人類歷史所造成的空前浩劫，像戰後歐洲物質的極其匱乏、貧富的懸殊嚴重、社會的矛盾尖銳，使得梁氏開始意識到，近代以來，尤其是五四新文化運動以來，國人所頂禮膜拜的西方科學，並不是解決人類所面臨的一切問題的靈丹妙藥。

因此，梁任公在《歐遊心影錄》中指出：「一百年物質的進步，比從前三千年所得還加幾倍，我們人類不惟沒有得到幸福，倒反帶來許多災難。」「歐洲人做了一場科學萬能的大夢，到如今卻叫起科學破產來。」不過，梁啟超既反對科學萬能的概念，也不同意科學破產的說法。他鄭重說明，「讀者切勿誤會，因此菲薄科學；我絕不承認科學破產，不過也不承認科學萬能罷了。」[10]

顧維鈞的法國觀

顧維鈞小檔案

顧維鈞（1888-1985），字少川，英文名 Wellington Koo，江蘇嘉定人。上海聖約翰書院肄業，美國哥倫比亞大學博士，他被譽為中國十大外交家之一，在民國政壇上活躍的時間最為長久，貢獻也最多。早年即受知於袁世凱、唐紹儀，而民國八年的巴黎和會與民國十年的華盛頓會議，更使這位青年外交家脫穎而出，聲譽鵲起，奠定了他以後數十年在政治和外交上的地位，其中歷經五任外交總長、財政總長、三任國務總理、駐法、英、美等國公使、大使，以及國際聯盟代表等要職，最後自聯合國國際法庭法官兼副院長退休，定居紐約。一九八五年十一月因心臟衰竭去世，享年九十八歲。[11]

顧維鈞筆下的法國觀

顧維鈞基本上是個出色的職業外交官，他與法國的關係相當密切，第一次出使法國，前後達九年之久（1932-1941）。晚年，他接受母校哥大的口述訪問，留下《顧維鈞回憶錄》共十三冊巨秩，尤其第二冊談法國部分長達數十頁，從法國的國際地位到政界、外交界、新聞界、知識界、銀行界和天主教會，無所不談。見解獨到，知己知彼，允稱是一位稱職的外交官和道地的「法國通」。尤其顧使除精湛的英文之外，他很早就開始學法文（早在學拉丁文之前，學德語之後不久），他喜愛法語的優美、文雅、富有魅力，認為極適用於錯綜複雜，變幻莫測的外交事務。[12]在巴黎和會期間，顧使曾在巴黎逗留一段時間，他承認非常喜歡法國人，與法國各界的溝通無礙，有了法語的媒介，不但可增進彼此的親切感，更能藉此廣開見聞大門。顧使所具備在外語方面的優勢條件，允稱外交界難得一見的奇葩。

---

10 謝放，《跨世紀的文化巨人：梁啟超》，頁 151-152。

11 關於顧維鈞的生平，除一般人物傳記外，可參閱袁道豐，《顧維鈞其人其事》，臺北：商務印書館，1988；董霖，《顧維鈞與中國戰時外交》，臺北：傳記文學出版社，1978；石源華主編，《中國十外交家》，上海：人民出版社，1999。

12 中國社會科學院近代史研究所編，《顧維鈞回憶錄》（北京：中華書局，2013），第 2 冊，頁 9。

7. 天主教會

法國是個天主教國家，天主教徒的人數超過基督教徒以及其他任何宗教的信徒，因此天主教會的影響也不能忽略。[15]

顧維鈞上述這些備忘錄似的提醒，有的是他在出任駐法公使前跟法國駐華公使麥禮德談話的節錄，有的是他在公使任內工作經驗的心得，例如他曾經透過蒙齊奧（Muncio）這位梵蒂岡教皇使節，認識法國的主教、大主教和樞機主教等天主教領導人士。可見人際網絡越開闊，對外交事務的正向推動越有幫助。顧使筆下對法國上層社會這些扼要簡明的觀察，仍具有時代的價值。

陳雄飛的法國文化體驗

陳雄飛小檔案

陳雄飛（1911-2004），上海人。

一九二一年，十歲，就讀法國天主教聖母會創辦的中法學堂。

一九二五年，保送震旦學院，一九二八年獲法學士學位。

一九二八年，十七歲，就讀該震旦學院博士班，一九三〇年獲法學博士學位。

一九三〇年，十九歲，進入巴黎大學法學院博士班。

一九四一年，三十歲，獲巴黎大學博士學位。

一九四四年，回國，派代外交部禮賓司科員。
一九四九年，派駐法國大使館參事銜一等祕書。
一九五一年，升大使館參事，代理駐法大使館館務。
一九五八年，派為駐法大使館公使。
一九六〇年，派代駐法國大使館公使並暫代館務。
一九六三年，特任為駐比利時大使兼駐盧森堡公使。
一九六四年，中華民國與法國斷交，奉命返臺共議善後問題，事畢，又飛巴黎，協商大使館產權移轉聯教代表團事。
一九七一年至一九七三年，調任外交部常務次長。
一九七三年，特任為駐烏拉圭大使。
一九八〇年，自烏拉圭大使任內退休，返臺北擔任外交部顧問。
二〇〇四年，九十三歲，因中風病逝臺北仁愛醫院。[16]

對法國文化的體驗

陳雄飛自幼有「神童」之稱，法文造詣精深，自出國留學以來從外館基層幹起，服務外交

---

15 中國社會科學院近代史研究所編，《顧維鈞回憶錄》，第2冊，頁38。

16 許文堂、沈懷玉訪問紀錄，《陳雄飛先生訪問記錄》（臺北：中央研究院近代史研究所出版，2016），下冊附錄、「陳雄飛先生年表」。

界一甲子，長期派駐法、比、盧三國，得以一展長才，並屢次奉派赴非洲，風塵僕僕為中華民國與非洲的建交而努力，經驗豐富，功在國家。本書志不在此，無法詳述。本節要關照的是，他在歐陸服務期間，對於法國歷史文化的親身體驗，無論人與事，不管小或大，都將是作者採編的體裁。茲分述如下：

1. 戴高樂和他的外交政策

戴高樂（Charles de Gaulle, 1890-1970）是法國的強人，其一生多采多姿，繫法國國運幾達三十年之久，其於世局的變化亦舉足輕重。在戴高樂掌權執政期間，也正是陳雄飛大使在巴黎和比利時服務的同時，無論調任辭行或先後陪同外交部長黃少谷與沈昌煥晉見，都曾與戴高樂有數面之緣。

在陳雄飛眼中，戴高樂一生為法蘭西可以說功高蓋世。雖然性格剛強，獨斷專行，卻非常清廉。在他下臺後，宣布不接受總統應享受的年金和憲法委員會成員的薪俸。他靠自己的稿費和一個農場的收入生活。此外，他也不接受任何功勛榮譽。甚至立遺囑，不接受國葬。除了軍隊和法國男女同胞外，不要總統、部長、議員等高官或公共機構代表參加他的喪禮。他的風範，使法國人民永遠難以忘懷。

自戴高樂執政以來，法國的外交政策都是他自己躬親處理。戴高樂具有強烈的民族主義思想，他曾經向陳大使提及，路易十四與清朝的康熙皇帝都是為國家拓展了版圖的有功帝王。戴高樂一生以恢復法蘭西的光榮為己任。因此，其外交政策的首要目標在提高法國的國際地位，建立法國在歐洲及自由世界的領導權。這與法國之與中共建交及與中華民國斷交，有直接、間接關係。

第二次世界大戰後戴高樂出任總理時，即有意團結西歐國家成為美、蘇之外的一大政治勢力。在他第二次主政後，其外交政策雖大致因循第四共和之舊，但也有若干重要修正。戴高樂為了爭取法國的大國地位，除了與美國的霸權進行對抗外，對於與蘇俄及東方國家關係也發展出不同的政策。他首先與俄國建立緩和關係，接著是諒解及合作關係，與中共的外交關係也是如此。此外，法國為了不讓英國操縱歐洲大陸，以建立法國在歐洲的領導地位，並藉以在國際間與英美兩國抗衡，因此一筆勾消與德國敵對的世仇關係。同時，與德國等歐陸國家成立歐洲共同市場，並成立波昂—巴黎軸心。戴高樂在國際上所表現的態度，被譏為孤傲的「獨行俠」（cavalier seul）。[17]

2. 法國歷史與名勝古蹟

作為一個職業外交官，對於駐在國的歷史必須有全盤而深入的了解。作為中華民國駐紮法國的重要使節，他還要隨時接待國內黨政學和工商界重要人士，川流不息的到巴黎來訪問、考察和順道觀光，所以也要對巴黎的名勝古蹟瞭若指掌，並隨時伴遊充當導覽。所以，在其口述回憶錄中，陳大使對法國上自中世紀下至法國大革命、拿破崙的歷史，經常作出精闢而詳實的介紹，同時於巴黎的重要名勝古蹟，例如凱旋門、香榭麗舍大道（Avenue des Champs-Elysées）、協和廣場（Place de la Concorde）、羅浮宮、艾菲爾鐵塔、巴士底獄遺址、巴黎大學、聖母院、凡

17 許文堂、沈懷玉訪問紀錄，《陳雄飛先生訪問記錄》，上篇，頁149-151。

爾賽宮等也有精到的說明。知彼知己，念茲在茲，這也是一位成功的外交官必備的條件之一。

3. 巴黎文化的體驗

陳大使就讀的巴黎大學法學院，就在塞納河左岸的拉丁區。拉丁區是文化區，大學林立，也是學生區，所以陳大使朝夕出入於此，印象特別深刻，文化體驗也特別豐富。

巴黎的交通四通八達，非常方便，有電車、火車、汽車、地道車（即地鐵，如臺灣的捷運），就是沒有像中國古老的人力車。

巴黎的第五、六兩區是拉丁區，是巴黎的文教中心，區內有巴黎大學文學院、理學院、法學院、醫學院、國立高師、工業學校、礦業學校和幾所著名中學，另有圖書館博物院等。參議院、盧森堡公園也在此區內。街上咖啡店、書店、餐廳等鱗次櫛比。

美麗的巴黎有豐富的文化內涵。陳大使自承，對法國文化有深刻的體驗，對巴黎有特殊的情感，因為留學生活常有多采多姿的一面。

陳大使憶起，在拉丁區老巴黎大學周圍有五多，即學校多、書店多、咖啡館多、舊書攤多、旅館多。咖啡館就好像上海的茶館一樣。在拉丁區內比較有名的咖啡館有「泉水」（La Source）、「達爾古」（d'Harcourt）、「蘇弗雷」（Soufflet）幾家。其中「泉水」是一八五五年開業的，以學生、教授、作家、醫生為常客。詩人兼聲樂家杜龐（Pierre du Pont）及大眾詩人高貝（François Coppée）經常光臨。稍後又有「加普拉德」（Capoulade）及「杜龐」（Dupont）兩家紅極一時。位於蒙巴拿斯區（Montparnasse）的「丁香園」（La Closerie des Lilas）、「多默」（Dòme）、「古包勒」（Coupole）及「洛東特」（Retonde）幾家大咖啡館餐廳是藝術家、作家經常光顧的地方。法國文學名家兼外交官夏斗布里昂（François René Chateaubriand, 1768-1848）、畢卡索（Pablo Picasso, 1881-1973）等人都是常客。咖啡店也供應一般餐飲。從早到晚，顧客川流不息。在這裡不但可以會友，還可以讀書、寫信、玩牌。陳大使就是在「古包勒」咖啡店結識了後來當塞內加爾總統的桑高（Léopold Sédar Senghor,1908-2002）。[18]

由上可知，法國人的日常生活離不開咖啡館，有關咖啡館的故事也永遠訴說不完。在此，我們順便了解一下咖啡館的簡單歷史。據說，原產於非洲的咖啡從阿拉伯半島南部開始傳播，於一五五四年傳入亞歷山卓（Alexandria）和伊斯坦堡（Istanbul）後，又在一六四〇年傳入義大利，一六五二年傳入英國，一六六〇年代傳入馬賽，人們開始廣泛飲用咖啡。而一六八六年一位西西里人在「法蘭西喜劇院」（Comédie Française）對面開設的「波寇皮」（Le Procope）咖啡館，被認為是巴黎第一間咖啡館。以後巴黎的咖啡館不斷增加，一七一六年是三百家，一七八六年到達一千八百家。即使法國大革命和拿破崙帝國也無法阻止咖啡館的增加。在法國大革命前夕，當時巴黎居民的人數大約是六十五萬，所以大約三百六十人分配有一家咖啡館。接著在一八〇七年變成四千家，其中有普通的咖啡店，也有精緻豪華的咖啡館。[19]

4. 文化古城里昂

一九三八年初，外交部派蔣恩鎧（巴黎大學文學博士）到里昂開館，設置巴黎總領事館里

18 許文堂、沈懷玉訪問紀錄，《陳雄飛先生訪問記錄》，上篇，頁 43-44。
19 池上俊一著，《甜點裡的法國》（新北市：世潮出版社，2020），頁 106-107。

昂辦事處，邀陳雄飛去幫忙，因此陳大使有機會與里昂結緣。陳在里昂工作期間，積極研析歷年來搜集的資料，完成論文並通過口試，於一九四一年一月獲得巴黎大學法學院博士學位。職位也升為主事。

里昂的生活風俗與巴黎不同。它是個歷史悠久的古老城市，建城於西元前四十三年，曾是羅馬治下高盧行省的省會，自古以來就是羅馬文物的考古首都，城內保存許多哥德式、文藝復興式及古典式的建築。自十七世紀起，里昂是全歐洲最重要的絲綢產地，法國凡爾賽宮、羅浮宮和楓丹白露等最豪華的大廳帳幔、窗帘、壁布、家具鑲料都是里昂絲綢產品。中國的蠶絲百分之五十至六十都輸往里昂。今天的里昂依然是世界最高級絲綢的重要產地。

二戰期間，德軍不久即占領巴黎。貝當元帥（Philippe Pétain）在維琪（Vichy）成立政府，我駐法大使館也隨之遷往維琪。里昂在淪陷前，防空設備非常完善，市區公園內空地都挖有防空壕，一般住家地窖也闢有避難設施。市民都領有防毒面具，隨身攜帶。在戰爭期間，日落後全城漆黑、外出要持手電筒。娛樂場所暫停營業，咖啡店晚上十點便關門。一九四三年一月，德軍佔領里昂。不久，實施晚上八點之後全城戒嚴，德軍除了管制物資外，還管制外匯。法國全境，被德軍劃分為占領區和自由區，人民進出必須持有德軍主管當局簽發的通行證始可。以上是陳大使對里昂的若干描繪以及戰時生活的點點滴滴。

張錫昌暢論法國人

張錫昌小檔案

張錫昌（1926-），浙江紹興人。

一九四九年，畢業於浙江大學外國語文學系，選修法語作為第二外語。

一九四九年至一九五〇年，在北京華北人民革命大學學習。

一九五〇年至一九五二年，在北京外國語學校法文組學習。

一九五二年，進入外交部，在西歐非洲司法國科（處）主管法國事務和調研。

一九五三年，初訪巴黎。

一九五四年，參加日內瓦會議。在國內期間，常擔任毛澤東、周恩來的法語翻譯。

一九六三年，參與中法建交祕密談判的全部過程。

一九六四年，中法建交，黃鎮出任首位駐法國大使。作為建館先遣人員派往巴黎，從三等祕書、一等祕書到政務參贊，前後十一年。

一九八〇年，應華盛頓「威爾遜國際學者研究中心」之邀，擔任客座研究員一年。

一九八一年至一九八八年，重回中國駐法大使館工作。

一九九〇年，在哈佛大學歐洲研究中心任客座研究員一年。

一九九二年至一九九四年，任國務院外事辦公室參贊。

---

20 許文堂、沈懷玉訪問紀錄，《陳雄飛先生訪問記錄》，上篇，頁74-78。

張氏自二十世紀五〇年代中葉起，即在《人民日報》、《世界知識》等報刊雜誌，發表國際問題評論。一九八〇年曾獲《人民日報》優秀作品獎。著作有《戰後法國外交史》、《傳奇人物戴高樂》、《密特朗傳》，暨《四十年法國緣》等專書。[21]

《四十年法國緣》一瞥

張錫昌學習法語，研究法國政情，畢生在法國擔任外交工作，與法國結緣四十年。他的這本《四十年法國緣》，列入李同成主編的「外交官看世界」系列叢書，由四川出版集團、四川人民出版社出版，在筆者早期研究法國與中共建交並與中華民國斷交的歲月裡，便與他的《戰後法國外交史》等書一齊購閱。

本書圖文並茂，內容精彩可讀，約可分為三部分：第一部分題為「印象中的法國人」，共收十一篇；第二部分題為「雪泥鴻爪」，專談法國的名勝古蹟，多達二十篇，美不勝收，有不少是普通觀光客不易有眼福參觀的，包括古戰場凡爾登（Verdun）、馬其諾防線、戴高樂的故居等。第三部分題為「祕聞與軼事」，對中法建交的始末和戴高樂的中國夢，乃至密特朗總統的浪漫戀情等，都有第一手的報導，只有走在前沿的外交官才知道的祕辛。

七論法國人

作為一個外交官，對法國民族性有如此深刻的了解，而且深入淺出，具有邏輯性，令人一讀即產生會心的共鳴，張錫昌應是華人中的佼佼者。

書中對法國人有瀟灑、羅曼蒂克（浪漫）、能言善辨、溫文儒雅、好面子、生性渙散、背負輝煌等幾乎全稱性的認定和分析。因篇幅所限，茲逐項扼要歸納如下：

1. 瀟灑的法國人

法國人熱愛生活，也很會生活，既現實也很藝術，瀟灑悠閒，享盡閒情逸趣，縱情適意。法國朋友這樣戲言：「一個法國人一本正經地對整天忙忙碌碌的德國鄰居說，我們都是歐洲人。但我們法國人不一樣，你們德國人活著就為了工作；而我們法國人工作是為了享受。」正如法國散文大家蒙丹（Michel de Montaigne, 1533-1592）在〈要生活得寫意〉一文中所說：「我們最豪邁、最光榮的事業，乃是生活得寫意，其他一切事情，諸如執政、致富、創建產業，充其量只不過是這一事業的點綴和附屬品。」

法國人把美國人奉為金科玉律的「時間就是金錢」只當耳邊風，法國人控制生活節奏，善於忙裡偷閒，悠閒瀟灑是法國人的清雅情趣，也是法國人的生活藝術。就以喝咖啡這件生活小事言，在崇尚實用的美國人看來，喝咖啡是為了保持快速節奏和提高工作效率，而且不少美國人喜歡大杯牛飲。而法國人喝咖啡，著眼點不在於提神，而是為了鬆弛，希望在喧囂的塵世中尋找一點靜謐和安詳，從濃濃的咖啡中去品味人生的雋永，追求一種精神的享受。

瀟灑不是懶散，不是無所事事，而是開拓生活空間，提高生活境界。瀟灑的法國人並非沒有人生的追求。法國人生活上瀟灑悠閒，在學習上卻相當認真。法國人很好學，他們不喜歡打牌、聚賭消磨時光，寧願去博物館、上圖書館，留神看飛機、火車上或地鐵裡的情景，呆坐、

21 張錫昌，《四十年法國緣》（成都：四川人民出版社，2006），作者簡介。

聊天或打瞌睡的少見，手不釋卷或閱報者居多。22

2. 浪漫的法國人

浪漫是法國人的同義字，法國是浪漫民族，天生情種，法國人的浪漫是出了名的。人們會不假思索地把法國人都貼上「浪漫」的標籤。

確實，法國人一向對男女關係看得比較開通，法國社會對政治人物的私生活相當寬容。畢竟，在法國，政治歸政治，私生活歸私生活。在法國，黨派和政客之間的鬥爭之中，桃色新聞絕不能成為扳倒對手的殺手鐧，沒有那位政壇要角是由於男女問題曝光而垮臺的。

法國一向有養情婦的傳統，但養情婦之風，是歷代帝王帶的頭，從此上行下效，蔚然成風。將相貴族、社會名流乃至平民百姓，都少不了這種豔事。

但法國人並非一味縱情聲色。法國人的浪漫，不是膚淺的，而是骨子裡的。浪漫不光是風流，如若把浪漫和風流完全等同起來，未免過於膚淺，也失之偏頗。

法國人敢為天下先，不循舊轍，銳意創新，匠心獨具，是天生的夢想家、浪漫派。羅曼蒂克造就了法國人的創新精神。世界文明史上許多「第一」是法國人的。恩格斯在〈從巴黎到伯爾尼〉一文中讚嘆道：「只有法國這樣的國家才能創造巴黎。」法國之所以能創造華貴、典雅的巴黎，法國之所以能創造璀璨、前衛的文化，法國之所以能產生那麼多世界級的思想家和文學藝術泰斗，正因法蘭西是一個飽蘊激情，充滿活力，憧憬理想，富於幻想，勇於求變創新的民族。23

3. 能言善辩的法國人

早在十六世紀，法國文人學士、社會名流常聚集在某貴夫人府第金壁輝煌的客廳裡高談闊論，蔚然成風。文學、藝術、哲學、政治等課題，無所不談，法語客廳（Salon，沙龍）成為社交聚會的代名詞。沙龍之風歷幾個世紀之久而不衰，直到第一次世界大戰後才消聲匿跡。

「沉默是金」這條格言不合法國國情。法國人雄辯滔滔，不光是語言藝術的體現，更是自以為是心態的袒露。法國人自我感覺特別良好，往往有高人一等的優越感。法國人打心眼裡瞧不起美國，也自覺比其他的歐洲人高明。這種優越感並非基於法蘭西民族為優秀民族的那種種族主義情結，也不是出於軍事、經濟實力高人一等的那種超級大國意識，而是來自深邃、厚重的歷史文化底蘊的自豪感。

法國人說話富於激情，他們喜歡使用肢體語言，說話時面部表情豐富，還不時借助手勢，有時聳肩或兩手一攤，表示無可奈何或藉以逃避對敏感話題的表態。這種所謂高盧式的聳肩頗具特色。

法國人健談、愛侃，雖是雄辯滔滔，但並非咄咄逼人，也不會拒人於千里之外。法國人聊天極富情趣，他們縱論古今、神遊天地，陶然於談話藝術，不但不枯躁乏味，而且相當有品味。

法國人深受笛卡爾思想的影響，不輕信、不盲從、不人云亦云。相信理性主義的法國人，雖愛發宏論，但知所節制、講分寸、說道理、尊重事實。

法國人一直認為，中國是一個令人著迷的國家，所以和他們打交道，從文化、歷史底蘊方

---

22 張錫昌，《四十年法國緣》，頁 17-23。

23 張錫昌，《四十年法國緣》，頁 28-33。

面言，中國都遠在法國之上，並占有優勢。[24]

4. 溫文儒雅的法國人

法國人講文明，重禮儀，是西方禮儀之邦的紳士淑女。從中世紀的騎士風度，傳至「太陽王」路易十四集宮廷社交禮儀之大成，形成「路易十四風格」，廣為流傳，帶領全歐風騷。

現今歐美流行的許多社交禮儀，多半源自法國。法國人待人接物彬彬有禮，言談舉止溫文儒雅，連法語的用語、語氣、表達方式，無不滲透著文明禮貌。別看法國人喜神聊、好爭辯，但在公共場合卻很注意律己和尊重別人，十分看重自身的舉止行為，並視之為有無教養的一個重要標誌。因而總是安安靜靜、不高聲喧嘩，不呼喊吆喝，即使交談得非常熱烈，也是壓低嗓門，輕言細語。文明禮儀是長久的文化積澱在日常生活中折射出來的精緻細節。凡此種種，都反映了法國人的文化底蘊和文明素養。[25]

5. 好面子的法國人

中國人好面子是出了名的。無獨有偶，法國人也很愛面子，從日常生活到國家大事，莫不皆然。拿度假來說，度假已成了法國人生活中的重中之重。度假回來之後，一個個皮膚曬得古銅色，光油油的，這已成為一種風尚，多少也是某種身分的標誌。而那些阮囊羞澀，沒法度假的人，一碰上好天氣也會趕緊到塞納河畔找個僻靜處，光著膀子曬個夠，照樣可以油亮亮的古銅色面貌出現在親友面前，不致相形見絀，矮人一等。

好面子與講排場是一體的兩面。法國人財大氣粗時，固然好擺闊；當勒緊褲袋時，還得裝闊，絕不能露出寒酸相。凡爾賽宮是法蘭西的驕傲，它講究排場擺闊也是一種歷史見證。當你置身於凡爾賽宮，尤其鏡廳，才會真正體會什麼叫「富麗堂皇」，什麼才是「金碧輝煌」。「太陽王」路易十四為了展示王室的威權和豪奢，在此曾經舉辦過多少盛大慶典和令人目眩神迷的舞會。[26]

6. 生性渙散的法國人

渙散，是個人發揮最大的自由度，可以說特立獨行，自由不羈。把法國人定性為渙散，無疑是對法蘭西民族的一種無情解剖。

同喝酒一樣，法國人真是不可一日無奶酪，不可一餐無奶酪。法國人常說，一頓沒有奶酪的正餐，就像一位美女沒有眉毛一樣，總覺美中不足。法國奶酪之多，少則數以百計，多則達到三百六十五種左右，可以每天品嚐不同的口味。一般認為，法國奶酪產量之高，品質之好，種類之多，乃世界之冠。奶酪名堂學問如此之大，恰是法蘭西民族特性的生動寫照。法國人生性自由散漫，各有各的喜好，戴高樂曾感嘆的說：「要治理好每天都有一種不同口味的奶酪可吃的國家，是不容易的。」

法國政黨政治的一大特色，便是黨派林立，五花八門。有人曾作一個有趣的比喻說：「法

24 張錫昌，《四十年法國緣》，頁 34-38。
25 張錫昌，《四十年法國緣》，頁 45-47。
26 張錫昌，《四十年法國緣》，頁 48-52。

國黨派之多，同奶酪種類不相上下，各人都可以從中找到合乎自己心意的黨派，猶如各人都可以找到合乎自己胃口的奶酪一樣。」

法國人看似散漫，有時甚至頗有幾分玩世不恭的味道，但心靈深處卻蘊藏著一股豪氣，隨時可以像火山一樣爆發出來，每當關鍵時刻，他們將會拍案而起，挺身而出，赴湯蹈火，在所不辭。[27] 一部法國近代史，已留下見證，在此不贅述。

7. 背負輝煌的法國人

法國人是高盧人（Gaulois）的後裔，「高盧雄雞」是法蘭西民族的象徵和標誌。1665年，路易十四下令鑄造一種表現雄雞追殺西班牙雄獅的硬幣，以顯示其為爭奪歐洲霸權的雄心。雄雞代表好鬥、高傲、勇敢和不屈等等個性。自此，我們常以「傲慢的雄雞」來嘲諷法國。

法國有著悠久的歷史和輝煌的過去。法國人口曾居歐洲各國之首，海陸軍執歐洲牛耳。拿破崙金戈鐵馬，橫掃歐洲。長時期內，法國一直是稱雄歐洲和影響遍及全球的大國。從文化層面看，打從十七世紀起，法蘭西文明使整個歐洲為之傾倒，巴黎作為歐洲的文化中心歷數百年而不衰。一部近代人類文明史，許多重要的篇章都同法蘭西聯繫在一起。法國大革命更使法國儼然成為人類進步的中心、文明先驅和精神王國。

大國的歷史傳統地位，不僅成為法蘭西民族的抱負，而且也是法蘭西民族精神的支柱，更幾乎是這個民族賴以存在的理由。借用戴高樂的一句名言：「法國如果不偉大，就不成其為法國。」至於法國人不太講英語，與其說是因為對法語情有獨鍾，倒不如說是法國人心靈深處的大國優越感在作祟，同時反映了法國人對大國地位的眷念。[28]

吳建民對法國的認識

吳建民（1939-）小檔案

一九五九年，畢業於北京外語學院法文系。

一九六一年至一九六五年，常駐匈牙利布達佩斯（Budapest）世界青年聯盟總部，任代表翻譯。

任中國駐聯合國代表團（紐約）二祕、參贊等職。

任中國駐歐盟使團及比利時使館參贊。

一九九一年至一九九四年，任外交部新聞司長及外交部發言人。

一九九四年至一九九八年，歷任駐荷蘭大使、駐日內瓦聯合國辦事處及瑞士國際組織代表。

一九九八年至二〇〇三年，任中國駐法國大使。

後又任外交學院院長、全國政協發言人、外委會副主任、國際展覽局主席。

夫人施燕華，畢業於北京外國語學院研究生班，曾任駐外參贊，一九九四年至一九九八年任駐盧森堡大使，一九九八年至二〇〇〇年任駐法使館公使銜參贊。[29]

---

27 張錫昌，《四十年法國緣》，頁24-27。

28 張錫昌，《四十年法國緣》，頁39-44。

29 吳建民等著，《在法國的外交生涯》（上海：三聯書店，2006），「作者簡介」。

品酒時，通常要遵循一條法則，就是一看二聞三通過。看，是觀察酒的成色，要既清又濃，還要搖晃一下酒杯。好酒在杯壁上慢慢落下時，有一條痕跡，好像人的眼淚一樣，這叫「掛杯」。聞，是聞酒的香味，內行的人馬上會知道這酒是否醇厚。走完這兩個步驟後，再喝半口酒，不能馬上咽下去，先讓它在嘴裡停留一會，然後才慢慢下咽，讓酒如細流般通過食道。這時，你感覺到的好酒會如絲般的柔軟、圓潤，給人以感官上無比的享受。[32]

4. 法國人的文化素養

法國人不但熱愛自己的文化，對異國文化也十分尊重。換言之，重視文化的法國人，同樣對外國文化抱著強烈的好奇心，渴望多加了解。曾在法國任大使近五年的吳建民，見證了法國人對歷史悠久的中國文化的尊重和欣賞。每當有中國的劇團到巴黎演出，不管是京劇或越劇，無論是「梁山泊與祝英台」、或「楊門女將」、「孫悟空大鬧天宮」等節目，法國人不分男女老少，不論對故事情節懂得多少，大都看得如醉如痴，拍手叫好。[33]

---

32 吳建民等著，《在法國的外交生涯》，頁 170-173。
33 吳建民等著，《在法國的外交生涯》，頁 202-204。

PART 09

無冕王筆下看法國

引言

記者過去有「無冕王」的美稱，他們有的人類似外交官一樣，奉派駐紮在某一個國家或某一個地區，可憑藉記者證等某種特權或特殊管道，採訪第一手或獨家新聞，透過敏銳的新聞嗅覺，運用迅速而銳利的文筆，定期撰寫專欄或通訊報導，提供政府相關部門決策之參考，或作為社會大眾吸收新知或了解國際情勢之讀品，其重要性不言可喻。

處在資訊網路極端發達的今天，作為記者，包括所有的報人和媒體工作從業員，他們所承受的壓力恐怕更勝從前。誠如名記者陳香梅所體會的感觸，她一點沒有「無冕王」的感覺，「反而天天提心吊膽，怕報導錯誤，怕有漏網新聞，又怕寫的新聞稿過不了新聞局的檢查，真是天天如負重擔。」[1]本章所要介紹的幾位名記者，應該沒有像陳香梅所說的壓力和重負。他們所留

1 陳香梅，《風雲際會：陳香梅回憶錄》（臺北：未來書城，2002），頁73。

下有關法國多方面的報導，應該是在游刃有餘、心情愉悅下完成的。也希望讀者以同樣的心情來閱讀它。

楊孔鑫的《兩城憶往》

楊孔鑫小檔案

楊孔鑫（1923-？），筆名莫染，河南商城人。

先後畢業於國立政治大學外交系，美國波斯頓大學傳播學院。

歷任中央通訊社編譯部副主任、外事記者、英文編輯部主任。

一九六三年，中央社派駐巴黎特派員。

一九六六年，轉往倫敦，擔任中央社西歐分社主任。

一九八〇年，奉調回國，擔任中央社總社副社長，期間兼任臺灣師範大學副教授。

一九八一年《霧裏看英倫》出版（臺北：純文學，一九九三）。

一九九五年《兩城憶往》出版（臺北：三民書局，「三民叢刊」九十八，一九九五）。

《兩城憶往》的法國、英國比較觀

楊孔鑫早年進入中央社工作，先後派駐巴黎三年、倫敦十四年，他仿狄更斯（Charles Dickens, 1812-1870）名作《雙城記》所完成的《兩城憶往》一書，共二十一篇，並不以巴黎、倫敦兩地為限，但寫巴黎與法國者僅四篇，即〈花都霧城憶舊遊〉、〈最長的巴黎週末〉、〈回憶戴高樂的記者招待會〉、〈美食之都——巴黎〉。而與本書題旨有關者僅參篇，茲分別介紹如下：

1. 法英兩國的總體比較

楊孔鑫在花都巴黎和霧城倫敦這兩個世界聞名的大都市，都因職務關係工作過並住過，他對法、英兩國的民主政治、文官制度、經濟情況以及文化基礎和人民生活水準，有一個簡單而扼要的比較。

在民主政治方面，英國實行內閣制，或稱議會制，政局一直很穩定，法國在二戰前和戰後初期，也是實行議會制，但選舉方法與英國不同。英國採小選舉區制，得多數票者當選，議會中容易產生擁多數 席次的政黨。法國國民性缺乏容忍與合作精神，政治上派系已多。又採比例選舉制，當選者分歧，政黨林立，閣潮時起，政局極不穩定。直至一九五八年戴高樂東山再起，建立第五共和，採用總統制，政局才漸趨穩定。

英國有一良好文官制度。文官負責推動政府的日常事務，首相及內閣的更迭，受影響的只是大政方針。法國也有類似的文官，其制度不如英國之有名，然也有類似的穩定作用。所以雖然在第四共和時期內閣不斷變動，但政府日常工作並未受到太大的影響。

法國第五共和中的總統制，與美國的總統制並不盡同。法國在總統之下，設有總理，而總理一職又屬於議會中的多數黨；美國總統之下，並無總理。國會兩院為反對黨控制時，總統仍可照常行使職權。

法英兩國都是資本主義的國家，資本主義只是一個原則，必須政策配合才能製造財富，促成繁榮。戰後，英法兩國的經濟情況時好時壞，繁榮與衰退互為循環。但大體而言，這兩國的生活水準仍然向上不斷提升。

英、法兩國都是高度開發的國家，也是兩個具有高度文明而又相當富庶的國家，雖經過兩次世界大戰的摧殘破壞，但人民生活水準只低於美國，而高過許多其他國家，故能給予若干低開發國家以人道和經濟上的援助。[2]

2. 巴黎與倫敦各有特色

巴黎曾是多少騷人墨客吟詠，多少文豪大師謳歌頌讚的天堂樂園。但在楊孔鑫眼中，若拿她與倫敦相比，只有「巴黎柔媚倫敦樸實」八個字。一切先從公園說起，兩地都有不少的公園，楊孔鑫認為，巴黎的公園在面積上都較小，沒有像海德公園那樣的大公園（凡爾賽和楓丹白露不在內）。巴黎公園的重點在花，每逢春夏之交，公園內遍地琪花瑤草，萬紫千紅，美不勝收，令人目不暇給。倫敦公園的重點在樹，到處古木參天，高聳入雲。而兩地都重視草地，倫敦公園面積廣大，草地一望無垠，風起草動，又像萬頃碧波。巴黎公園雖小，花圃草地卻很精緻，像是一大塊絲絨地毯。以人相比，巴黎公園像江南少婦，倫敦公園像關西農婦，前者矛媚，後者樸實，各有千秋。[3]

3. 民族性與種族歧視

在楊孔鑫看來，英國人和法國人是兩種不同形態的人。英國人冷靜，深藏不露；法國人性情躁，容易衝動。他們也有一個共同點，那就是對外國人持懷疑態度；因此要和這兩國人交朋友很不容易。不過一旦成為好友，又可維持很久。

英國人雖然對外國人很冷漠，但當你迷路而向他問路時，他們也樂意指點，法國人沒有這種美德，不過也有人說，巴黎以外的法國人，對人還是很友善的。

英、法兩國人辦事效率都不快，所以工作的績效不彰，但是開車又都喜歡超速，法國人開車特別喜歡爭先恐後，惟交通事故不多，據說因為他們的駕駛技術超好。

英、法兩國人都有種族歧視的心理。不過，有人表達於外，有人深藏於內，一般而言，年輕人的偏見稍淡。外來人之受歧視，不外以下的原因：

（1）來自貧窮國家，有的人還依賴當地政府的救濟。

（2）來者太多，在就業就學和住屋方面，影響了當地人的權益。

（3）生活方式和宗教信仰的不同。

楊孔鑫補充說，在法國的北非人，在英國的印度人、巴基斯坦人、西印度群島和非洲的黑人，他們受歧視都多少與上述原因有關。海外僑民的地位，與自己國家的情勢是息息相關的。在二戰後的最初二十年，日本人在英、法兩國也飽受歧視，甚至為人所厭惡，但從七〇年代開始，日本的經濟日趨繁榮，漸成經濟大國，國際上的地位也隨之上升。據二年前英國的一次民意測驗顯示，日本人一躍而為最受尊敬的外國人。來自臺灣的華人早年所受的輕視，更甚於日本人，但近年來隨著臺灣經濟的起飛和擁有大量的外匯，不僅在英、法，而且包括整個西歐，

---

2 楊孔鑫，《兩城憶往》（臺北：三民書局，1995），頁 1-4。

3 楊孔鑫，《兩城憶往》，頁 4-5。

他們所受到的對待，已經大有改善。總之，祖國是根，僑民是葉，根燦而後葉茂。[4]

4. 巴黎風情萬千

法國人特別重視他們自己的文化，認為法語是天下最美麗的語言，每個到了法國的外國人都應學法語。在巴黎，只有飛機場、大旅館和大百貨公司，才有人講英語。

巴黎是藝術之都，除了看畫之外，逛街看櫥窗也是一大樂事。巴黎商店的櫥窗，都是經過精巧的設計，爭奇鬥勝，別出心裁，值得細細品味。

香榭麗舍大道是巴黎最富盛名而多采多姿的林蔭大道，人行道寬闊，除了欣賞商店櫥窗外，兩旁有許多精緻的咖啡館，坐在人行道旁的咖啡座，一邊品嚐濃而香的黑咖啡，一邊目迎目送來來往往的巴黎過客，這也是觀光巴黎的重要節目之一，不可輕易放過，否則便有虛此行。

世界上以烹飪著名的國家，在東方是中國，在西方則首推法國。法國菜也分成好幾個地區，但都不足與巴黎分庭抗禮。法國的最佳烹飪技術，原都集中於皇家。自法國大革命王朝解體後，皇家名廚星散，紛紛在巴黎開餐館謀生，烹飪技術乃得以普及化；而烹飪藝術的盛名，亦開始向外流傳，巴黎終於成為西方世界的美食之都（gastronomy capital），法國人對於用餐是很重視而講究的，認為是每天一大事。除了重視烹飪技術外，也講究食物的營養和用餐的方式和氣氛，因為這也是人生的一大享受。[5]

楊允達夢迴巴黎

楊允達小檔案

楊允達（1933-），生於武漢，籍貫北平市。

一九四九年，隨父母來臺。

一九五七年，臺灣大學歷史系畢業。

一九五九年，政治大學新聞研究所碩士。

一九六一年，考進中央社，任外勤工作。

一九六五年，中央社派駐非洲特派員。

一九六九年，調回臺北。同年轉入美聯社，擔任駐臺北記者。

一九七三年，重回中央社服務，奉調巴黎特派員。

退休後，現任世界詩人大會祕書長。

楊允達十三歲寫詩，能詩能文，出版有詩集、散文、遊記等多種。早年與大學同學逯耀東、張伯敏合出《又來的時候》（臺北：莘莘出版，一九七一）。楊允達旅居巴黎逾十二年。在記者工作之餘，修得巴黎大學博士學位外，並勤於寫作，先後出版有《巴黎夢華錄》（臺北：黎明文化，一九八四）、《巴黎摘星集》（臺北：幼獅文化，一九八四）、《西行采風誌》（臺北：幼

---

4 楊孔鑫，《兩城憶往》，頁9-10。

5 楊孔鑫，《兩城憶往》，頁93-102。

獅文化，一九八五）、《李金髮評傳》（臺北：幼獅文化，一九八六）等書，內容豐富，行文輕鬆活潑，頗受讀者歡迎。

《巴黎夢華錄》所見的巴黎

楊允達在散文兼遊記《巴黎夢華錄》一書中，共收三十九篇文章，被三度同窗（成功中學、臺灣大學、政大研究所）的金耀基形容為「法蘭西走馬集」，因為雖非包羅萬象，卻是眾味紛陳，而且內容豐富，處處顯出記者敏銳的新聞眼。醇酒、美女、香水，這三樣東西可說是花都的代名詞，所以，金耀基也最推崇並愛讀〈葡萄美酒〉、〈法國香水〉、〈露天咖啡座〉等篇。另一位大學歷史系同班同學逯耀東，頗為羨慕楊允達既學史又學新聞的造化，而且常跑「外勤」，和許多歷史性人物接觸又採訪的工作。他認為本書出現的人物，多是活躍在巴黎從藝術家、詩人到音樂家，甚至老華工，皆為各行各業有代表性的華人。僅此金耀基和逯耀東兩位老友所心儀愛讀的部分，便已琳瑯滿目，美不勝收。本節嘗試擇其精華，不落俗套，介紹給讀者分享。

1. 巴黎香水品牌多

法國是香水王國，巴黎則是獨霸全球香水市場的重鎮。全世界四十億人口中，至少有五億以上的婦女經常愛用巴黎香水，可見法國香水在人類生活中的普遍性和重要性。

巴黎香水品牌種類多，最暢銷的名牌計有香奈兒五號和十九號（Chanel No.5 et No.19），克麗絲汀・迪奧（Christian Dior）、蓮娜・麗池（Nina Ricci）、蘭凡（Lanvin）和羅查士夫人（Madame Rochas）等。國內婦女們最喜愛的是香奈兒五號。據說，好萊塢性感女星瑪麗蓮夢露生前最愛用的香水也是這個品牌。

法國出產香水的聖地在南法靠近尼斯、坎城的格哈斯（Grasse），其地濱臨地中海，氣候乾爽宜人，終年陽光普照，又土壤肥沃，因此一年四季種植了滿山遍野、色彩繽紛、香味芬芳的花草，可供提煉香水之用。所生產的香水，大致分為香水精（parfum）、花露水（Eau de toilette）和古龍水（Eau de Cologne）三種。其中以香水精的香味最濃而持久，價格也最貴。花露水的香味較淡，價格亦便宜甚多。[6]

總之，花都美人與巴黎香水相得益彰；香水是愛美的女性永不分離的良伴。有了香水，更襯托出女性的美麗和高貴。法蘭西也好，巴黎也罷。如果缺少了芬芳的香水，那將大為失色。

2. 醇酒缺美人

酒是文化的產物，法國早在文藝復興之前，由於天主教僧侶和皇室貴族的提倡，再加上天時地利之便，釀酒技術已在歐洲享有盛名。直到今天，法國以葡萄釀製的香檳、紅酒和白蘭地，仍然位居世界之冠、受到全世界酒仙酒聖的歡迎。

談法國的美酒，必須先介紹香檳（Champagne）。這種用白葡萄釀製，專門在喜慶宴會上飲用的美酒，開啟瓶塞時，由於酒汽沖出軟木塞的「嘭」聲震耳，清冽味美，成為款待上賓時不可或缺的最佳飲料。法國香檳行銷全世界，為法蘭西賺來大批的外匯。

香檳酒的釀造，是法國人的祖傳秘方，絕不輕易傳授外人。香檳是飯後助興的最佳飲料，

6 楊允達，《巴黎夢華錄》（臺北：黎明文化，1984），頁2-8。

當生日派對或婚宴時，開幾瓶香檳助興，則更顯得主人的豪邁個性和待客的隆情厚誼。

除香檳外，善飲的人多半喜愛法國的紅酒（vin rouge）。法國人極為看重紅酒的學問。從中可以觀察出賓主之間的社會地位、文化素養、教育程度，甚至個人的品味性格。

一般而言，法國紅酒的品級可分初級（average vintage）、中級（medium vintage）、高級（good vintage）、超級（great vintage）、和特級（exceptional vintage）五種。一瓶紅酒的價格，可以從最低的幾法郎（現已改為歐元）到上千法郎，甚至超過上萬法郎，完全取決於釀造的年份以及釀造的廠牌。

法國主人宴客，普通能開一瓶初級的 Côtes du Rhône，已經算是很夠意思；若開一瓶中級的 Beaujolais，那就表示是待客十分優厚了。

法國的白蘭地是一種飯後幫助消化的飲料，通稱 Cognac，其中有拿破崙、三星白蘭地和雷蒙、馬丁等名牌，而以前兩種牌子，在臺灣和香港兩地最為暢銷。這種烈酒是經過蒸餾而提煉出來的，有活血、幫助消化的功能。同時，也是冬令進補的最佳飲料。

法國人飲酒，一般相當考究。通常在飯前先喝開胃酒（apéritif）。在用餐時，如果第一道菜是魚蝦海鮮。則必須飲白葡萄酒，而且必經冰鎮半天以後才開瓶。如果是吃較易消化的豬、鴨、鵝肉等菜時，則可以喝粉紅葡萄酒（rosé）。若吃比較油膩的牛排、羊腿時，則必須換飲紅酒。餐桌上備有不同的酒杯隨時取用，一點不能馬虎。

飯後，用過甜點和水果，再飲香檳或白蘭地一杯，最後再啜飲咖啡，這才算是法國道地的「全餐」，至此酒醉飯飽，賓主盡歡。[7]

可惜的是，在享受全餐和飽飲各式醇酒之餘，若無美人相伴或以之為談助，豈不黯然失色？

3. 法國人的度假觀念

法國人對度假的看法，就如同穿衣、飲食一樣，認為是生活中不可或缺的一環。對法國人而言，上自高官富豪，下至販夫走卒，出國度假或到附近名勝海濱走走曬曬陽光，已經不算是奢華的浪費，而是調劑身心、有益健康的必要休閒活動。

一般而言，法國人度假分為兩個階段，每年夏天是「大假期」（grandes vacances）時間，大家放下一切工作，休息個把月。紛紛出國旅遊度假或到某一個鄉間別墅民宿，消遙一段時間。這是帶薪度假，名正言順，聽說若不去度假，反而要多付稅。因此，每到八月間的巴黎，至少有三分之一的公司或商店，都貼出「因公休假，暫停營業」的布告。這時的巴黎，正是外來觀光客取而代之，霸占人行道、咖啡座、餐館和景點的最佳時機。另外，到了冬天耶誕節和新年前後，約有兩星期的假期，喜歡滑雪溜冰的法國人，帶上全副裝備，依例到法瑞邊境的阿爾卑斯山或其他滑雪聖地，去做一些冬季活動，舒展筋骨、兼呼吸新鮮空氣。[8]

法國是個集觀光旅遊大國、時尚大國、精品大國、藝術大國於一身的好地方。全世界的人都想看看巴黎鐵塔及凱旋門、參觀羅浮宮、遊玩塞納河、買了 LV 包之後，才覺不枉此生。難怪每年踴到法國的觀光客，高居歐洲國家前茅。因為，巴黎確是一個令人處處驚艷、流連忘返的

---

7 楊允達，《巴黎夢華錄》，頁 9-14。

8 楊允達，《巴黎夢華錄》，頁 19-21。

城市。

李在敬憶法國舊事

李在敬小檔案

李在敬（1937-），山東人。一九五〇年代，曾在澎湖馬公中學肄業，嗣後修業於世界新聞專科學校、中興大學。在職場上，歷任中華日報、中央日報、歐洲日報三報總經理、中央日報海外版主任、主任秘書，中華民國專欄作家協會秘書長。一九七〇年後，曾兩度到法國留學，就讀巴黎第七大學，並擔任中華日報駐法特約記者、行政院新聞局駐法新聞處處員、歐洲日報總經理等職，出版有《夢迴巴黎》（臺北：東大圖書，一九八九）、《留法舊事》（臺北：秀威科技，二〇一四）兩書。

巴黎風華說不盡

李在敬留法五年，既工作又讀書。與當年勤工儉學生的境遇大致相同，他所寫有關巴黎的特約通訊，分載於國內中華、中央和聯合各報上，收錄在《夢迴巴黎》書中的大抵近二十篇，與前述外交官和記者所述的範圍和題材，大同小異，惟個人觀察深淺有別，仍樂於此略作歸納，與讀者分享。

1. 巴黎的媚力在何處？

談到巴黎，號稱世界花都，人人說好，人人想來，究竟好在那裡？依李在敬的觀察體會，可歸納以下三點：

(1) 巴黎的法國人沒有種族偏見，對待外人和氣可親。他們懂得生活享受，不像其他國際大都市那樣緊張，銅錢味那麼重。

(2) 巴黎能容忍新思想，同時藝術氣息重（龐畢度文化中心與貝聿銘所創的羅浮博物館金字塔設計，可為見證）。這種藝術有新舊之分，整個巴黎就是一座博物館，風景宜人；整個城市就像一幅水彩畫。

(3) 巴黎兼容各種生活方式，有錢的人可享受有錢人的生活，沒錢的人也可獲得窮人的生活樂趣！[9]誠如詩人徐志摩在〈巴黎的鱗爪〉一文中所描述的：「整個的巴黎，就像是一床野鴨絨的墊褥，襯得你通體舒泰，硬骨頭都給薰酥了的。真的，巴黎就是這樣一個奇妙的地方。它是有錢人的溫柔鄉，亦是窮人的安樂窩。」

2. 漫談今日法國青年

法國青年除了愛長髮披肩、男女莫辨外，還有留鬍子的習慣。滿臉于腮，很像耶穌。

法國青年雖然在外表上追求時尚，但在行動上卻循規蹈矩，無理取鬧、逞兇鬥狠都極少。

他們待人彬彬有禮，絕不會憑空惡言惡語來罵你，這要歸功於他的學校教育。

---

9 李在敬，《夢迴巴黎》（臺北：東大圖書，1989），頁141-144。

法國的學校教育，重視個人的發展，不尋求把學生陶冶成什麼模式。一個法國兒童在接受了義務教育之後，優秀者入高中，差者進職業學校，沒有選擇的餘地。高中最後階段，要通過一項極為嚴格的高中會考（Bac），才算畢業。憑此高中文憑，才可申請進入大學。其後大約百分之二十到三十可以獲得大學文憑。所以法國的大學教育，是進門容易出門難，與臺灣的情形正好相反。

法國青年喜歡自由民主，對戴高樂的自大又專制，並無好感。他們很愛辯論，民族自尊心極強。他們有些對法國以前的殖民政策有反感，但對拿破崙卻十分崇拜。法國青年個子不高，但身體卻強壯。他們讀書時拚命讀書，享樂時卻又拚命享樂。他們喜愛大自然，嗜好戶外旅行活動。外表上看起來有些頹廢，實際上卻充滿活力。

3. 品頭論足說法國女性

李在敬到巴黎不久，對法國女性在欣賞之餘，對她們從身材、皮膚、臉型、髮型到衣著，提出一個全面性的品頭論足，勇氣可佳，殊為難得。

首先，綜合說美醜。法國少女醜者較少，美者較多，而中年人則醜著較多，美者較少。若與美、英、德諸國女人相比，似又略勝一籌。

次論身材。美、德國家的女性，身材太高，看起來孔武有力，有失女性溫柔之美，令人難以消受。法女則不同，高矮適度，苗條而不瘦，豐滿而不肥，矮胖及高大者少之又少。

三講皮膚。美、德女性毛孔太粗，且有斑點，看起來有粗糙不平和洗不乾淨的感覺，而法女則白裡透紅，嬌嫩得很，不搽胭脂抹粉，也極受看。

四談臉型。法女臉型多為鴨蛋型，眉毛與頭髮之間的距離也恰到好處，整體看起來很漂亮。至於美、德女性，眼窩深而凹，鼻子挺而高，看起來有些彆扭；法女眼窩深而不凹，眼睛大而明亮，鼻子挺而不高，五官配合得很適當。因此，從審美的觀點看，法女得分較美、德女為高。

五論髮型。常見女性的髮型有長髮披肩型，柔髮過耳型，短髮貼頭型、烏雲蓋頂型、古樹盤根型等。法女通常髮細如絲，再加身材細長如柳，長髮迎風飄拂，很有韻致。

最後談衣著。法國女性的衣著，永遠走在世界各國女性的前面。以前流行迷你，現在流行迷西。在冬天，緊身大衣長到足踝，能顯現出曲線之美；腳登長筒靴，走起路來搖曳生姿，楚楚動人。

一般而言，法國女性都活潑大方，但不像中國人通常想像的那樣隨便。家世好又受過良好教育的仕女，往往要比北歐國家的女郎保守得多。

遺憾的是，法國女性雖然漂亮有氣質，但不經老，她們似乎比東方女性蒼老得快；中年之後，她們有的皮膚鬆弛，有的發胖，雖可駐顏有術，但風韻猶存者畢竟不多。[11]

4. 巴黎的聲色之娛

巴黎有花都之稱，像其他大都市一樣，有的是讓觀光客追逐聲色之奇而「花」錢的場所。

10 李在敬，《夢迴巴黎》，頁 177-179。

11 李在敬，《夢迴巴黎》，頁 157-160。

名躁全世界，可以讓觀光客大開眼界，滿足聲色之娛的夜總會，有「麗都」（Lido）、「瘋馬」（Crazy Horse）、「瘋狂牧羊女」（Folie Bergère）、「紅磨坊」（Moulin Rouge）等處，這裡有上空的脫衣舞，但標榜純藝術性，樂而不淫，使觀者極視聽之娛，而不會想入非非。

電影「愛瑪姑娘」的故事，出現在「畢卡」（Pigalle）地區，這是所謂巴黎的風化區，除了表演比較低俗的脫衣舞外，處處有阻街女郎或流鶯，燕瘦環肥、老少都有，可以解決觀光客的好奇之心或滿足單身漢的性需求。此外，專賣性書、性具的商店（類似今日臺灣的情趣商店），更是比比皆是。到巴黎觀「光」的觀光客，若不到此巡禮一番，那真是如入寶山空手而歸，遺憾終生了。[12]

12 李在敬，《夢迴巴黎》，頁169-170。

PART

藝術家筆觸下的法國

席德進論評法國藝壇

席德進小檔案

席德進（1923-1981），四川人。

一九三六年，進縣城公立小學，圖畫在期終展覽會上，為全校之冠。

一九三九年，轉學甫澄中學，美術比賽全校第一名。

一九四一年，進成都四川省立技藝專科學校。接觸中西名家作品。

一九四三年至一九四五年，讀國立藝專（重慶沙坪霸），師事林風眠，得趙無極、朱德群、李仲生指導。

一九四六年至一九四八年，轉學國立藝專（杭州西湖），畢業成績為全校之冠，播遷來臺，任嘉義中學老師。

一九五二年，辭去教職，前往臺北做專業畫家。

其三是，為巴黎畫壇帶來新氣象的畫家。

在一片保守、冷淡、沒落聲中，又在巴黎畫壇何處去的陰影籠罩下，給巴黎畫壇帶來新氣象、注入新元素的畫家，大都不是法國人，而是來自阿根廷、美國、英國、義大利、波蘭、希臘的畫家。他們不斷推出令人耳目一新的作品，展示一個新觀念，或開拓了一個造型的新天地。[3]

2. 蒙馬特（Montmartre）的畫家

曾經在蒙馬特那個畫家雲集的地方，為觀光客畫人頭像的席德進，對蒙馬特有較其他作家更細膩的描繪：

「蒙馬特，是平坦的巴黎市區邊陲隆起的一個乳房。在那乳房頂峰上，聳立著白色莊嚴的聖心堂。聖心堂的鐘聲，如浪一般蕩漾過這城市的上空。……站在聖心堂前，俯覽全市，感覺到的是寧靜、沉寂。……遊客穿流不息地來去。」

「蒙馬特處處向你誇耀她的古老，不因破舊而自慚。她很清楚這正是她誘人魔力之所在。……記得郁德里羅的畫嗎？他畫的就是蒙馬特的寫照。郁德里羅因畫蒙馬特而成名，蒙馬特也因他而永垂不朽。至今還有無數追隨著，天天在那兒描繪蒙馬特，而他們只不過想用蒙馬特的名，去向遊客換來幾文麵包與紅酒錢罷了。」

「遊客們來訪問這藝術之都——巴黎，心中渴求著一次藝術的洗禮，及一次『浪漫』的感受。這些，蒙馬特都不會使他們失望。假如，你到了羅浮宮只為的是看蒙娜麗莎，除此之外，那些名家大畫都使你想睡覺的話，你還是到蒙馬特去，看那兒露天畫家們的展覽、表演和他們的『傑作』。或許會滿足你的欣賞慾。恐怕全世界的大都市中，也唯有巴黎，才有這樣一個露天畫展。終年不斷，風雨無阻，以娛遊客。」（紐約的露天畫展，只在春秋兩季舉行，時間每次僅三週。）

「露天畫家們，豎立起畫架，在一個不大的廣場上，它又像一個大庭院，周圍是房屋、餐館、咖啡座和舞廳。咖啡座也散開到廣場，占據了一半，扯起彩色的大傘。畫家們排列著，圍繞著廣場，站在自己的畫架前作畫或售畫。許多都是畫的蒙馬特眼前的景物，也有巴黎的風景。那些人像畫家們給你備好了椅子，只要坐下，不久就把你的像畫成了。還有剪影的，半分鐘即把你的側影剪成。漫畫家則在幾秒鐘內，用線條為你勾出一副滑稽可笑的面孔。」

「畫家們與遊客一樣，來自世界各地。好幾位波蘭畫家，為了享有自由的藝術空氣而逃到巴黎來，像他們的蕭邦一樣，離開了祖國，永不復返。那些西班牙畫家，因在本國賣不掉畫，寧願每天站在這，用很低的價錢，出售他們的心血作品。也有從美國來的，卻說為了賺錢而來，的確，巴黎一年有六百五十萬的遊客經過這，是比美國好賺錢。還有從非洲來的黑人畫家，漂亮的法國太太陪伴著他。偶有二、三個東方人，

---

3 倪再沁、廖瑾瑗著，《臺灣美術評論全集：席德進》（臺北：藝術家出版社，1999），頁81-82；席德進，《席德進看歐美藝壇》，頁57-67。

點綴在棕髮碧眼的畫家群中。」

「有些畫家特別把頭髮留長，或蓄著一把大鬍子，衣服上故意塗抹了油彩，加上怪聲怪氣地談話，表情，有時高歌一曲，從『一滴情淚』唱到拿坡里民謠。旁邊的畫家則報以狗叫聲喝倒彩。像這種神經兮兮、輕鬆的場合，都能給終年生活在嚴肅的辦公室的人們，一時解脫的享受。」4

是的，這就是席德進筆下的蒙馬特，她是我們這個世界的縮影。她是聖潔的，又是污穢的；她是美麗的，又是醜惡的；她是善良的，又是罪惡的。她反映出我們的影子，她承受人性中的優點，也承受人性中的弱點。人們愛她，人們像朝聖一般從世界每一個角落而來，來領受她的洗禮，來感受她浪漫的氣氛，來找到人生的真諦。

以上像詩意般的描述以及現實生活中殘酷的體驗，是席德進心思上永無休止的糾結，也是他決意返臺的重要因素。是的，蒙馬特只是個觀光客旅遊景點之一，她不適合畫家在這裡賣藝討生活，把珍貴的青春年華作無謂的葬送！

席德進看巴黎女人：淡雅像一幅水彩畫

到過花都巴黎的人，無論是留學生或觀光客，沒有不感覺巴黎女人的存在，沒有不把巴黎女人帶上一筆，何況是獨身而又是畫家的席德進。不過，席德進談巴黎女人不多，恐怕還不如他所畫的女人多。

曾有過香港朋友寫信問他：「巴黎的女人真像時裝雜誌上的模特兒一樣美嗎？」

席德進的答覆是肯定的。他毫不猶豫的表示，巴黎女人會打扮、會穿著、會走路、會表演；加上她們的體態窈窕，天生麗質，個個法國女人都像電影明星似的。[5]這樣全稱式的說法，當然有些誇大。

在《席德進的回聲》一書中，席德進對巴黎女人有個籠統而總結式的讚美，倒是可以接受的：

> 巴黎是一個永遠浸沉在愛情裡的都市，愛情的主角當然是女人。
>
> 巴黎的女人，有詩的氣質、音樂的韻味，淡雅得像一幅水彩畫。
>
> 她們像剛從美術館的名畫中走出來，她們又似時裝雜誌裡的美人，活躍在你的眼前。
>
> 你不必驚異，這也不是夢幻。
>
> 巴黎這個城市，簡直就是一座公園，為情侶們而設的。
>
> 所以，在街頭，在咖啡座，在小巷，在地道車中，在塞納河畔。熱吻、纏綿的鏡頭，隨處可見。
>
> 不要認為那是太浪漫了，那是他們真情的自然流露，自然得像枝頭上的鳥兒。
>
> 你不必驚怪，這是他們的日常生活。

4 席德進，《席德進的回聲》，頁39-44。

5 席德進，〈巴黎街頭的情趣〉，收入《席德進的回聲》，頁50。

朱德群初抵巴黎成了「失語的白癡」

朱德群從基隆港出發，經過一個多月的海上航行，再由馬賽搭火車於一九五五年五月初的一個清晨到巴黎。可是巴黎的感覺和市容，卻讓他頗為失望。首先是天候，五月的巴黎，因為緯度高，依然令人有春寒料峭的感覺，尤其剛從亞熱帶臺灣來的他，更覺得陰冷，天空也是灰濛濛的。其次是市容，朱德群看到用石頭建造且規範化的「奧斯曼建築」，經過雨水多年的侵蝕，也是灰黑色的，讓人覺得巴黎徒有「歐洲最美的城市」的虛名！

朱德群之所以和一般觀光客對於巴黎有另類的評價，主要可能與當時的心情有關。他不是普通遊客，在先前藝術朝聖的激情過後，馬上便面臨在異國落戶的不易以及往後所要克服的種種煩憂。

生活和學習在異邦，第一關便是語言的障礙，也就是「失語」的大煩惱。朱德群坦承，他在杭州藝專學過一點法語，抗戰時在重慶的中央大學還旁聽過法語；但是，本來基礎就差，再加上在臺灣任教的幾年完全沒有去複習，早已全部還給老師了。所以一句聽不懂，一切也不會說，報紙不會看，世界資訊源全部切斷，頓時就有「失語就讓人立即變成了白痴」的感覺。回想，在一個月前，他還是在大學課堂上滔滔不絕的教授，如今卻成了大腦健全的白痴。「失語」是大部分留學生遭到的第一輪「核打擊」，特別是年齡較大的人更是如此。巴黎對他來說，此刻成了《魯賓遜漂流記》中的魯賓遜，他就是在熱鬧人群中的魯賓遜。

朱德群在巴黎展開新的探索

天無絕人之路，朱德群在朋友的幫助下，找到了「法語聯合學校」，開始補習法語，治療

「失語症」。課餘時間就去看博物館和畫廊。他不打算去巴黎美術學院念書，因為巴黎的博物館和畫廊就是最鮮活的大學。

朱德群久聞巴黎「大茅屋」（Grande Chaumière）書院的大名，一打聽，進場門票出乎意料的便宜。那裡有法國模特兒供畫家們畫人體素描或速寫，每天下午都開放。他以前畫過許多東方模特兒，但從沒有畫過西方人體。這是超越他以往藝術實踐的「加法」，不是減去「勢能」的墜落。

最令朱德群高興的是，他在「大茅屋」遇見久仰大名卻從未謀面的畫壇前輩潘玉良。那時的她已經五十多歲了。可總是坐在前排，可見她很用功，來得比別人早，對畫還是那麼入迷。她很特別，不是用鉛筆、碳筆畫速寫素描，而是用中國毛筆。她個子不高、臉大、皮膚黑、嗓門粗。她待人和氣又客氣，常請朱德群到她家去。她的先生開飯館，做的菜自然很可口。她的畫風已經定型，具象而略為變形，有她自己的個性和風格。兩人的藝術追求不同，所以很少談藝術。

朱德群在「大茅屋」畫了一批人體速寫，顯示出他捕捉瞬間動態美的非凡功力，還表現了他對線條的靈動，非常具有靈性，這也為他在一九五六年創作巴黎女人的「裸體系列」積累了素材。有意思的是，無論是他的女體速寫，還是油畫「裸體」，其體形都非常豐腴，而非巴黎的窈窕淑女，這不是巴黎女性的典型身材，而是朱德群個人「造型主觀化」的表現，就像馬蒂斯的色彩主觀化一樣。他的藝術氣質屬於豪放型，即使在觀照時，他也慧眼獨具地發現溫柔中蘊

212-215。其餘不一一備註。

含著的力量。

顛覆自我：朱德群從具象到抽象

朱德群在三十五歲前的人生「躍遷」。都是外部空間的轉移，到了巴黎之後，這種外部「躍遷」就停止了，開始朝人格、才能、意志等方面，做「基因突變」，以變得能順乎潮流，合乎新境。

一般藝術家初到法國或巴黎後，因環境的變化而形成兩種不同的選擇。一種是「定居者定格」，最顯著的例子是常玉。很有才華的常玉初到歐洲，非常活躍，還創造出了「水墨裸女」的個人風格，可是後來長期定居巴黎就是自我「拷貝」了。畫家潘玉良也是如此，在不斷躍遷期，其藝術也在出新，可是定居巴黎幾十年中，雖然也有精益求精意義上的「加法」，但是再沒有「突變」出什麼新種出來了。幾十年來一以貫之，直至生命的盡頭。問題在於，在他（她）們定居期間，巴黎的藝術生態已經發生了巨大的變遷，而他（她）們卻還能「以不變應萬變」，而且心安理得的適應下來。這就是「定居者定格」。當然，定居的藝術家也有不斷大突變者，其中最令人驚奇、被稱為「二十世紀的創新者」，就是來自西班牙在法國定居的畢卡索。直到八十五歲，畢卡索還在「突變」，把「畫家和模特兒」這個主題丟棄，轉向了對「荷槍士兵」的描繪。換言之，他一直在對自己的藝術發動「政變」，以建立新的「王國」。

一九五六年，也就是朱德群到巴黎後的第二年，他參觀了畫家德・史塔耶爾（Nicolas de Staël）的回顧展，這是他人生的最重要的轉折。從此他開始了內宇宙的「精神大躍遷」行動，外部躍遷在巴黎停止了，內部躍遷在此刻又從巴黎啟動出發了。巴黎的畫展多如牛毛，朱德群從博物館到畫廊，已經貪婪地看了一年。飽覽了世界各國各流派的名家大師，猶如明朝旅遊家徐霞客所說，產生了「五嶽歸來不看山，黃山歸來不看嶽」的「審美鈍化感」，很難再有初入羅浮宮那樣令他波動不已的展覽了。

為什麼朱德群獨鍾德・史塔耶爾的畫，特別感謝他的啟迪？他的回答是：「這位畫家給了我很大的衝擊。他敏銳的感覺，自由發洩的繪畫態度，畫面的透明度令我特別欣賞。這是我到巴黎後所看到的最好的現代畫家……我認為他是最優秀的現代畫家之一。他對我的影響並不是繪畫的內涵，而是繪畫自由的態度。他的畫告訴我，『自由奔放』在繪畫中是如何的可貴，又是如何的困難。自由奔放，是畫面的活潑自由，但又恰到好處，而不失內涵。有些畫家畫得十分自由，而卻毛病百出，內容空虛，那不是自由，而是粗野。」

朱德群過去畫的都是具象的東西，但五〇年代的巴黎舊牆上到處都是抽象畫。而德・史塔耶爾的畫，從有形蛻變到無形，心靈愈來愈自由奔放，後期作品表現得更為天馬行空。從他的作品裡，朱德群感受到了一種非常可貴的感情和思想的大解放。他那自由奔放的作畫態度，似乎對朱德群當頭棒喝，要他立即擺脫有形畫的約束，釋放自己的潛能。可見，這次展覽的啟示，扭轉了朱德群的藝術取向，對他往後在巴黎數十年的藝術壯遊，起了決定性的轉折作用。以後，在他從畫抽象畫的過程中，充分體驗到了莊子的無掛無礙的「消遙」和孔子的「遊於藝」的自由感。

在巴黎開拓新的藝術人生

朱德群從此展翅飛翔，他在法國一方面孜孜不倦，埋首創作，一方面參加各項展覽並結交許多藝術界的至交知音，很快地為法國的畫家和評論家所重視。他的抽象畫帶有強烈的書法性、音樂性和律動性，採用西洋繪畫中著重光纖的特性與大塊面色彩的手法，融合中國水墨講究線條書寫，墨色濃淡的特色。他的風格氣勢磅礡，又有份神秘浪漫的效果。

隨後，朱德群也開始旅行全球的大山大水。他將旅行中被情緒誘發的記憶，用一種寫意抽象的方式表現出來，成為一種新的視覺呈現方式。這種寫意抽象融入了深厚濃稠的情感，每每讓觀畫者心領神會感動不已！此種將東方文人畫對於景物的意念，灌注入西方抽象畫表達的方式與風格，朱德群可謂是第一人。

在法蘭西學院的頒獎典禮上，主席著名雕塑家卡爾多（Jean Cardot）的兩段頌詞，特別值得我們玩味：

「在我們的眼中，您是一位創進力雄渾博大的藝術家，這個非凡的創造力支配著您非常廣闊的生命經驗。您卓越的智慧和人格，為我們學院帶來一片新的法蘭西光輝。這片光輝的照耀，已超越了國界。」

「您在精神上一直和您的國家的人文、藝術一脈相通。您的畫風向前發展，畫面上的線條更自由而具生命活力，筆觸更加靈活，弧線巧妙地化入構圖來加強對比，在畫中又重見中國。」

陳錦芳在巴黎觀畫迴響

陳錦芳小檔案

陳錦芳（1936-），臺灣臺南人。

一九五九年，國立臺灣大學外文系畢業。

一九六三年，考取法國政府獎學金留法。

一九六四年至一九六五年，獲巴黎大學外國法文教授學院文憑。

一九六四年至一九七〇年，在巴黎高等藝術學院進修、習畫。

一九七〇年，以《中國書法與當代繪畫》為題，獲巴黎大學文學博士。

一九七〇年至一九七五年，參與「世界臺灣同鄉會聯合會」之籌備，任該會總幹事六年。

一九七五年十一月，由巴黎遷居美國，在紐約居住並作畫。

一九八〇年，參加第九屆「國際科學統合會議」（I.C.U.S）、演講「五次元世界文化觀」。

一九八七年，回臺北開設「新世界畫廊」。

二〇一五年，在臺北敦化北路成立「陳錦芳美術館」、「陳錦芳文化藝術基金會」，同時運作。

陳錦芳是位藝術家，除努力創作和參展外，亦勤於寫作，出版專書已逾數十種。主要有《小王子》（譯作，臺北：水牛出版社，一九六九）、《巴黎畫誌》（臺北：大江出版社，一九七〇）、《畫遊十年》（臺北：雄獅，一九七四）、《夢向新文藝復興》（臺北：聯裕出版社，一九九一）、《在巴黎的日子》（臺北：錦綉公司，一九九六）等。

陳錦芳巴黎看畫誌感

陳錦芳初到巴黎三年，如劉姥姥進大觀園，幾乎看遍巴黎大大小小的各項畫展，藉以了解以巴黎為中心的現代藝術活動。其中包括定期展覽的五月沙龍、巴黎雙年展、春季沙龍、秋季沙龍等；回顧展有畢卡索回顧展、巴然回顧展、亨利•米修回顧展、超現實主義四十年展等；個展則有比飛個展、馬丟個展等。他把每回觀展心得，寄回國內報章雜誌發表，與許多同行、同好分享。《巴黎畫誌》是他介紹巴黎畫壇的處女作，距今雖已相隔半世紀，並無明日黃花之感！

巴黎秋季沙龍殞落的巨星

秋季沙龍創始於一九〇三年，至陳錦芳執筆為文時已有六十年的光榮歷史，至今則超過一個世紀之久。它創立不久，即與野獸派結緣，而在以「沙龍」形式的展覽會中，它是巴黎最具權威地位的沙龍，只有新興的以「新」取勝的五月沙龍可以與之匹敵。

一九六三年巴黎秋季沙龍展的主角，無疑是布拉克（Georges Braque, 1882-1963），他甫於這一年的夏天以八十一歲高齡殞落。他的盛名在二十世紀的畫壇上，僅次於畢卡索和馬蒂斯。他是本世紀最偉大的靜物畫家，畫室是他喜愛的題材，桌子、桌上的水壺、瓶、罐、刀、叉、水果、麵包、魚、桌巾、椅子、窗框、牆上的木痕、壁紙的花樣、畫板、畫架等，經他的妙筆指揮，都在畫布上演奏起線條和色彩的音樂。

這次秋季沙龍，展出布拉克的五幅作品：三幅油畫、兩張版畫。三幅油畫包括「黑鳥」、「紫鳥」，都是以鳥為共同主題，因為鳥是布拉克晚年的朋友和情人。不，鳥就是布拉克。

秋季沙龍展分為六個部門，繪畫是其中的一個。依性質可分三類：第一類是已逝的法國近代畫壇大師，共四十八名，其中有為大家熟知的馬蒂斯、盧奧、高更、羅特列克、杜飛、波拿等人。據陳錦芳認為，在這一群已逝的大師作品中，以布拉克的「鳥」、盧奧的「兩小丑」和德樓內的「塔」最有份量。

觀畫之餘，陳錦芳關心的是日本畫家的表現。陳錦芳指出，日本畫家在巴黎有不可漠視的地位，那是他們靠努力得來的。這次秋季沙龍繪畫作品共一千兩百八十九件，其中免審查的作品六百四十三件，審查入選的作品六百四十六件。免審查的外國畫家共二十二名，日本人占三名，居外籍畫家第二位，僅次於西班牙。經審查而入選參展的外國畫家作品共一百零一件，其中日本占三十二人，列第一名，幾佔三分之一，遙遙領先。陳錦芳看到日本人在國際畫壇上的表現，不亞於他們在奧會上的努力，曾經感嘆的呼喚，誰是我們在國際畫壇上的楊傳廣？[8]

超現實主義——二十世紀的一大特徵

十九世紀末印象派給西洋藝術輸入了新血後，一進入二十世紀，西洋的藝術運動如火如荼地展開；繼一九〇四年的野獸派，一九〇七年的立體派，一九一二年的抽象派之後，一九一八年的達達主義給一九二四年的超現實主義吹響了起床號。

回顧一九一四年至一九一八年的第一次世界大戰，歷史上首度出現的坦克車不但輾碎了歐洲的城市，同時也粉碎了人類的信仰。一顆顆的炸彈不但炸毀了堅強的防線，也震撼了人類的

8 陳錦芳，〈一九六三年的巴黎秋季沙龍展〉，見《巴黎畫誌》（臺北：大江出版社，1970），頁1-11。

精神。戰神洗劫後的歐洲，在絕望與虛無的氣氛籠罩下，達達派應運而生。它的口號是「破壞、破壞之後看剩下什麼？」達達主義雖只是一顆虛無炸彈，卻像火山爆發一樣，將兩千多年來的西洋藝術女神，炸得體無完膚，面目全非。

超現實主義雖脫胎自達達主義，但卻反其道而行。它不是破壞，而是重建。它撿起火山爆發後凝結而成的熔岩，建造一座藝術的廟堂，但卻不再是希臘式的列柱，更非羅馬式的拱門，更不是哥德式的尖塔，而是嶄新的二十世紀的現代藝術館。

一九二四年，有一批想超越達達派的畫家和詩人，在巴黎發表了超現實主義的宣言：「超現實主義，就是純粹的靈魂自動主義。依此，一個人通過口述、書寫，或其他所有方法表達思想的真正作用。它是不受任何理智控制，超出所有審美或道德之思想的記述。」

依上述宣言而論，超現實主義是一種精神狀態，而不是一種畫派或詩派，誠然，它在文學及藝術方面的成就非常可觀，但不過只是這種精神狀態所表達出來的一種手勢或語言。超現實主義因是科學、思潮、醫學、藝術和文學等各方面的互相交流、互相影響、互相推動的一種普遍性運動，就成了二十世紀的一大特徵。

一九六四年四月，在巴黎「夏蓬之夜畫廊」展出的「超現實主義四十年展」，乃繼一九四八年、一九五八年之後的最大一次超現實主義展，共有一百二十位藝術家參展。據陳錦芳觀後感，進入畫廊後，有如墜入由不定型凹凸鏡顯現的歪曲世界，到處是謎、密碼、新奇；到處是怪異、偶然和發明；到處是無法規範的形象；用理智的加減乘除無法求解的迷離；用最複雜的邏輯無法邏輯得上的組合。然而卻是那麼美而又那麼醜，那麼突然而又那麼熟悉，那麼明朗而又那麼隱密，那麼豐富、那麼實在、那麼撩人；是招魂？是占星？是夢遊？是鄉愁？是釋？是玄？[9]一切的想法和看法，因人而異。這就是超現實主義。佛曰：「不可說」，為什麼一定要追根究底呢？

蔣勳趕上法國那叛逆的年代

蔣勳小檔案

蔣勳（1947-），生於西安，父親為福建長樂人，服務於糧食局，中國易手後舉家遷臺。畢業於中國文化大學史學系和藝術研究所。

一九七二年，到法國入巴黎大學藝術研究所進修，曾參與當地華人無政府主義組織，並辦刊物《歐洲通訊》。

一九七六年，返臺，曾任《雄獅月刊》主編，東海大學美術系主任、《聯合文學》社長，他在大學任教時，因支持黨外民主運動，撰文聲援「美麗島事件」的王拓，而遭到革職。

二〇一六年，現身綠黨、社會民主黨聯盟造勢大會。

蔣勳身為畫家、作家，以花卉、水景繪畫廣受歡迎，以美感的教學和省思受到學子喜愛。他在繪畫創作之餘，也在文學園地辛勤耕耘。著作等身，係經認證的中、港、臺最暢銷作家之一。重要作品有《多情應笑我》（臺北：爾雅，一九八八）、《天地有大美：蔣勳和你談生活美學》（臺北：遠流，二〇〇五）、《孤獨六講》（臺北：聯合文學，二〇〇七）、《生活十講》（臺北：

9 陳錦芳，〈超現實主義 40 年展〉，見《巴黎畫誌》，頁 69-72。

聯合文學，二〇〇九）、《破解高更》（臺北：天下文化，二〇一三）、《微塵眾：紅樓夢小人物》（共五冊，臺北：遠流，二〇一四至二〇一五）、《池上日記》（臺北：有鹿文化，二〇一六）、《說文學之美：品味唐詩》（臺北：有鹿文化，二〇一七）、《談文學之美：感覺宋詞》（臺北：有鹿文化，二〇一七）、《蔣勳說紅樓夢》（共八冊，北京：中信出版社，二〇一七）、《雲淡風清：談東方美學》（臺北：有鹿，二〇一八）、《歲月靜好》（臺北：時報，二〇一九）、《無關風月》（共二冊，臺北：藍海文化，二〇二〇）等。[10]

蔣勳說：「巴黎，我來了。」

一九七二年到巴黎時，蔣勳二十五歲。

美國作家海明威說過：「如果你夠幸運，在年輕時候待過巴黎，那麼巴黎將永遠跟隨著你，因為巴黎是一席流動的饗宴。」蔣勳表示，現在懂得這句話了。

蔣勳經過四十小時的辛苦旅程剛落地，便婉謝朋友先休息的建議，直奔艾菲爾鐵塔，在黃昏時拾級而上，一面爬樓梯一面喘大氣，看到腳下的巴黎一直在變，塞納河愈來愈遠。初來乍到的巴黎新鮮人愈來愈興奮，到了頂樓，彷彿對著十九歲時也在巴黎的畢卡索，蔣勳大聲喊著：「巴黎，我來了。」

蔣勳認為，巴黎美，不只是建築或人美，還有一種「自由」，尤其對那個年代從臺灣出去的學子衝擊更大。那時蔣勳置身於一個嬉皮後期的年代，覺得年輕人自在做自己，可以為所欲為，想在塞納河邊睡一個晚上就去睡，因為那時的你沒有什麼東西可以丟掉的。

巴黎的叛逆精神

巴黎從一九六八年開始常有學生運動，至一九七二年仍然是一個不穩定的時代。蔣勳在拉丁區巴黎大學上課時，還經常聽到爆炸聲，藝術學院那些古典的希望雕刻與建築，也被紅油漆噴上「革命」（révolution）字樣。

蔣勳回憶，當時的「革命」，是帶有「推翻一切」的意義，顛覆所有權威，沒人在意讀書、考試或學位。年輕人都在流浪，在街邊抽大麻、喝酒，滿街都是林波（Arthur Rimbaud）的照片，那個十七、十八歲寫詩名動巴黎的詩人。他的名言是「生活在他方」（La vie est d'ailleurs），意即「人可以有別的方式活著」，或「生活還有其他樣貌。」

巴黎的這種叛逆精神，不是從現在開始，也非始自林波。早在十九世紀，從波特萊爾、高更等人累積下來。所以蔣勳說：「直到今天，我身上還帶著這個（指叛逆精神），我感謝我的二十五歲，因為我在巴黎。」

青春一去不復回，蔣勳常有機會重回巴黎，但感覺已不再相同。藝術學院變得好乾淨，每座雕像都清洗得乾乾淨淨，黑黑的聖母院大教堂也亮麗了，一切都優雅起來。不過，每次回到巴黎，蔣勳還是喜歡買一瓶紅酒，穿著夾腳拖，獨自跑到塞納河旁邊，枕著一本詩集。或許睡一個晚上，那些荒唐的二十五歲、反體制的革命年代，是蔣勳經歷過的巴黎。

嬉皮與革命的年代不再，蔣勳說，現在的年輕人很有主見，很知道自己要做什麼？如果不知道，那也就算了，何必救一個二十五歲還要爸媽在旁邊嘮嘮叨叨的人？

---

10 封德屏主編，《2007年臺灣作家作品目錄》（臺南：國立臺灣文學館，2008），第3冊。

最讓他痛苦的是法文裡頭陽性、陰性的差別和男女之分，這在中文裡並不那麼麻煩。直到現在，他雖然在巴黎住上四、五十年，還是不習慣，經常陰陽倒置，搞混性別，引發滿座哄堂大笑。

初到巴黎，趙無極回想，那時的法語張口結結巴巴，而且一直不敢看女人，因為不習慣法國男女之間眼光的坦率。他說在中國，他在朋友眼中並不是特別害羞的人，但一到巴黎之後，法國女人眼光的放肆，常讓他臉紅又心驚，有時只得垂下眼睛，不敢逼視。

法國的環境，是否特別適宜接納他種文化，並且給它們發展的機會？趙無極並不擔心受到種族歧視，因為他一到法國，不僅被接納、被了解，甚至得到陌生人的支持。他的畫，也成為他與許多朋友間初步對話的橋樑。

宣誓不以「中國趣味」立足歐洲畫壇

趙無極到法國之後，並不願被冠上「中國畫家」的頭銜，雖然他花了很多時間研究過中國繪畫，特別是水墨畫，也掌握得相當得心應手。可他不要占這個便宜，因為他深切感覺到，這個傳統不能讓他暢所欲言，所以他決定不再畫水墨，不願再搞「中國趣味」。

是的，趙無極自從踏上歐洲開始，便在心中暗自下了決定，絕不以狹隘的「中國趣味」立足歐洲畫壇。他親眼看到許多中國同行在歐洲便畫水墨，回到自己的國家又畫油畫，他認為這完全是一種投機和討好的伎倆。趙無極是一位具有遠大抱負的青年畫家，從一開始他便把自己的理想構築在偉大藝術王國的夢想中，為了藝術的追求而投注整個生命。「藝都」巴黎可說是個國際性的藝術大賭場，他從二十七歲那年開始，便以最大的決心，毅然投入這個大賭場。他不以自己能擠身國際畫壇和巴黎畫派的行列而自滿，他只慶幸，中國數百年來傳統的保守思想，並沒有讓他在這個國際性的大賭場中倒下去。他想起當年，要不是毅然地離開了國內的保守畫壇，而投身這個藝術大賭場的話，真無法想像現在該是怎樣的結局。

趙無極無意指責國內的保守畫壇，但他坦率的指出，今天他能有這麼一點點的小成就，完全是巴黎畫壇的孕育所培養出來的。他雖然入了法國籍，但骨子裡的東西還是中國人的。就像科學家李政道、建築家貝聿銘等人入了美國籍，但在世界性的地位上仍舊是中國人。

趙無極到一九五三年才走向抽象畫的路上，他畫抽象畫完全出於自己的需要，因為他覺得這種作風，僅是個人言語上的一種選擇，他認為抽象畫是講述自己感情最自由、最合適的語言，它那打破一切構圖和色彩的原理，以及極端尊重個性充分發揮與自由的畫法，是橫掃整個國際畫壇的主因。藝術是一種需要，絕不能拿別人的感情做為自己的財產。繪畫要不停的演進，就該把「繪畫」和「風氣」兩件事分開來說。

巴黎和紐約的畫廊，目前仍是國際畫壇的兩大中心，巴黎畫派和紐約畫派仍極具價值。在歐美能找到一流的畫廊訂合同，才是成功的先決條件。趙無極與巴黎的「法蘭西畫廊」（Galerie de France）與紐約的柯特茲畫廊（Kootz Gallery）訂有合同。巴黎和紐約有的是一流的畫家和畫廊可資觀摩和展覽，故趙無極寄語年輕畫家朋友，只要肯幹、有實力、多觀摩、不受時髦畫風影響，用自己的需要和語言多創作，總有成功的一天。[14]

---

13 趙無極、梵思娃・馬凱合著，《趙無極自畫像》，頁 13-14。

14 趙無極，〈繪畫是我的生命〉，《雄獅美術》13（1972.3），頁 26-28。

東西文化的完美結合

藝評家何政廣對趙無極有如下知音似的總評：

「趙無極有今天的這種輝煌成就，可說是以其卓越的天才，大膽而明智的抉擇，再加上一連串的努力奮鬥而達成的。」

「他除了鑽研本身喜愛的西畫外，對國畫也下過工夫。但很快發現，從第十四世紀起，中國繪畫就壓在其自身發現的重量之下。中國繪畫已失掉它所創造的宇宙，只剩下典雅與細緻兩樣東西。」

「趙無極有了這種感觸，於是開始研究書法、金石銅器、石雕、工器與陶器，這一切尚未成為記號而饒富意義。這種探討孕育了他早期抽象畫的胚胎，對他來說是極有意義的。」

「他夢想著一種二十世紀的新繪畫，與悠長遠古藝術同樣地充實且直接。可是要在源頭汲水而無視於泉流的曲折，那是不可能的。他也清楚看到，十九世紀末西方繪畫的窘境，他認出了早已熟知的悲劇性，他知道那種發展的不可能性，這不正是長久以前中國繪畫所遭受的沉淪嗎？他也看到，西方畫家們所提出的解決之道，嘗試尋回造型的源頭，尋找詩之鑰。自此，他知道他到巴黎追尋的結果，也知道世上沒有一個地方存在著他所要做的。於是他摒棄具象，邁向抽象的作風，奠定了屬於自己的獨特風格。」

趙無極自己說過：「生我養我的是中國，但培育我的卻是巴黎。」又說：「我花了五十年的時間在傾聽，消化塞尚・馬諦斯；然後再回頭，尋找我們傳統中我認為最美的唐宋繪畫。」這就是東西文化的完美結合。

趙無極將中國長久的人文理想，以現代的方式，具體而真實的呈現在人們眼前，成為二十世紀人類精神最可珍惜的偉大遺產。[16]

---

15 何政廣，〈趙無極的生涯與藝術〉，《雄獅美術》13（1972.3），頁14-18。

16 《中國巨匠美術週刊：趙無極》，頁32。

PART 11

文學家筆下的法國

李金髮一覺巴黎春夢

李金髮小檔案

李金髮（1900-1976），本名金發，又名淑良、遇安，筆名金髮、彈丸等。廣東梅縣人。

一九一七年，離鄉至滬，肄業於上海復旦中學。

一九一八年，到北京「留法預備班」，學習法文。

一九一九年十一月，與六十七位青年赴法勤工儉學，入楓丹白露中學學習法文。

一九二〇年，先到法國中部的迪戎（Dijon）國立美術學院學雕塑三個月，再回巴黎，入巴黎高等美術學院習雕塑。

一九二一年，讀法國頹廢派詩人，波特萊爾（Charles Baudelaire, 1821-1867）的《惡之華》（*Les Fleurs du Mal*）和象徵派詩人魏崙（Paul Verlaine, 1844-1896）的詩集，醉心象徵派和頹廢派詩風的創作。

一九二二年，積成詩集，定名《微雨》。

一九二三年，到德國遊學，又積詩集，定名《食客與凶年》，與去年的《微雨》，由北新書局出版，列入「新潮社叢書」。

一九二四年，結束在德生涯，與德國小姐結婚，重返巴黎高等美術學院上課。

一九二五年，回到中國，以雕刻家身份參加中山陵的籌建。

一九二六年，任武昌中山大學教授，兼國際編譯局編譯。

一九二七年，至外交部任秘書。

一九三八年，出任廣州市立美術學校校長。

一九四五年，重返外交部，外放駐伊朗大使館一等秘書，並暫代伊拉克公使館館務。

一九五二年，由外交公職退休，暫居香港，後移居美國。

一九七六年，病逝於美國紐約寓所，享年七十六歲。[1]

在「微雨」中躑躅的詩人

在中國現代詩壇中，李金髮是個爭議性的人物。譽之者視他為中國象徵詩的先驅者，誠如詩人楊允達在《李金髮評傳》這樣評價他：「在作品中實踐了象徵主義的藝術觀點和表現手法，把法國詩人波特萊爾和魏倫的象徵風格與頹廢色彩引進中國詩壇，產生了極大的影響，使當時

1 關於李金髮生平，參閱：楊允達，《李金髮評傳》（臺北：幼獅文化，1986），「年譜」，頁233-245；陳厚誠，《死神唇邊的笑：李金髮傳》（上海：上海文藝，1996），「年譜簡編」，頁235-245。

一般讀者讀到他的作品以後，覺得意境深遠，而感到胡適之、劉半農、康白情、俞平伯、劉大白、沈尹默、冰心、周作人等「自由派」的作品平淡無味；聞一多，徐志摩等「格律派」的作品不夠神祕。因此，在當時的詩壇上掀起了波瀾，繼由稍後的戴望舒、王獨清、穆木天、馮乃超、紀弦和覃子豪等人在理論、翻譯、創作方面的倡導，建立了象徵派的基礎，使象徵派成為詩壇的一股主流。」[2]

另一方面，李金髮被稱為「詩怪」，認為象徵派的詩晦澀難懂，於李金髮詩的技巧特色，覺得充滿神祕與頹廢色彩。誠如朱自清在《中國新文學大系、詩集、導言》評論說：「講究用比喻，卻又不將那些比喻放在明白的間架裡。他的詩沒有尋常的章法，一部分一部分可以懂，合起來卻沒有意思，他要表現的不是意思而是感受或情感；彷彿大大小小紅紅綠綠一串珠子，他卻藏起那串兒，你得自己穿著瞧。」[3]

楊允達在前述《評傳》裡對李金髮的詩作有個綜合評析，尚稱中肯。楊氏認為，李金髮的作品在形式上不講求押韻、沒有格律；在內容上富有頹廢、悲愴、神祕的意味；所表現出的朦朧意象，暗示手法以及法國情調，為後來寫詩的人開闢了一條新的路。研究中國現代詩的學者，認為他是中國象徵派詩的前驅者，即使在今天，他的風格仍然被許多寫詩的人所摹仿。[4]

本書的旨趣，不在評李金髮的詩（這是文學史家的工作），而是在探尋作者從詩的表現中與現實生活的連結，希望透過這種連結，發覺作者當時的心境，即使心境是晦澀朦朧的。

楊允達綜論李金髮的一生，認為他是個很幸運、很有福氣、集福、祿、壽於一身，一生享受榮華富貴的人。[5]他雖以「勤工儉學」的名義留學法國，但因家中富有，身上帶著三百銀圓（當時一個銀圓折合十五法郎），不必像大部分的勤工儉學生要打工，為五斗米折腰犧牲所學。

詩人的物質生活雖然看來無憂無慮，但生活在現實社會中，內心卻是痛苦的。他感到自己好像「浸浴在惡之血盆裡」（〈遠方〉），「巴黎城之霧氣悶塞了他孱弱之胸膈」（〈巴黎之囈語〉）。他不甘在這無邊的黑暗中沉沒，也曾努力掙扎，想要「撕去一切樊籠，探手於所羨慕之囊」（〈丑〉），去追求人生的美滿。然而現實的風雨無情地摧毀了他的希望。他「忍心探手於世界之黑室裡」，但「帶回來的，唯有靈魂之疲乏」（〈給女人×〉）。於是，他只有帶著一顆被「濺濕的心」，在愛情和夢幻的王國裡去尋找片刻的安慰和寧靜，成為一個他後來所自稱的「愛秋夢與美女之詩人」（〈自挽〉）。

在《微雨》的詩集中可以看出，李金髮對當時世風日下的法國現實，對資本主義社會的弊病，是有相當敏銳的觀察的。他看到有人殘忍地攫取財富，「鑽營在黑室之底，以布帛擁其寶藏」（〈丑〉），人與人之間「互相傾軋」，好像「所有生物之手足，全為攫取與征服而生的。」（〈慟哭〉）。在人慾橫流的巴黎，「地窖裡之霉腐氣，薰醉了一切遊客」，人們「用意欲的嬉戲，冰冷自己的血」（〈巴黎之囈語〉）。透過寒冷的夜色，出現在詩人眼前的巴黎，是這樣一幅可怕的景象：

---

2 楊允達，《李金髮評傳》，頁1。

3 沈謙，《林語堂與蕭伯納》（臺北：九歌，1999），頁157。

4 楊允達，《李金髮評傳》，頁115。

5 楊允達，《李金髮評傳》，頁226-229。

巴黎亦枯瘦了，可望見之寺塔，
悉高插空際。
如死神之手，
Seine 河之水，奔騰在門下，
泛著無數人屍與牲畜。
——〈寒夜之幻覺〉

有多少生命被饕餮的巴黎所吞噬！還有多少人處於被剝削的地位。他們「因勞作之而曲其膝骨」，「得來之飲食，全為人之餘剩」，而那些腦滿腸肥的富翁卻「踞坐遠處」，發出「嗤笑」（〈街頭之青年工人〉）。詩人敏銳地感覺到，當時的法國，還是一個「萬人歡笑，萬人悲哭的社會」（〈里昂車中〉）。[6]

十年一覺巴黎春夢

李金髮除了《微雨》、《為幸福而歌》、《食客與凶年》等詩集可以解剖他的所思所想外，早年曾出版過《飄零隨筆》（臺北：僑聯，一九六四）、《異國情調》（重慶：商務，一九四二）兩本回憶錄似的文集。筆者所掌握的是陳厚誠（上海復旦大學教授）編的《李金髮回憶錄》（上海：東方出版，一九九八），已將前二書收入，對於詩人的一生大致有個輪廓性的了解。陳編一書，則分成「浮生總記」與「中年自述」兩部分，我們且跟著詩人在楓丹白露中學學習法文，在高等美術學院上雕塑課，在巴黎生活的點點滴滴，作一個扼要的回顧。

1. 楓丹白露中學的苦修生活

楓丹白露市立中學位於巴黎南端，坐火車約兩小時可到。學校給他們二、三間大宿舍，有如兵營，各占一小鐵床，沒有茶房照料，一切貴客自理。宿舍裡只有煤氣火（不是燈），不能看書。以他們的水準看，伙食已是上乘，天天有肉，如不夠營養是會給法國學生家長攻擊的。星期五可以吃炸馬鈴薯，下午三、四點允許人去拿一塊麵包當作點心，可是那是出爐已久的老麵包，幾乎不能下咽。稍為有辦法的中國人，都不願去接受此「嗟來之食」。李金髮在那裡第一次看見法國人廚房的乾淨，況且是大規模的廚房。用具整潔，中國大師傅看了真要慚愧！

學校設立一個法文特別班，教大家學法文，來了一個老頭子，指手劃腳，只有一位曾學過法文的安南來的助手幫忙翻譯，老師教他們文法上的時態，聽了如對牛彈琴，如何能得好處呢？只有各人自己去找字典，他覺得沒趣，以後就不來了。已是半老除娘的校長夫人，還教他們跳舞，使他們變成文明人。同學們多不好意思去摟抱她，跳了幾次也就不再繼續了。那時，王若飛、李立三也在班上。王是貴州人，一口四川口音，衣服不整，但態度沉靜；李外表平庸，說話口沫橫飛。

華法教育會停止發放維持費之後，他們少數幾個人轉到東部山區的 Bruyère 中學就讀，學費既廉，生活亦簡單。無奈城鎮小得可憐。氣候特別凜冽，冬季湖上可以溜冰。在江南生長的中國學生覺得太肅殺，要一本書則要向巴黎訂購，三、四天後才能到手，居留半年，沒有看過一場電影，完全是苦修的生活。

---

6 陳厚誠，《死神唇邊的笑：李金髮傳》，頁 70-79。

2. 迪戎美術學院的荒唐上課

李金髮與林風眠是情投意合；互相信任、無話不談的好朋友。林不具外語的天份，故對外交涉多仰賴李。據他們調查，法國共有六所國立藝術學校，以巴黎為首，但不敢高攀，探得位在巴黎與里昂間的迪戎藝術學校，表示歡迎又沒有入學考試的問題，於是欣然前往報到。迪戎市不小，風景幽靜，校長見到他們十分歡迎，因為學校從來沒有收過中國學生，他們走在街上，也受到人們好奇眼光的注目。

學校設在博物館的樓上，他們所謂上課，沒有形式，不像在大中學裡有打鐘上下課，只是一群人圍著模特兒亂畫一通，談談笑笑。除校長（巴黎美術學院畢業）外，沒有其他教員。與其說是學校，毋寧說是一個工場。法國大藝術家就是在這樣「自由創作」的環境中產生出來的呀！

最高興的是，男女同學不少，環肥燕瘦都有。大家圍著他們問長問短，好像生平從未見過中國人。入學不久，適逢學校裡舉行一個化裝舞會，他們亦被邀參加。舞會十分熱鬧，男女來賓化裝成各式各樣的人物，有王子、公主、武士、吉普賽人、船長、村姑。木匠、礦工、將軍等等，真是五光十色，花錢不少。據李金髮觀察，他們的目的不止是狂歡一晚，多數是想找一個愛人。那時，歐戰剛結束不久，法國女多於男，男性成了奇貨可居，法國女孩子必須多出去交際活動，才有覓得如意郎君的機會。

李金髮、林風眠倆人志不在此，在該校只待半年，覺得一點益處沒有，長此下去只是浪費光陰，於是找了藉口，便回到巴黎投入拉丁區的懷抱。

巴黎是個古老而憔悴的城市

李金髮和林風眠告別了迪戎，來到巴黎就在拉丁區安頓下來。在李金髮眼中，巴黎這個古老的城市，拉丁區尤其蒼老憔悴，小街小巷，有的還是鵝卵石路或以木磚砌的小路。過幾年腐爛了，又要全部補過。許多小陋巷，恐怕是當年大革命時黨人的集會之所，有的街道還用煤氣燈。小巷大街有無數小旅館，用以容納學生、單身漢、窮人等，但不要小看這個貧民窟、歷史上如羅丹、大仲馬、小仲馬、福樓拜、莫泊桑、笛卡兒等都是從這個貧民窟奮鬥出來的。

他們上學的巴黎美術學院位在拿破崙路，歷史悠久，建築古老，有如美國的哈佛、耶魯。但在東方人看來，簡直不像學校。學生數十人老是圍著一個或男或女的裸體模特兒在描繪，好像人體是一切藝術的泉源。圖畫班以木炭為主，雕刻班則以泥塑為主，終年如一日，周而復始的換模特兒去工作，好像是基本工作。五、六年後，程度到了，你自己出去創造，也不給你一張文憑。

雕刻與圖畫皆不是男女同校，女子自成一班，這一點法國人還是保守。學校每月換模特兒一次，每天上午四小時約得酬十法郎，站著不動還要受冷受熱。法國窮人亦多，很多家貧的女子願意做模特兒（總比出賣肉體好些），經常跑到課室來脫衣服給班長挑選，因為流動性不高，有的必須留下地址，等候通知錄用，誰說西洋人是生活幸福？

李金髮一面在課堂上勤奮學習，一面在下午學刻大理石，材料由學校供給，因為太貴自己負擔不起。他認識了以前輩自居的徐悲鴻和方君璧，但往來不多。李金髮認為，他們兩人確實在模特兒上下過死工夫，其水準與法國學生可稱伯仲，可說是舊派。

在雕刻工作之餘，李金髮亦花了很多時間去看法文詩，特別喜歡波特萊爾的《惡之華》與魏崙的象徵派詩，特別購讀他的全集，愈看愈入神，無形中羨慕他的性格與生活。另外，李金髮也訂了不少中國書報，如《東方雜誌》、《新青年》、《新潮》、《少年中國》等，對於國內的文藝動態並不陌生。法文方面，還看了法郎士、雨果的小說，又訂閱法文的文學刊物，故略知法國文壇的消息。同時，有機會讀到周恩來等所辦的《工餘》[7]，又看《人道報》，不知不覺受一點它們的影響，有時也會憤世嫉俗，可是沒有左傾。

李金髮雖然在學校埋頭苦幹，但自覺在人體的進步方面不夠理想，原因有二：一是對法國同學。他覺得一般法國同學渾渾噩噩，群居終日言不及義，所談無非如何玩女人、跳舞、坐咖啡館等玩樂，幼稚可鄙，鳥獸不可與同群，故甚少往來；二是對法國教授。教授也者，每星期六只來一次，向每個學生的作品指示一番，說些空洞的原則，嘴裡刁著永不熄火的香煙。所以李金髮自覺，一切全靠自己的努力學習，得益於教授乃是微乎其微的。

巴黎美術學院與羅浮宮博物館近在咫尺，這是李金髮每週必到，受啟發最多、獲益最大的美好回憶。不過，作為東方人，據李金髮觀察雕刻或壁畫所得，他認為西方文化色情成分太濃，無論教堂裡或宮殿裡的作品，到處都是裸體，讓人不解，使人難堪！當然，他也清楚，希臘文化來源即是如此。號稱古代的嫡傳，既繼承希臘人的性格，又兼有羅馬人秉賦的法國人。又有什麼不好呢？[8]

朱自清畫龍點睛遊巴黎

朱自清小檔案

朱自清（1898-1948），祖籍浙江紹興，出生於江蘇東海。原名自華，號秋實，後改名自清，字佩弦。筆名知白、白暉、白水等。

一九二〇年，北京大學文科哲學門畢業，開始寫作新詩。

一九二二年，與俞平伯、葉盛陶、劉延陵等辦《詩》月刊。

一九二三年，開始散文創作，周作人譽稱其為「白話美術的模範」。

期間，歷任杭州浙江省立第一師範，揚州江蘇省立第六師範、吳淞中國公學中學部等校國文教員。

一九二五年至一九四八年，任清華大學中國文學部教授、系主任。

一九三一年，休假赴英留學，入倫敦大學，讀語言學及英國文學，並遊歷歐洲。

一九四八年，因胃潰瘍在北平與世長辭，享年五十一歲。

朱自清畢生致力於文學研究，著作等身，已出版的作品計有：《蹤跡》（詩與散文）、《背影》（散文）、《你我》（散文）、《歐遊雜記》（遊記）、《倫敦雜記》（散文）、《新詩雜話》（批評）、《論雅俗共賞》（批評）、《詩言志辨》（論文）、《語文影響及其他》（論文）、《中國歌謠》（論文）等多種，為近代中國著名詩人、散文家和學者。[9]

---

7 陳厚誠，《李金髮回憶錄》（上海：東方，1998），頁 44-55。

8 陳厚誠，《李金髮回憶錄》（上海：東方，1998），頁 44-55。

9 關於朱自清的生平小傳，可參閱：中國現代史辭典編輯委員會，《中國現代史辭典：人物部分》，頁 91；劉紹唐主編，《民國人物小傳》（臺北：傳記文學出版社，1975），第 1 冊，頁 45-46；朱自清，《朱自清全集》（新北：華威國際，2018），頁 7-8。

名家筆下的巴黎剪影

一九三一年，朱自清的休假遊學，除在倫敦大學短期進修外，並且出遊義大利的羅馬、佛羅倫斯、威尼斯、龐貝和瑞士的盧參（Luzerne）、奧地利的因特拉肯（Interlaken），以及荷蘭、柏林、巴黎等地，於各地名勝古蹟的特色，均有清新與眾不同的描繪。茲摘錄若干段詩人對巴黎的掠影，與讀者共享。

塞納河穿過巴黎城中，像一道圓弧。河南稱為左岸，著名的拉丁區就在這裡。河北稱為右岸，巴黎的繁華全在這一帶。論到藝術，兩岸可是各有勝場；我們不妨說整個兒巴黎是一座藝術城。從前人說「六朝」賣菜傭都有煙水氣，巴黎人誰身上大概都長著一兩根雅骨吧。你瞧公園裡、大街上，有的是雕像，博物院處處是，展覽會常常開；他們幾乎像呼吸空氣一樣呼吸著藝術氣，自然而然就雅起來了。

巴黎最大的咖啡館有三家，都在左岸。這三家的名字都含著「圓圓的」意思，都是文人藝術家薈萃的地方。巴黎人喝咖啡幾乎成了癖，就像中國南方人愛上茶館。許多人都在那兒寫信；還有人讓咖啡館代收信，簡直當做自己的家。文人、畫家更愛坐咖啡館，他們愛的是無拘無束，容易會朋友，高談闊論。愛寫信固然可以寫信，愛做詩也可以做詩。大詩人魏爾倫（Verlaine）的詩，據說少有不在咖啡館裡寫的。

盧森堡公園也在左岸，因盧森堡宮而得名。宮建於十七世紀初年，曾用作監獄，現在是上議院所在。花園甚大，裡面有兩座大噴水池，背對背緊挨著。其一是梅迪奇噴水池，雕刻的是亞西司（Acis）與加拉台亞（Galatea）的神話故事。巨人波力菲摩司

（Polyphemus）愛加拉台亞，他曉得她喜歡亞西司，便向亞西司頭上扔下一塊大石頭，將他打死。加拉台亞無法使亞西司復活，只將他變成一道河水。這個故事用在一座噴水池上，倒有些深意。園中綠樹成行，濃蔭滿地，白石雕像極多，也有銅製的，巴黎的雕像真如家常便飯。花園南端，自成一格，是一條林蔭道。最南端的天文臺前又是一座噴水池，中央四個力士高高地扛著四限儀，下邊環繞著四對奔馬，氣象雄偉得很。這是十九世紀的卡波（Carpeaux）所作，以形線柔美著稱。

巴黎博物館之多，甲於天下，單就這一椿兒，便可教你流連忘返。但須徘徊玩索才有味，走馬看花是不行的。羅浮宮好像一座寶山，珍藏的東西實在太多。畫為最，還有雕刻、古物、裝飾美術等等，真是琳瑯滿目。乍進去的人一時摸不著頭緒，往往弄得糊裡糊塗。羅浮宮有鎮山三寶：一是達文西的「蒙娜麗莎」畫像，大約作於一五〇五年前後，畫的是賈孔達（Joconda）夫人的像。相傳達文西畫了四個年頭，因為要抓住那甜美的微笑，每回畫像時得請些樂人彈唱給她聽，讓她高高興興的坐著。等像畫好了，他卻愛上了她。二是米羅（Milo，愛神）雕像。一八二〇年，希臘米羅島一位農夫發現此像，僅賣給法國政府五千元。據考古學家研究，這雕像作於西元前一百年左右，但兩隻胳膊卻缺了，如何的安裝，卻讓考古學家大費心思。三是沙摩司雷斯（Samothrace）的「勝利女神像」。女神站在衝浪而前的船頭上，吹著一支喇叭，但現在頭和手部都沒有了，剩下翅膀與身子。雕像的衣服雕得好，顯出那筋肉的力量，而身子在搖晃著，在挺進著，帶著一團勝利喜悅的勁兒，還有，海風呼呼地吹著，船尖兒喃喃地響著，將一片碧波分成兩條長長的白道兒。[10]

除上之外，朱自清還參觀過羅丹博物館、克魯尼（Cluny）博物館、大小皇宮，他的足跡也踏遍「拉謝慈神父」（Père Lachaise）公墓和「布羅恩森林」（Bois de Boulogne）等處，都有一番引人入勝的細膩描述，惟限於篇幅，就此打住。

詩人眼中的凡爾賽與楓丹白露兩宮

除遍遊巴黎外，朱自清當然沒有漏掉巴黎近郊的兩處有歷史興味的凡爾賽和楓丹白露勝景：

> 「凡爾賽宮在巴黎西南郊，原是路易十三的獵宮，路易十四覺得這個地方好，便大加修飾。路易十四愛稱：『朕即國家。』（L'Etat, c'est Moi），凡爾賽宮便是他的廟宇殿堂。那時法國貴人（族）多，一半住在這裡伺候皇上。他的侍從共一萬四千人；五百人伺候他吃飯，一百個貴人伺候他起床，更多的貴人伺候他睡覺。那時，法國藝術大盛，一切都成為御用的，集中在凡爾賽和巴黎兩處。凡爾賽宮裡裝飾力求富麗奇巧，但花錢無數，如含漆彩畫的天花板、木刻、華美的家具、花飾、貝殼兒多用錯綜交會的曲線紋等，用意全在教來客驚奇，這便是所謂「洛可可式」（Rococo）。
>
> 宮中有「鏡廳」，十七個大窗戶正對著十七面同樣大小的鏡子；廳長二百四十英尺，寬三十英尺，高四十二英尺，拱頂上和牆上畫著路易十四打敗德國、荷蘭、西班

牙的情形，畫著他是諸國的領袖，畫著他是藝術兒科學的大教主。近十幾年來成為世界禍根的那和約（指《凡爾賽和約》）便是一九一九年六月二十八日那一天在這座廳裡簽的字。

宮旁一座園子（御花園），也是路易十四手裡布置起來的。看不到盡頭的兩行樹，有萬千的氣象，有湖、有花園、有噴水，花園一畦一個花樣，小樹一律修剪成圓錐形，集法國式花園之大成，噴水池大約有四十多處，或銅雕、或石雕，處處都別出心裁，也是集大成。每年五月到九月，每月第一個星期日和別的節日，都有大水法。從下午四點起，到處銀花飛舞，霧氣沾人，襯著那齊斬斬的樹，軟茸茸的草，覺得立著看，走著看，不拘怎麼看總成。海龍王噴水池規模特別大；得等五點半鐘大水法停後，讓它單獨來二十分鐘。有時晚上大放花炮（煙火），就在這裡。各色的電彩照耀著一道道噴水，花炮在噴水之間放上去，也是一道道的；同時放許多，便彷彿起一團霧。這時候電光煥彩，紅的忽然變藍的，藍的忽然變白的，真真是一眨眼。

楓丹白露宮建於十六世紀，後經重修。拿破崙一八一四年臨去厄爾巴（Elba）島的時候，在此告別他的諸將。這座宮與法國歷史關係甚多。宮房外觀不美，裡面卻精緻、傢俱等等也考究。就中侍從武官室與亨利第二廳最好看，前者的地板用嵌花的條子板；小小的一間屋，共用九百條之多。複壁板上也雕繪著繁細的花飾，爐壁上也滿是花兒，掛燈也像花正開著。後者是一間長廳，其大少有，地板用了二萬六千塊，一

10 朱自清，《巴黎》，收入《朱自清全集》，頁264-276。

色，嵌成規規矩矩的幾何圖案，光可照人。廳中間兩行圓拱門，門柱下截鑲複壁板，上截鑲油畫；楣上也畫得滿滿的。天花板極意雕飾，金光耀眼。宮外有園子、池子，但趕不上凡爾賽宮的。」[11]

相較之下，朱自清對楓丹白露的著墨比凡爾賽宮簡略而沒有重點，尤對楓丹白露宮的收藏隻字未提。人各有所好，旅遊時不是走馬看花，便是形色匆匆，當然不免有掛一漏萬之處。筆者撰寫本書的旨趣，不在像觀光導覽冊之介紹古蹟勝景（讀者最好親自遊覽），而在捕捉作者發前人所未發之卓識高論。

巴金的艱困法國行

巴金小檔案

巴金，原名李堯棠（1904-2005），四川成都人，字芾甘，筆名有巴金、佩竿、余一、歐陽鏡蓉等。李堯棠崇拜無政府主義者巴枯寧與克魯泡特金，乃取前者第一個字「巴」和後者的末一個字「金」，作為他的筆名。

一九〇四年，出生於成都，父親李道河曾任廣元縣縣令，上有大哥堯枚、三哥堯林和兩個姊姊，一家在廣元縣住過兩年。童年時代身體並不健康，但生活尚稱幸福。

一九一八年，到青年會英文補習學校學英文。

一九二一年，與成都一家無政府主義刊物《半月》發生關係。

一九二三年，與三哥堯林出四川，到上海。考上南洋中學插班生。

一九二四年，到南京進東南大學附中補習班，結識無政府主義的活躍分子盧劍波等，並共同創刊《民鋒》雜誌。

一九二七年，赴法，有《海行雜記》記載途中見聞。與無政府主義者同志創辦《平等》月刊，並兩次投入營救無政府主義黨人的文宣活動。

一九二九年，以巴金筆名出版《滅亡》小說，返國。

返國以後的巴金，創作生命力非常旺盛，小說、譯著、散文共逾五百萬字。有全集出版以《愛情三部曲——霧、雨、露》、《激流三部曲——家、春、秋》流傳最廣，一度被提名候選諾貝爾文學獎。

二〇〇五年，巴金病逝上海，享年一〇一歲，堪稱文壇人瑞。[12]

巴金的艱困法國行

一九二七年一月，巴金從上海乘船去法國，開始近兩年的留學生涯。巴金和後五四時期的許多知識青年一樣，對巴黎是嚮往的。身為無政府主義者，那裡有著悠久的大革命傳統。一七

---

11 朱自清，《巴黎》，收入《朱自清全集》，頁282-284。

12 關於巴金的資料極豐富，筆者主要參閱：周立民著，《巴金評傳：五四之子的世紀之旅》，臺北：秀威科技，2011；陳思和著，《人格的發展：巴金傳》，臺北：業強，1991；陳思和、李輝著，《巴金研究論稿》，上海：復旦大學，2009；沈謙著，《林語堂與蕭伯納》，臺北：九歌，1999。

八九年法蘭西人民之攻占巴士底監獄和一八七一年巴黎公社的成立，都在巴金心中占著重要的地位。何況他讀過許多歐洲無政府主義者的文獻，更不能不涉及這些革命的光輝歷史。

因此，去法國巴黎的念頭，就像一個美麗誘人的姑娘一樣不斷地拂撩，以致折磨著他的心。另外，有幾位志同道合朋友的觸動，也影響到他的行止，首先，他的朋友吳克剛在一九二三年冬就去了巴黎，與巴金一直保持著通信。其次，另一位無政府主義同志畢修勺剛從法國回來，他在那兒生活了十年，對法國特別是巴黎的風俗情況瞭如指掌，一定向巴金講過，這自然都是巴金想去法國的最初誘惑。還有，當時與他同住的衛惠林已決定赴法，以上種種對巴金而言，都有觸動的作用。

可是，去法國留學一趟，並不是簡單說說的容易事。首先，最主要是經濟的問題。早在一九二六年秋，衛惠林欲去法國，問巴金是否同行？巴金先找他三哥堯林商量，了解家道中落陷入困境的三哥立即以不合時宜表示反對。巴金又直接寫信給大哥，得到的第一次答覆也是反對，後來還是大哥把家中的田賣了，兄弟各人分得二千元錢，寄了八百元給巴金做路費，以後又寄了七百元，從此就未再寄過。所以，巴金在法國只住了二年就回國，經濟拮据（又無別的收入）恐怕是最重要的原因。[13]

研究巴金的專家進一步指出，巴金去法國尚有一層「思想亡命」的逃避說。巴金自己曾說：「我因感覺得對於主義缺乏深的研究，所以跑到近代無政府主義的發源地——法國來，專門研究無政府主義。這樣我自己在中國革命的時期中像個逃兵一樣的跑了出來，看著別人在戰場裡苦鬥，哪裡還有說話的權利！」這不難看出他的矛盾心理，一方面他關注著中國的現實，並希望有發言權，另一方面又深悔自己不在水深火熱中（面對無政府主義運動的衰落），有隔岸觀火的旁觀者的歉疚。

巴金研究無政府主義發現，探討中國無政府主義之實現的兩條路：一條是仿照法國和俄國大革命，由「自發的民眾暴力開始」，燃起革命之火；另一條是英國式的「總同盟罷工」，由「工人與資本家不息的鬥爭」中壯大工人自己的力量。在當時的情況下，俄國的布爾塞維克專政使他厭惡，英國的生活費用又太高，唯一可去作實地考察的只有法國。五十年以後，巴金在一次答法國記者問時說：「法國較其他國家容易接納中國學生，其次是因為生活費用較低。但最主要的是因為法國是很多被放逐者的庇護所，形形色色的革命者都來到法國生活。」從歐戰前後的勤工儉學到五四後期的無政府主義者，對法國之趨之若鶩，這話大致不差。

巴金原打算到法國讀經濟，可是到了巴黎之後，實際情況卻讓他走上了另外一條路。原因是他不久收到了家裡來信，正式告訴他老家破產，無法再供應學費。巴金在《海行》遊記中，不但記錄下他一路的所感所見，也抒發了他初到巴黎的生活和學習情況，在此摘錄重要的兩段。

當時，他在「法語聯合學校」（Alliance Française）補習法文，一聽到老家破產的消息，便停止了不過是一個多月的學習。《海行》透露說：「我來巴黎不過一個多月，住在拉丁區的一家旅館裡。每天除了照例到盧森堡公園去一、二次，晚上到學校補習法文外，就把自己關閉在六層高樓上的一間充滿了煤氣和洋蔥味的小屋裡面。我所看見的只有一個四方的小小的天，連日光也看不見。」

「黃昏時分，我也常常去街上走走，……我一個人默默地在那寬敞的大路上散步著，……在

13 陳思和著，《人格的發展：巴金傳》，頁89。

說的立場出發，對封建主義的法國專制政治進行了批判，他把賦予人們平等和自由的理性法律稱為自然法律。從反封建出發，他主張廢除封建特權，主張信仰自由，言論自由等，對於嚮往自由平等社會的巴金，自然有著莫大的魅力。還有伏爾泰對巴金影響最為突出的是，他那嫉惡如仇，為不幸者而戰的人格。伏爾泰不僅是個思想家，更是個戰士，他同情被壓迫者，不妥協地跟反動專制作鬥爭，巴金對伏爾泰這種戰鬥精神十分推崇，曾將伏爾泰與十九世紀的左拉相提並論，作為他自己做人的榜樣。[20]

除以上盧梭與伏爾泰兩位啟蒙大師外，巴金也詳讀法國大革命史，對法國大革命給予高度評價，對一些革命領袖，從丹東、羅伯斯庇爾到馬拉等人物有不同的評價，可見其汲收養料的用心。限於篇幅，本文不多贅述。

傅雷從法國文學吸取養分

傅雷小檔案

傅雷（1908-1966），江蘇南匯縣人。原名傅怒安，筆名疾風、迅雨、移山等，齋名「疾風迅雨樓」。

自小天資聰穎，在母親嚴格管教下，亦能刻苦攻讀，在文史方面打下很好根基。

一九二〇年，考入上海南洋中學附小四年級。

一九二一年，以同等學歷，考入徐匯公學初中部。

一九二四年，考入上海大同大學附中，顯露文學創作才能。

一九二六年，再以同等學歷，考入上海持志大學。

一九二七年，乘法國郵輪到巴黎留學。

一九二八年，在法國西南部的貝底埃（布瓦蒂葉，Poitiers）學法文。

一九二九年，入巴黎大學文學院攻讀。

一九三一年，回國，受聘為上海美專（校長劉海粟）辦公室主任，並講授「西方美術史」。

一九三二年，與朱梅馥在上海結婚。

一九三四年，長子傅聰生，後被稱為「當代最偉大的華人鋼琴家」。

一九三六年，自離開上海美專後，閉門從事翻譯工作，除翻譯莫羅阿、羅素、杜哈曼、巴爾札克等人作品外，並開譯羅曼・羅蘭的《約翰・克里斯朵夫》，一九四一年，全書出版。

一九四一年，重譯羅曼・羅蘭的《貝多芬傳》。

一九四五年，抗戰勝利，投入反饑餓、反內戰、爭民主、爭自由的鬥爭。

一九五七年，在政治整風中被打成了右派。

一九六六年，文革開始，被紅衛兵抄家四天三夜之後，夫婦雙雙自盡，享年五十八歲。

一九七九年，獲得平反。[21]

---

20 陳思和、李輝著，《巴金研究論稿》，頁75。

21 金梅著，《譯壇巨匠：傅雷傳》，臺北：業強出版，1992。

傅雷《法行通信》的意義

一九二七年的歲末，傅雷乘坐法國郵輪昂達雷．力蓬（盎特萊蓬，André-Lebon）號出發，前往法國。從小就喜愛文學的傅雷，這次毅然遠離故國，告別親人，跋涉重洋到巴黎留學，為的是想從法國文學中汲取養分，以豐富祖國人民的精神食糧。進而喚起他們改進舊中國、建設新中國的覺悟。透過孫伏園、孫伏熙的關係，傅雷應命把旅途見聞寫成文章，刊登在他們兩兄弟剛創辦不久的《貢獻》旬刊上，其中十二篇的《法行通信》是在郵輪上隨寫隨寄的，另三篇則是到法後頭幾天寫的。

傅雷在十五篇的《法行通信》中，據《傅雷傳》作者的分析，具有以下幾點特別的意義：

1. 除了向親友、讀者傾訴其懷念思戀之情，報告旅途觀感外，自始至終交織著對自身情緒、心態的坦露與剖析。特別是在離開新加坡後寫作的第六篇通信《離愁別夢》，結合著自己的淒涼身世和學業上屢次受挫（被學校開除）的情景，對長期以來糾纏困擾自己的那種心態情緒，作了一次大發洩，給了一個總解決。

2. 從《法行通信》中，讀者們看到了傅雷青年時期思鄉念國的動人情懷。他在第八篇通信《旅伴(3)》中說：「離開我們的中國卻愈遠了！不知怎樣，在國內時天天詛咒的中國，離開後反而天天在想念她，在懷念她了。我的中國啊！」這些話，道出了當時所有愛國青年遊子的心理。

3. 在《法行通信》中，傅雷將他跨越三大洲時的種種見聞；海水色澤的變幻、風平浪湧的景觀、日出日落的氛圍、不同港口的風情習俗，乃至商業行情、生意形狀，都一一作著精細的描繪。這對豐富當時國人的域外知識，開拓他們的眼界，無疑是很有裨益的。

4. 傅雷是一個對人間的醜惡深痛惡絕，又熱烈地追求著、欣羨著，自身也實踐著真善美的人。《通信》還透露著另一層的特殊意義，即他於人情世態和人際關係的狀況尤為關注，並作出更多的思考。他痛感於等級的森嚴、貧富的懸殊及其造成的危害，每當寫到這類現象，字裡行間充滿著悲憤之情、撻伐之聲。先是在新加坡，後來又在吉普地，他見到了黑人泅水乞錢的情景，乞錢者中有十歲左右的孩子，也有白髮滿頭的老人。他們不停地在水中上下浮沉，期待著郵輪上能有人扔下幾個硬幣；然而，往往「不見有一個法郎落向他們的範圍之內」。面對此番情景，傅雷在向水中投擲了三法郎後，無限感慨地說：「這是運命的欺侮人啊！運命的欺侮人啊！」在西貢一家「燈鋪」（鴉片間）門前，他從半開半閉的門縫中看到：裡面「一燈如豆，一榻橫陳，一個活屍橫躺著，正在做著好夢。」他情不自禁的說出：「於是我恍然大悟！原來是法國當局比我們貴政府的財政部早有先見之明，在實行公賣政策以濟助財源了！」由此理解到，那些先進發達國家之所以發達，而落後不發達國家之為何不發達的一些原因了。[22]

筆者更關懷的是，傅雷「平安抵法」後在船上所寫的通信第十二，以及到巴黎後所寫的最後三篇通信內容。透過電子掃瞄所複印的四篇《貢獻》刊載的原版資料，雖然內容平平，但沙裡淘金，仍有若干他初踏上法國土地的所思和見聞，茲摘錄要點如下：

「說來慚愧，在船上一月完全於昏昏沉沉的麻醉中混過了。法語也沒進步一些，經

22 金梅著，《譯壇巨匠：傅雷傳》，頁51-55。

驗也沒得到多少，只是天天發見自己的弱點：記憶力的衰退，推理力的欠敏，懶惰性的加強，……，我真有些恐懼，這顆（棵）朽木終難於雕斵了嘛？」23

「來法才兩天，沒有什麼見聞可以報告。只是處處有一種安定快樂的空氣，確使在沸騰惶恐的中國逃出來的我。覺得非常的安閒心定。」

「（法國人）物質的享受很充足，奢靡繁華的現象是高唱精神文明而空無一物的中國人所夢想不到的。他們不但吃飯要錢，在公共地方出恭也要錢。而且什麼都有小賬（費），但也有一定的規矩，大家都不會踰越，所以雖在比上海熱鬧喧嘩百倍的巴黎，卻反比上海感到舒適快意，在馬路上，也沒有上海那麼多危險。買東西時也沒上海那麼容易上當。」

「長安居，大不易；何況名聞世界的巴黎，怎是窮學生的樂土呢？」24

以上的摘錄，或可補充作者金梅沒有引述的片斷，當然也就是傅雷初臨法國、過訪巴黎的鮮明印象。

傅雷在巴黎大學「取經」

傅雷留法的目標是進入巴黎大學文科，報考之前需要準備語言能力。傅雷自忖，過去雖在上海學過一段法語，此次在來法郵輪途中，也曾請旅客教師講授過，但以現有的水準恐不能應付報考這一關。因此，他在鄭振鐸那裡住了一個星期，辦完了該辦的手續，做了幾件必要的衣服，看了看醫生，趕緊前往法國西部的布瓦蒂葉補習法語。

傅雷在布城學習法語半年多時間，以他的水準，加上在法國知識分子家庭生活中的會話歷練，聽幾門功課或許可以應付。不久，他就以優異成績考進了巴黎大學。據傅雷的了解，巴黎大學的留學生各式各樣，不但膚色多樣，年齡層次也相差很大，有生氣勃勃的年輕人，也有白髮蒼蒼的老頭兒。有些學生交了學費根本不去上課，只到考試時才過來一趟，混一張文憑，弄一個資格。中國學生的成分也很複雜。那些官僚子弟，倚仗其政治背景，蠻橫跋扈，荒於學業，熱衷於社會活動；窮困的、開明的學生，大多比較刻苦用功。

傅雷進了巴黎大學之後，住在法國青年宿舍，一邊到大學聽講主修課程「文藝理論」，一邊去羅浮美術史學院和索爾邦（Sorbonne）藝術講座旁聽。此外，他還頻繁地接觸文化藝術界人士，並經常到美術館、博物館參觀大師們的不朽作品，以擴大自己的知識面。他還實地考察了許多藝術聖地，具體感受其瀰漫於千年之間和所在多有的藝術氛圍。從閱讀羅曼・羅蘭（Romain Rolland）的作品如《貝多芬傳》，又愛上了音樂。以後，他在美術和音樂上表現出深厚的造詣和鑑賞力，其基礎就是在這段期間打下的。為了不斷提高法語水準，他也試著翻譯一些法國文學名著。

傅雷在留法期間，與劉海粟、汪亞塵、王濟遠、張弦、朱光潛、梁宗岱、劉抗等人時相過往，切磋藝理，相得益彰。有時在咖啡館裡一坐就是幾個鐘頭，海闊天空無所不談，但歸根結底仍回到文學藝術問題上來。其中最值得一提的是，傅雷與劉抗（後移居新加坡）、劉海粟的交

23 傅雷，《法行通信》第十二，原載《貢獻旬刊》，頁52。

24 傅雷，《法行通信》第十五，原載《貢獻旬刊》，頁38。

往。

入巴黎大學不久，傅雷與劉抗同住到巴黎郊外的 Nogent-sur-Marne 一個家庭旅館（pension）。傅雷並不直接從事藝術創作，但他對音樂和文學有良好的素養；劉抗學的是繪畫，常有創作活動，兩人朝夕相處，當能取長補短，共同提升。劉抗因為傅雷，對音樂和文學知識獲益良多；傅雷也由於劉抗的影響，引發了更大的藝術興趣。他們經常結伴悠遊於各類藝術館和畫廊之間，觀賞諸名家的傑作。偶而也常去歌劇院、音樂廳，欣賞美妙的演出，一飽眼福和耳福。

劉海粟夫婦是一九二九年三月中旬到達巴黎的，比傅雷晚了一年多。到後不久，就請傅雷每天上午去教他們學法語，法語並不容易學，起初，他們有點想知難而退。傅雷只是盡義務，並不取報酬，教多教少，教快教慢，本可以由著劉海粟夫婦倆的興緻，但他卻非常認真，執意要他們非學好不可。傅雷誠懇認真的態度，很使劉海粟夫婦肅然起敬。因此，傅雷與他們很快成了要好朋友。25

旅歐結晶的回饋

傅雷是當代中國翻譯界的巨匠，全部譯作百餘種，已編為《傅雷譯文集》出版，另有《傅雷家書》、《法行通信》、《世界美術名作二十講》、《與傅聰談音樂》等著作整理出版。作為一個以追求真善美為崇高目的，甘於寂寞、不慕虛榮、不為物役、不為人使、謙虛謹慎、堅忍不拔、童心不泯的藝術家，一位德藝俱備的藝術評論家；他的努力和成就，他所遺留下來的經典著作和高超人格典範，已對得起自己，對得起親友還有苦難的國家。此生不虛，法行不虛！

首先談傅雷的譯作，他的譯品是第一流的，這是因為他在法語及其文學以及整體學識上的深廣造詣，也與他嚴肅認真的治學態度和從不滿足的進取精神有關。傅雷為了譯好自己喜愛的一部作品，通常在開譯之前，他不只將故事、情節記得爛熟，分析澈底，人物形象在腦子裡活了起來，對隱藏在字裡行間的微言大義有所參透，尤其能從總體上準確地把握到原作者的風格。

其次，我們舉出一位評論家對傅雷譯作的言論。對傅雷譯作有過長期深入研究，並竭力推崇其「神似說」的羅新璋，曾主張：「翻譯實際上是種再創作。傅雷的翻譯觀，本身就包含有再創作的思想。翻譯不光是個運用語言的問題，也得遵循文學創作上的一些普遍的規律。」因此，在比較別人的譯法之後，羅新璋的結論說：「傅雷的翻譯，可以說無愧於原作，無負於讀者，基本上做到名著名譯。……作為一個粗通法語的中國讀者，因為法文的語感遠不及對中文那麼親切，有時甚至產生傅譯要勝於原文的感覺。」

在傅雷看來，不精讀原作，囫圇吞棗，穿鑿附會，望文生義，固然難以掌握到原作的含義與神韻；但刻舟求劍，一字一句地讀解對譯，死的字面或許抓到了，合作的神采卻又遺漏了。無論前者還是後者，都不能說是忠於原作的表現，更不用說是去傳達其神韻了。[26]作為一位翻譯家，傅雷之能在中國文壇上贏得崇高的聲譽，自非偶然！

傅雷之所以有今日的成就，除了他個人的稟賦和努力之外，巴黎整個藝術環境的薰陶和法國幾世紀以來文學作品的粲然大備，當然功不可沒。但我們不要忘記，傅雷曾出遊比利時和義

25 金梅著，《譯壇巨匠：傅雷傳》，頁 59-63。
26 金梅著，《譯壇巨匠：傅雷傳》，頁 258-271。

大利兩次，這兩次的藝術知性之旅，透過對法國近鄰兩個國家的實地考察和反覆觀摩，拓展了他的歐洲觀，並增益他的宏博藝術知識，同樣是對他的文學譯作，特別是世界美術家名作有正面的作用。

比利時曾經是十六、十七世紀在歐洲畫壇上獨樹一幟的法蘭德斯畫派的發源地。一九三〇年春天，傅雷與劉海粟、劉抗結伴到比利時遊覽。此行的目的，不單是參觀該國獨立一百週年紀念博覽會，也趁機飽賞比國的藝術。出奇制勝的博覽會，讓傅雷領略到比利時國小志大的氣派。所以，一步出博覽會，傅雷便對同伴感慨地說出：「比利時這樣小的國家，卻辦了這樣大的博覽會，為小國揚眉吐氣。可是，我們中國呢？」。

在布魯塞爾美術館，傅雷反覆觀賞了盧本斯（Peter Paul Rubens, 1577-1640）的作品，並把握了盧本斯運用色彩的兩個特點：

1. 作者所用的顏色是不多的，他的全部藝術只在運用色彩的方法上。主要性格可以有變化，但工具是不變的，音色也是不變的。
2. 因其氣質使然，作者在一切題材中都在發揮著狂熱，與此相呼應，熱色幾乎成了他所有作品中的主要基調。[27]

義大利及其首都羅馬，是藝術愛好者無不神往的地方，它不特與希臘一樣，是人類文明的發源地之一，即改變歐洲歷史進程的文藝復興運動，也從這裡起始。它所培育的三大傑出人物——達文西、米開朗基羅、拉斐爾和他們的藝術，至今有其不可企及之處。

一九三一年五月，傅雷應劉海粟之邀，一起去了義大利，梵蒂岡宮有看不盡的藝術珍品，傅雷在西斯廷教堂看過米開朗基羅的天頂畫，在教皇「簽字廳」看過拉斐爾的作品，又到聖彼德大教堂觀賞了斐爾尼尼的巴洛克風的藝術作品。通過對巴洛克風的觀賞，傅雷的藝術視野大開，他看到了一種與文藝復興時代風格迴異的藝術：那是一種更加自由、更加放縱、更加荒誕、更加富麗，然而也更加纖巧的藝術。後來這種巴洛克藝術風靡全歐，在法國的家具、雕塑、鑄銅、宮邸裝飾和庭院設計等方面甚為流行。

對傅雷來說，義大利之行收穫滿滿，印象深刻而難忘，尤其米開朗基羅的創作精神更令人刻骨銘心。因此在回國之後，他便開始從事米氏藝術生涯和傳記的介紹與翻譯工作，藉以弘揚這位傑出藝術家的偉大精神！[28]

---

27 金梅著，《譯壇巨匠：傅雷傳》，頁116-122。

28 金梅著，《譯壇巨匠：傅雷傳》，頁123-136。

洗禮。[4]

徐志摩到法國是短期過客，與陳寅恪、傅斯年、錢鍾書等人一樣，身分都是重量級的過客，早有文名或令譽，他們的一言一行或交遊都是後人研究考證的熱門話題。不同的是，徐志摩留下〈巴黎的鱗爪〉一文，成為後代士子爭相傳誦的作品，與〈我所知道的康橋〉、〈再別康橋〉、〈康橋，再會吧〉等得意之作，相互輝映。

巴黎曾是多少騷人墨客吟詠，多少文豪大師謳歌頌讚的天堂樂園，又是多少黑鄉遊子夢寐以求的人間仙境。但徐志摩筆下的巴黎，超塵脫俗，別有新意，與眾不同。《巴黎的鱗爪》一開頭便深深地吸引著你：

「咳！巴黎。到過巴黎的一定不會再希罕天堂；嘗過巴黎的，老實說，連地獄都不想去了。整個的巴黎就像是一床野鴨絨的墊褥，襯得你通體舒泰，硬骨頭都給蘇酥了的。……讚美是多餘的，正如讚美天堂是多餘的；咒詛也是多餘的。」

「香草在你的腳下，春風在你的臉上，微笑在你的周遭。不拘束你，不責備你，不督飭你，不窘你，不惱你，不揉你。它摟著你，可不縛住你；是一條溫存的臂膀，不是根繩子。它不讓你跑，但它那招逗的指尖卻永遠在你的記憶裡晃著。多輕盈的步履，羅袜的絲光隨時可以沾上你記憶的顏色！」

「但巴黎卻不是單調的喜劇，塞因（納）河的柔波裡掩映著羅浮宮的倩影，它也收藏著不少失意人最後的呼吸。咖啡館，和著交頸的軟語，關懷的笑響，有踞坐在屋隅裡蓬頭少年計較自毀的哀思。」[5]

文章甚長，單是摘錄的這數段便夠你嚮往神馳或回味無窮！我不敢說，只有徐志摩才寫得出這樣瀟灑而又感情豐富的文章；至少，有了這位浪蕩型的巴黎過客，為巴黎留下色調繽紛的彩筆，更增旅人們對花都的萬種遐思！

虛耗光陰、埋沒自己的常玉

常玉小檔案

常玉（San-Yu, 1901-1966），字幼書，生於四川順慶縣（今南慶）一個富裕而兄弟姊妹眾多的家庭。幼時即跟隨書法名家趙熙學習書法，也學習中國山水畫。

一九一八年，曾赴日本投靠其二哥常必誠並短期習畫。同年，回到上海。

一九二一年，響應勤工儉學的號召，跟隨大批的四川學子到了巴黎。選擇入「大茅屋書院」習畫，不受學院派拘束。並與徐悲鴻、蔣碧薇、張道藩、謝壽康等人組織「天狗會」。

一九二五年，作品展出於秋季沙龍。

一九二八年，與在工作室認識的女同學瑪素（M.C.Guyat de la Hardrouère）結婚。

一九二九年，結識巴黎藝術圈十分活躍的藝術收藏家兼經紀人侯謝（Henri-Pierre Roché,

---

4 趙遐秋，《徐志摩傳》（北京：中國人民大學，1989），頁19。

5 《新詩舊集影印叢編‧徐志摩選集》，收入《民國文學珍稀文獻集成》（臺北：花木蘭文化，2017），第二輯，頁156-157。

特兒的圖片，妥善整理後置於書桌的抽屜裡，作為作畫時的模特兒的代用品。

旅法作家胡品清對常玉有近距離的觀察，她這樣說：「初居巴黎，常玉深深被法國浪漫的異國情調所迷惑，他愛上了巴黎古老的街道、閒逸的露天咖啡館，結交志趣相投的朋友。最令他心折的是巴黎的女人；她們時髦的打扮，窈窕的體態，優美的曲線，走在路上飄揚如波般的裙擺，或站或立都有一種令人銷魂的風采。」又說：「年輕的常玉，深具波希米亞人浪子般落拓的氣質，有高度的審美觀，在那個思想浪漫自由的國度，他放懷地展開天才的翅翼去追求理想中的真與美。」[9]

旅法的雕刻家熊秉明認為，常玉生性「樂天消遙」，這樣的人容易自足，但卻難以應付藝壇上那些畫商的需索無度，所以他在名與利上都無所獲。這是一針見血的看法。

常玉藝術生涯的致命傷

「你不曾見過他，但這並不影響您對他才賦的確認，他無比的才賦：簡單、寧謐、有氣魄，我曾經冠稱他為『中國的馬蒂斯』。」[10]這是一位法國友人對他的評價。

論常玉的藝術創作，大致包括素描、水彩、油彩及雕塑等。有人偏愛他的裸女系列作品，或坐或站立或躺臥，有單裸女、雙裸女以至四裸女，其中「四女裸像」已公告成為「重要古物」，似乎與常玉的名字密不可分。

在常玉的繪畫生涯中，也有過令人振奮的時刻。奇怪的是，做為常玉的好友兼經紀人的侯謝卻指出，「歐洲人卻從未接納過常玉的藝術作品。」大體而言，歐洲人視常玉的畫作如裝飾品而不屑一顧，認為頂多富異國風味罷了。那時歐洲有一些亞洲藝術家和常玉一樣不得志，他們的作品被視為缺乏原創性、虛偽而且次等。[11]

事實上，常玉是個旅居巴黎的現代文人，他不屑於藝術的商業性，他的畫乃是一種「文人西畫」，或可稱之為「文學性的西式繪畫」。一方面發現具有傳統精神的藝術形態，同時也採用現代形式，這對二十世紀末的中國觀眾而言，是非常令人滿意的經驗。

做為一個藝術家或作家，能夠及身而貴得享盛名者固然不少；但懷才不遇、窮苦潦倒一生的也大有人在，常玉當屬於後者。常玉的一生，爭議性較大，譽之者有之，我們再舉一例。他的好友羅勃．法蘭克留下這樣動人的回憶：

「常玉的畫作抒發著愛、孤寂，以及遙遠祖國的思憶。現實生活中的常玉是一個有自尊、聰明、誠實但窮困的藝術家。他把安祥遨遊於生命間的靈魂，給予他畫中的花卉、女人、魚和豹。我這個朋友難得開口感謝別人，但今天他會微笑著說聲謝謝你。」[12]

當然，也有朋友為常玉感到惋惜。

認識常玉的臺灣畫家席德進，指出常玉一生未能成名而至落魄的原因，除與性格鬆散有關

9 胡品清，〈巴黎夢——落魄終生的畫家：常玉〉，《中國時報》副刊（1988.3.25）。
10 陳炎鋒編，《巴黎的一曲相思：常玉》，頁8。
11 衣淑凡編，《常玉油畫全集》，第1冊，頁14。
12 衣淑凡編，《常玉油畫全集》，第1冊，法蘭克序。

外，並歸咎於性和女人。

胡品清對常玉的評價或許比較客觀而持平，她這樣認為：「由種種跡象看來，戕害常玉藝術生命最大的致命傷，是在於他的缺少責任感，不能節制及今朝有酒便醉的苟且心理。常玉的藝術生命是被他自己埋沒了；他不知安排生活，不為明天打算，機會來的時候未能把握，任其溜走，以致與成功失之交臂。一個天才需要機運及環境的培養，回頭時，發覺自己的生命已似塞納河上夕陽的餘暉，……反顧一生，愛情虛空，事業又無成，常玉深深被鄉愁、冷漠侵蝕，受窮困病痛相逼。」[13]這是多麼深入而又令人折服的見解，不但參透了常玉的一生，又可引為年輕後進為事業努力奮鬥的寶鑑！

「性學博士」張競生的豐富羅曼史

張競生小檔案

張競生（1888-1970），原名張江流、張公室，廣東饒平人。二十世紀二、三〇年代中國思想文化界的風雲人物，是哲學家、美學家、性學家、文學家和教育家。

早年加入同盟會，被孫中山委任為南方議和團首席祕書，參與南北議和談判。

一九一二年，民國成立，南北統一，張競生與楊杏佛、蕭友梅、任鴻雋、譚熙鴻等二十五人，以「有功民國」經考選公費出國念書，張競生赴法國國立里昂大學學習哲學。

一九一九年，在里昂大學取得哲學博士學位。博士論文題目為《關於盧梭古代教育起源理論之探討》。

一九二一年至一九二五年，任北京大學哲學系教授。推出《美的人生觀》與《美的社會組織法》，出版後一時洛陽紙貴。他在北大並成立「審美學社」、「壯游旅行社」與「性育社」，實踐他的思想教育。

一九二六年，徵集出版《性史》一書，為其人生的重要轉捩點，有人譏諷他為「性博士」，有人稱他為「民國三大文妖」之一。

一九二七年，離京赴滬，任上海中華藝術大學教務長，並與人合資開辦「美的書店」，出版「美的叢書」。

一九二九年，在走投無路下，回到法國從事譯述工作。

一九三二年，重回中國，在饒平和廣東，為鄉梓服務。

一九七〇年，患腦溢血病逝，享年八十二歲。[14]

「哲學家是玩世的」：從巴黎到里昂的留學過程

張競生出生在一個比較富有的家庭，跨越從晚清到民國的巨變時代，他的志向也是隨著時代而變化的。最初，他想學陸軍，後來又跟著潮流搞革命。他之所以有志到法國留學，跟他早年受到的三段教育背景息息相關。

13 胡品清，〈巴黎夢——落魄終生的畫家：常玉〉，《中國時報》副刊（1988.3.27）。

14 關於張競生大事年表，參閱：張培忠著，《文妖與先知》（北京：三聯書店，2008），頁631-634。另有江中孝主編，《張競生文集》，廣州：廣州出版社，無出版時間，上下兩卷。

在法國拈花惹草的羅曼史

張競生一生的著作甚豐，在哲學、文學、社會學、民俗學、邏輯學、人口學和性科學諸多領域均有涉獵，約有三百多萬字的著譯作品。其有關在巴黎和里昂的留學經過和生活實錄，主要有他半自傳式的回憶——《浮生漫談》與《十年情場》兩書可以參考。從書中，我們可以掌握這位巴黎浪蕩子兼法國情場高手的實際狀況，是倜儻風流抑是逢場作戰，到處尋花問柳？我們且從他的自傳中得到佐證。

張競生雖然專攻哲學，但本質上帶有詩人的浪漫性格，對月訴情，風流倜儻，更充滿一種浪漫與憐香惜玉的情懷。論外表，張競生並不是一個風度翩翩的大帥哥，而只是一個其貌不揚的東方小子，從古老神州來到世界首屈一指的浪漫花都，讀書固是正業，但正業之外，入鄉隨俗，拈花惹草，快意平生，可謂如魚得水。他有著東方人的矜持，在沉默和淡漠的表情下，卻覆蓋著火山即將爆發一樣的激情。由於因緣際會，因為擅長把握，他頻頻引爆這種激情，讓它恣意地燃燒再燃燒，從而升騰起一幅幅旖旎的人生豔遇。

附帶要說明的是，張競生本就是一個不滿中國舊式婚姻制度的人。他到法國後，即醉心於西洋人的情人制。他贊成以情人制代替婚姻制，他認為西方女人和東方女人的心態絕然不同。西方女人是為愛情而愛情，東方女人則視愛情為附帶條件，她們最重視的卻是一個永久而可靠的婚姻。

張競生在法國留學期間，曾飽嚐過情人制的滋味，也享受過情人制的豔福。據他自己坦述，曾經和他同居過的法國情婦，便有三、四個之多，至於臨時的伴侶也不在少數。這些既漂亮又多情的法國情婦或臨時伴侶，據說，都曾使他如醉如癡，欲仙欲死，無論久暫，至今懷念不已！[17]

筆者無意介入討論張編的《性史》是否為一部「淫書」的問題；也不想細述其本人在法國的羅曼史、獵豔史或風流史。更不必在乎張競生究竟是美育的「先知」或主張性愛的「文妖」，或許該學學彭小妍，從正面、從美學的觀點，談談這位「浪蕩子」的性美學烏托邦理念。

張競生的性美學烏托邦理念

彭小妍是美國哈佛大學比較文學博士，現任中央研究院文哲研究所研究員。她對張競生的研究，至少有三篇專文和一本專書，分別是〈性啟蒙與自我的解放：「性博士」張競生與五四的色慾小說〉[18]、〈張競生的性美學烏托邦：情感教育與女性治國〉[19]、〈以美為尊：張競生「新女性中心論」與達爾文「性擇」說〉[20]和《浪蕩子美學與跨文化現代性》[21]專著，彭小妍從跨

16 張培忠著，《文妖與先知》，頁137。
17 張競生，《性史》，頁9。
18 彭小妍，〈性啟蒙與自我的解放：「性博士」張競生與五四的色慾小說〉，收入《超越現實》（臺北：聯經，1994），頁117-137。
19 彭小妍，〈張競生的性美學烏托邦：情感教育與女性治國〉，收入李豐楙主編《第三屆國際漢學會議論文集——文學、文化與事變》（臺北：中央研究院文哲研究所，2000），頁561-588。
20 彭小妍，〈以美為尊：張競生「新女性中心論」與達爾文「性擇說」〉，《中國文哲研究集刊》44（2014.3），頁57-77。
21 彭小妍，《浪蕩子美學與跨文化現代性》，臺北：聯經，2012。

文化、跨國度、跨時代的角度，將張競生的許多有關「美的人生觀」、「美的社會組織法」等理念的研究，提昇到學術層面和學院派的高度去探討分析，一方面不因人廢言，代表著對張競生的正面肯定，並還其「文妖」和「淫書」的世俗指控；另一方面證明了時代的進步和社會的日益開放，今天的臺灣已不再是中國一九三〇年代的社會，我們何其有幸擁有言論和出版，寫作與研究的空間和自由。

根據彭小妍的研究，張競生的性美學烏托邦理念，和五四時期在中國發生的許多學術思想現象類似，即融合了各方面的影響而形成。然而在各種理論思潮進入中國之後，難免產生「中國化」的效應；最通常的轉化模式是，外來理論往往順應中國國情的需求，經過改裝重組後，成為知識分子心目中改革社會的可能利器。張競生苦心經營的性美學烏托邦理論亦復如此。

張競生的《美的人生觀》融合了十九世紀二、三〇年代普受關注的美育概念（包括食衣住、體育、職業、藝術、娛樂等），以及他所謂的「美的性育」，不但主張安全的性交和節育、更強調「交媾上極端的樂趣」。他提倡「神交」的方法，一方面得到性育的真義，不在其洩精而在其發洩人身內無窮無盡的情愫；一方面又能完成男女交媾的使命，不在生小孩，而在其產出了無窮盡的精神快樂。換句話說，他主張性行為的目的不是生育，而是由性的相互吸引和接觸，進一步達到精神的愉悅。

張競生對性愛的愉悅多所著墨，他是在性愉悅方面系統性發展出一套理論的先驅者。他所主張的「神交」法，分為「意通」和「情玩」兩種境界。「意通」並非如《紅樓夢》裡所說的「意淫」，而是「於親愛的人相與間，原不用著肉體的親藉，即能滿足性慾的快樂：言語、動作以及一切表情之間，都能使愛情的兩造之間消魂失魂。」而所謂「情玩」，就是「即使男女只要遊戲、玩耍，甚至於親吻、抱腰、捏乳，都可免於交媾而能得到性慾的滿足。」[23]

陳寅恪游學歐洲不攻學位

陳寅恪小檔案

陳寅恪（1890-1969），江西義寧（今修本縣）人。父三立，民初大詩家，號散原老人。

幼承家學，先就讀於上海復旦公學，後由公費資送赴日，又遊學歐美，先後就讀於美國哈佛大學、德國柏林大學、法國巴黎政治學院。凡所修習，均以興趣為依歸，不以學位為目的。通中外文字凡十三種之多，雖不足以言精通，然於日後治史大有裨益。

一九一五年，一度返國任雲南蔡鍔之祕書，參加討袁之役。蔡死後，復出國遊學。

一九二六年，學成回國，應清華大學國學研究院聘為導師，與梁啟超、王國維、趙元任齊名，及清華改制，中文、歷史兩系合聘為教授。

一九二八年，北伐成功後，中央研究院草創，任歷史語言研究所研究員兼第一組主任。

一九三六年，英國劍橋大學聘為漢文教授，以病目未應聘。

一九三七年，七七事變起，南下長沙，旋講學於香港大學，並繼許地山為中文系主任。

一九四一年，執教西南聯大，發表《唐代政治史述論稿》、《隋唐制度淵源略論稿》，士林

22 彭小妍，〈張競生的性美學烏托邦：情感教育與女性治國〉，頁563。

23 同上著，頁568-569。

推重。

一九四五年，抗戰勝利，赴英醫治目疾。

一九四六年，從牛津經紐約回國，仍返清華任教。

一九四八年，當選為中央研究院士。

一九四九年，離開北平，經南京南下廣州，講學於中山大學。

一九六九年，病逝於中山大學，享年八十歲。[24]

多次遊學歐美的經歷

誠如杜維運教授所言，陳寅恪出身名門，家學淵源，國學基礎深厚。自一九〇九年至一九二五年十餘年間，遊學歐美，側身美國哈佛大學、德國柏林大學、法國政治學院，研究不輟，其研究以語言文字為重點，藉以研究「不古不今之學」。據云，彼能運用十餘種以上之外國語言文字，此為前無古人者。[25]後之來者，恐亦不易企及。

論著陳寅恪之生平經歷和學術成就之書刊已不在少，筆者無意錦上添花。本文的旨趣，僅在整理其遊學歐美的經歷及交往。略述其「只求學問，不受學位」的利弊得失，藉供莘莘學子取鏡之參考。

關於陳寅恪早年遊學歐美經過，汪榮祖與王震邦兩氏大致已有完整之交待。陳寅恪早歲（十三歲）即曾兩度留日，見過世面，不願再看日本小鬼的臉色，也不滿於日本東洋史學的他，乃立下赴歐美遊學，直接從現代學術源頭尋找啟迪的雄心大願。為實現此一理想，在出國前他插班進入上海復旦公學就讀，主攻英語，兼及德法等語言。經過兩年半的苦熬，於一九〇九年夏畢業。是年秋，在親友資助下自費赴德國柏林大學就讀。[26] 茲分別略述如下：

1. 德國柏林大學

陳寅恪兩度就學柏林大學，一為一九〇九年，只待兩年，而於一九一一年秋入瑞士蘇黎世大學，翌年春即返國。

一九二一年重赴德國，進柏林大學研究院，研究梵文及東方文字學等。此次出國，由江西省教育司公費資助，故有傅斯年告訴毛子水的話：「在柏林有二位中國留學生是我國最有希望的讀書種子：一是陳寅恪，二是俞大維。」[27]

陳寅恪在德國時，除了向呂德斯（Heinrich Lüders）學梵文外，其他的老師還有海尼士（Erich Haenisch）、米勒（F.W.K. Müller）、豪爾（Erich Hauer）、福蘭閣（Otto Franke）等人，這些都是當時柏林大學印度系、漢學系和柏林民俗博物館的教授或東方學家。[28]

---

24 參閱：汪雲雛，〈陳寅恪〉，收入劉紹唐主編，《民國人物小傳》，第 1 冊，頁 188-190；《中國現代史辭典・人物部分》，頁 385-386。

25 杜維運序，見王震邦著，《獨立與自由：陳寅恪論學》（臺北：聯經，2011），iii。

26 岳南著，《陳寅恪與傅斯年》（西安：陝西師大出版社，2008），頁 29。

27 轉引自汪榮祖著，《史家陳寅恪傳》（臺北：聯經，1984），頁 34。

28 王震邦著，《獨立與自由：陳寅恪論學》，頁 68。

2. 巴黎政治學院

一九一三年，陳寅恪入巴黎政治學院（Ecole des Sciences Politiques）社會經濟部就讀，期間除了赴倫敦一遊之外，甚少留下學習記載，可得之交往記錄，大致有二件事：

其一，徐悲鴻、蔣碧薇、謝壽康、張道藩、常玉、孫佩蒼等幾位留歐學生，仿上海「天馬會」，在巴黎組織「天狗會」，陳寅恪、陳登恪兄弟常參加談詩論畫，極為歡樂。[29]

其二，陳寅恪因慕法國漢學家伯希和（P. Pelliot）之名，經王國維介紹，聽過伯希和的課、看過他在《通報》上發表的文章，但與另一位漢學家戴密微（Paul Demievillc, 1894-1979）並未見面，亦無交集。據羅香林回憶，他在一九六三年為紀念港大五十週年而寫的《香港與中西文化交流》一書寄給戴密微，戴氏看到書裡有一幅陳寅恪夫婦在一九四九年於九家村的攝影，特別回信說：「看到陳寅恪的照片，特別激動。我雖未曾見過他，但我相信他是仍生在世最偉大的中國學者。」[30]

陳寅恪亦曾遊學哈佛大學和蘇黎世大學，前者時間較長，後者為期甚短，因與本書旨趣無關，在此不贅。

留學只為學問不求學位問題

汪榮祖在《史家陳寅恪》一書中，對陳有客觀而公正的論評。首先，他綜觀陳寅恪一生，有令人羨慕之才華與家學，亦有令人扼腕之失明與臏足。唯其學問與人格始終為人欣賞，亦必將為後世之典型。[31]

陳寅恪雖曾留學日本，並數度遊學歐美名校，但主要用力於語文的學習與群書的瀏覽。有謂，陳寅恪通藏文、蒙文、突厥回鶻文、西夏文、滿文、朝鮮文、梵文、巴利文、俄文、波斯文，希伯來文等約十八種之多，但汪榮祖實事求是指出，此雖為治史有利之工具，但人生寶貴時間有限，不免多歧亡羊，且陳氏亦自承，除本國文字外，餘皆不能動筆作文，至於其他外語雖多，能理解至何程度，恐亦有限。這是過來人持平之論。

至於學問與學位孰重孰輕？值得討論。同一時代的幾位留學生，從陳寅恪、傅斯年、錢鍾書、沈剛伯、到徐志摩、李宗侗、姚從吾、毛子水，甚至傅雷等一群名學者和知識人，一到外洋面對西方新知如飢如渴，大有兼容並納之慨，成為一時之風尚。回國之後，因留洋者少，無不立即榮登上庠成貴客，引領學術風騷數十年。

蕭公權曾說，陳寅恪在歐美大學研讀多年，只求學問不受（攻）學位。汪榮祖認為，有學位的人非盡有學問，此話誠然。另外一種說法，有學問（視定義如何？）者攻讀學位應不困難。但汪氏亦指出，學院中一完善之學位制度實為一嚴格的學術必經之訓練，寅恪此舉失去接受較為嚴格之現代西洋史學訓練之機會，不無可惜！[32]

學術之專攻，講究嚴格之訓練，有導師予以輔導糾正，但不必人人師出名門，非從科班出身不可；凡天資秉賦過人，家學淵源者，亦能自學成才。但如今畢竟時代不同，從專業化、制

---

29 徐伯陽、金山合編，《徐悲鴻年譜》（臺北：藝術家出版社，1991），頁27。

30 羅香林，〈回憶陳寅恪師〉，《傳記文學》17:4（1970.10），頁20。

31 汪榮祖，《史家陳寅恪傳》，頁257。

32 汪榮祖，《史家陳寅恪傳》，頁256。

度化入門，乃時勢所趨，學位與學問並重，獲得學位者終生不捨不棄學問之追求，此為學術昌盛之正道，亦教育發達之不二法門。

錢鍾書為何不在巴黎念學位

錢鍾書小檔案

錢鍾書（1910-1998），江蘇無錫人，父親錢基傳。

一九一九年，考取東林小學，開始接觸西洋小說。

一九二三年，考上蘇州美國聖公會所辦的桃塢中學。

一九二七年，回無錫，進也是聖公會辦的輔仁中學。

一九二九年，考進清華大學外文系，文名冠全校，有「清華才子」之稱。

一九三二年，為《新月》撰稿，發表系列書評。

一九三三年，清華畢業，應聘為上海光華大學英文講師。

一九三五年，考取第三屆中英庚款公費留學，並與楊絳結婚偕新娘子啟程赴英，進牛津大學艾克斯特學院（Exeter College）。

一九三七年，獲牛津大學 B. Litt 學位。（有人譯作碩士或副博士）轉往巴黎居住一年，並在巴黎大學註冊選讀。

一九三八年，從馬賽搭船返國，自香港轉昆明西南聯大任教一年。

一九三九年，赴湖南，出任藍田師範學院英文系主任。

一九四一年，回上海法租界，在震旦女子文理學院任教。
一九四七年，出版長篇小說《圍城》（晨光版）。
一九四八年，出版文學批評《談藝錄》（開明版）。
一九七九年，出版《管錐編》（中華書局）。隨中國社會科學院代表團訪問美國。
一九八五年，訪問日本。
一九九八年，病逝，享年八十八歲。[33]

錢鍾書、楊絳夫婦在牛津

錢鍾書有許多不虞之譽，清華師友都說他是「天才」；有謂他是「民國第一才子」、「文化崑崙」、「學貫中西」；余英時稱他是「中國古典文化在二十世紀最高的結晶之一」；為他寫傳的湯晏因他天賦異秉卻長期未受重視，無法發揮，而稱他為「被壓抑的天才」。在湯晏筆下，把錢鍾書在牛津苦讀兩年，和在巴黎輕鬆讀書一年作了生動敘述和比較，值得向讀者介紹。本段先說在牛津的學思經過。

牛津大學是一個由獨立學院（當時為二十四個，後來增至三十五個）組成的大學，與巴黎大學或中國大學之分設文、理、法、醫等學院大不相同。牛津的特色是導師制度（tutorial system），每一新生在入學之後，由校方指定導師一人，諸如課程安排，資料搜集、讀書報告、論文撰寫甚至作息時間，都要與導師商量，導師與學生關係至為密切，必須經常接觸，至少每

33 參閱：湯晏著，《被壓抑的天才：錢鍾書與現代中國》（臺北：春山出版，2020），「錢鍾書年表」。

週見一次面。

錢鍾書的導師是布瑞特・史密斯（H.E.B. Brett-Smith），在牛津的職位是 Reader，每週必須到導師處兩次談話或上課，馬虎不得。此外，他還到大學部上課，第一年的課程是預備性質，有的課不必考試，有些課必須經過嚴格考試，及格後才能提論文題目。第二年就是專寫論文，論文提出後，經口試通過，即授予學位。

錢鍾書的論文，本來想以《中國對英國文學的影響》為題材，但未獲導師許可。在那個年代，導師仍背負著文化優越感的大包袱，怎能指導一個「支那蠻」（Chinaman）做這種「尾巴搖狗」的論文呢？不得已，只好改做《十七世紀及十八世紀英國文學裡的中國》。

按規定，庚款公費留學生並不准攜眷出國，所以楊絳是自費留學，憑留學證書辦簽證。到英國後，楊絳並沒有在牛津註冊為正式生，一來牛津學費奇昂，加上導師費實不勝負擔；二來如轉念別的大學，學費雖較廉，但兩人分開生活費用也高。所以考慮結果，楊絳乃申請在牛津及艾克斯特學院旁聽，如此又可同在圖書館看書，讓錢鍾書享受古人所說的「紅袖添香伴讀」的福份。[34]

牛津是個安靜的小鎮，人情味亦濃。楊絳在《我們仨》一書中有不少的生活細節回憶。但對於錢鍾書苦讀通過論文考試所付出的代價，也有慘痛的悔恨。書裡說：

「鍾書通過了牛津的論文考試，如獲重赦。他覺得為一個學位賠掉許多時間，很不值得。他白費功夫讀些不必要的功課，想讀的許多書只好放棄。因此他常引用一位曾獲牛津文學學士的英國學者對文學學士的評價：『文學學士，就是對文學無識無知。』

鍾書從此不想再讀什麼學位。」[35]

話雖然有些偏激，但正可與前節陳寅恪「只重學問，不受學位」的討論相呼應，亦可解釋為何有些名人不願忍受撰寫論文在時間和精神雙重折磨下的付出，而寧願選擇自由自在的博覽群書，為自己興趣而讀書。

錢鍾書為何不在巴黎念學位？

一九三七年夏秋之交，錢鍾書夫婦帶著初生的女兒告別英國到巴黎，前後一年，這是很早計畫好的。楊絳個人興趣是法文及法國文學，故在錢鍾書於牛津獲得 B. Litt 學位後即赴法國，入巴黎大學進修。

錢鍾書本來打算在巴黎大學讀學位的，後來卻放棄了這個念頭。據湯晏分析，原因有三：一是念學位有些課程枯燥乏味，礙於規定不得不修，且讀學位壓力大，有過在牛津的經驗，也許他念怕了，很想放鬆一下，讀一些自己喜歡讀的書，選一些自己喜歡聽的課。二是戰爭的關係，在亞洲，中日戰爭已經打起來了；在歐洲，此時德國稱霸與英法對峙，雙方劍拔弩張，戰爭隨時會爆發。三是經濟考慮，錢鍾書雖還有兩年公費可拿，但一旦戰爭發生，經濟來源斷絕，一家三口流落異邦可就不堪設想了。因有這層考慮，所以他在巴黎大學只是註冊聽課，沒

34 湯晏著，《被壓抑的天才：錢鍾書與現代中國》，頁 154-158。

35 楊絳著，《我們仨》（臺北：時報文化，2003），頁 95。

王惕吾所說：「是為歐洲的華僑華人讀者提供了迅速、豐富而親切的資訊服務，為中華文化在歐洲的傳播紮下了深厚的根基，為中法兩國的經貿與文化交流建立了順暢的管道，也使流亡在歐洲的中國民運人士感受到無比的溫暖和友誼。更進一步說，該報以專業而誠摯的服務，權威而精彩的內容，客觀而中肯的立場，為自己贏得歐洲諸國朝野一致的敬重，樹立了中文報業在歐洲的好形象，好口碑。」[2]

周錦成暢論法國學風

周錦成的留法傳奇故事

周錦成是何許人？恐怕識者不多，你不知，我不曉。他是一位來自越南的華裔數學家，早在一九五五年，老巴黎大學尚未分割成十三個大學之前（那是一九六八年法國學生運動以後之事），那年他十九歲，在父親「望子成龍」，希望他成為「天降大任」的「斯人」之時送他到巴黎留學，而他自己只覺得花都巴黎好玩才動了心。

到巴黎之後，究竟要學什麼？心中沒數。有兩個關鍵性的人物影響了他，一個是比他高兩級的學長正在念拓樸的施惟樞（後來在數學上很有成就），勸他學數學。另一個是中國大數學家熊慶來（1893-1969，曾任國立雲南大學校長），當時正在法國科研中心（C.N.R.S）擔任客座研究員，很窮，住的房子很破。他勸周錦成學數學分析的泛涵分析、偏微分方程。周錦成看他，當了大數學家後還寒酸成這樣，實在不想學。但後來熊慶來寫論文，他幫忙謄正，有某種東西引發他強烈的興趣，彼此投緣，到頭來還是學了既窮酸卻趣味無窮的數學。

法國的大學易進難出，人人要穿越漫長的「考試地獄」。畢業者意味著是地獄的生還者。一九六〇年，周錦成畢業，接著撰寫國家博士論文，真正是「十年寒窗苦讀」，八年做出《傅里葉變換》的結果，再花兩年整理。一九七三年，在德國的權威數學雜誌 *Lecture Notes in Math*（Springur Verlog）發表，獲得了國家博士學位。

法國數學導師 Martineau 教授十分欣賞這位詼諧而不太修邊幅的中國學生的才華。其後，周錦成在臺灣出版了兩冊厚達八百頁的教材《數學分析》，在北京出版了《廣義函數與傅里葉變換》。他說，他都用自己的獨特方法去介紹積分論，比別人的方法簡潔明快得多。他由此引出一個有趣的方法論：中國人到外國求學，學人家的方法時再加進自己的思維，老外就驚奇了！中國人在外國人面前不讓人家吃驚，他們不會重用你。

周錦成慨嘆法國學風

周錦成在法國讀書，做研究工作一幌數十年，他在數學界討生活，經過種種磨難，對法國數學界的風氣知之甚深。一葉知秋，他對數學界學風的批評，多少也反應了科研界當前的積習與弊病。這些問題何嘗不存在於世界其他國家，甚至在臺灣也似曾相識。

周錦成不客氣指出，法國數學界當今的學風是：一為名，二為錢（利）。過去，法國國家博士的論文很難，是一個完整的理論。現在時興的是，誰的論文多，誰就總是吃香喝辣。你只拿

---

2 王惕吾，〈海內存知己，天涯若比鄰——《歐洲日報》創刊十週年的共勉〉，收入陳祖華主編，《歐洲日報十年》（臺北：歐洲日報社，1992.11），頁5。

出一個完整的理論，對不起，一天的光采，以後很快就把你忘了。這種價值取向，逼得人不得不把一盤大菜分成許多小碟慢慢端出，每篇論文只說那麼一點點，留作下回分解，活像市儈作風，慢慢賺取好處。

周錦成更痛心的是，學界和政界一樣黑暗，他們不但搞學派壟斷，而且還是國際壟斷。周錦成以自己為例，憤憤不平的透露，他在一九八二年至一九八三年間就搞出了一個泛函的分析方面的新概念，破除了以往淺薄的流行概念。可惜他的指導教授去世了，另一個學派主宰了法國學界，而且這個學派在美洲的勢力也很大，簡直壟斷了國際數學界的頂尖期刊。若是你的理論比他強，但不屬於他那一派，他不給你發表。若是你發表在小刊物上，他們一方面貶低你為「小兒科」，一方面又偷了去變成他們的成果。這不僅是他個人的遭遇，也是好友施惟樞的遭遇。總之，這不是種族的歧視，而是學派壟斷問題，法國人同樣也會壓制法國人。

周錦成感慨萬千的說，儘管他早已入了法國籍，但感受的人情冷暖大不相同。他曾來臺客座教學兩次，鄰居對他都很親，噓寒問暖，幫他買菜辦事，別無他求，只為了一個和睦。而在法國，鄰居之間是座孤山，都成了難以逾越的孤島。法國學者同事常提醒他、糾正他，講話應該說：「我們法國人如何如何？」他不喜歡，法國人和人之間的競爭到了變成敵人的地步。他懷念過去在越南時代大家庭中的有情有義和有信。他喜歡儒家的仁愛和道家的淡泊超拔。

「人類沒有競爭，固然就沒有進化和進步」，這是周錦成沒有爭議的信念；但從競爭到澈底壟斷，同樣也不會有進化和進步，這更是周錦成信誓旦旦的看法。經濟壟斷，市場獨占，古今中外，屢見不鮮，但學術壟斷，讓「孤山半落青天外」，實在大可不必。[3] 在臺灣，「學派壟斷」，「近親繁殖」，「純種為尊」，獨占學術資源，包辦學術榮耀，凡非主流，「非我族類」皆排

斥擯棄。難得分一杯羹，所在都有。足見中外皆然，不足為奇，何足見怪！？

「橋樑人」樂異的「法國謎」

樂異在法國進了「特權學校」

樂異小名叫樂小華，他在舟山中學（位於杭州灣裡的舟山群島上）畢業後，一九八一年考上浙江大學材料系，沒上幾個月的課，天上掉下來一個大禮物。中國國家教育部根據高校會考總分及英語成績兩項標準，選派他到法國留學。所以，他是高中畢業，而不是大學畢業到法國留學的，全國十九名，都是些懵懵懂懂，天理未明，對法國歷史和文化相當「陌生」的混小子。陌生也有好處；少成見，容易汲取新事物。

樂異到法國後，進入里昂中學讀預科。作業多極了，從來沒有做完過；考試多極了，一星期要過三次「鬼門關」；數學課重極了，這是提高智商、訓練思維方式的唯一方法。兩年之後，這位注意力高度集中的「陌生人」，成績進入前六名，並一舉考上了法國著名的「工程師的搖籃」，萬千法國家長和青年夢寐以求的國立「橋樑與道路學院」（Ecole Nationale des Ponts et Chaussées）。法國是個採取菁英教育的國家，「橋樑與道路學院」和「國家行政學院」、「巴黎政治研究學院」、「巴黎綜合理工學院」等名校，作為培養高級行政人才、科研專家和工程師的搖籃，都是極其難考的高等專業學校，但畢業後工作有保障，人人稱羨！故有「特權」學校之稱。

3 祖慰，〈周錦成——孤山半落青天外〉，《西行的黃魔笛》，頁 55-60。

進了這所「特權」學校之後，樂小華才知道這不是他原先所想的。開宗明義第一課，老師就正經八百的說：「讀懂什麼，對你們來說已不難了。你們所要學的是合作的能力。在這裡學會的不是某一門特殊專業，而是獲得領導管理法國社會各部門的智商。還有，在這三年裡該玩的時候要抓緊玩，因為以後工作開始可沒這個好機會了！」法國人始終把笛卡爾精神和雨果的浪漫主義精神，時時熔鑄成「生活哲學合金」。樂異聽了這些話特別悅耳，特別滿意，根本沒有「大」留學生的心理轉換。三年期滿，順利拿到一張工程師文憑，這是到哪兒都受歡迎、享高薪的金飯碗。

「橋樑人」心中的「法國謎」

到法國留學的中國人，心中總有個「法國謎」，樂異尤其如此。這個謎是什麼？法國人那麼愛玩、貪玩，總是度假，為什麼他們的技術那麼先進，而國力也名列世界前茅？樂異為我們揭開的謎底是：法國在科技發明者和工人之間搭起了「橋」，對這些「橋樑人」投下重金，給以特別保護，才有「玩出來的現代化」的條件。道理似是而非，但事實便是如此。

中國派來法國兩批「本科留學生」；第一批一百多名，第二批四十九人。大部分由留學變成「學留」，留在法國工作。他們這群「陌生人」、「橋樑人」，是稀有的不內鬥、不內耗的一群中國人。他們經常相約在一起，到海邊游泳，或登高山滑雪，不強調討論什麼題目，一切順其自然。因此，他們的聚會，是現代人的「靈魂的家園」。有時，信口扯談「人生方法論」，或笛卡爾的懷疑主義。話題圍繞的有「中國人講君子，君子反而不多。過分的理想主義，一定會導致欺騙」或「兩門學科交緣的無人區，是一門新學科誕生的溫床」，「兩種文化結合部上的人的情感『別有洞天』：灑脫、通達、寬容」。總之，這群「異鄉人」笑得通達，活得自在！[4]

柯國淳：溫州人在巴黎傳奇

溫州人的「拉比」（Rabi）：柯國淳

英國人曾自誇說，無論太陽走到何處，都照著英國的國旗。中國人也可以自誇說，無論太陽走到何處，都照著中國人的足跡。[5]有人說，巴黎十多萬華人中有六、七萬是溫州人。華人遍佈全球，甚至說有海水的地方，便有華人。溫州人在世界各處落地生根的草根性活力極強，尤其他們沒有資本也能迅速致富的生意頭腦，簡直可以媲美猶太人。猶太人把他們中最有學問的人稱做「拉比」（Rabi），根據三段論法，溫州人也推演出文質彬彬，帶點憂鬱氣質的柯國淳，是溫州人的「拉比」。

柯國淳原是個文學翻譯家，他的一生充滿傳奇。自北京外國語學院畢業後，在北京中央電臺國際臺法語部做編、播工作二十年間，翻譯了好幾部法國當代文學名著：如獲得鞏固爾文學獎的艾米爾・阿雅爾的長篇小說《如此人生》；著名的法國當代作家洛德・米什萊的兩部長篇小說《聖利貝拉爾的人們》及《斑鳩不再飛來》。此外，他還翻譯了一部美國記者寫的《東歐，共產主義萬花筒》政論集。他的翻譯領域甚至超越文學，一九八三年應邀到法國，費時三年參

4 祖慰，〈樂異之異趣〉，《西行的黃魔笛》，頁71-77。

5 陳獨秀，〈隨感錄〉，《新青年》8:4（1920.1.20），頁635。

與了《法英漢農業大辭典》的編纂，負責淡水養殖、養蜂、草原改造等條目。法國電視一臺杜布娃夫人常到中國去拍電視專題片，她找的諮詢及由中譯法的合作人就是柯國淳，他們成功地合作了多年，近年還在法國電視一臺播放了杜布娃夫人拍攝，由柯國淳翻譯，長達四十多分鐘的《中國的愛情革命》專題片。他還寫了不少文筆和他的人一樣高雅、沉郁的散文作品。

這些文學上的成就，並不是溫州人欣賞他、稱道他的憑藉；溫州人感念他的主要是：他扮演律師角色，為法語一句都不懂，在生活上遭遇種種不平待遇的溫州老鄉，提供法律事務方面的服務，這種例子不勝枚舉；例如一位三十多歲、文化水準不高的溫州婦女，到法國做車衣工七年，把五位親人先後弄來法國，花去六十萬法郎，還積蓄了三十多萬，正準備搭個會集資開店；還有一位其貌不揚的溫州男士，幾年前經商受到嚴重挫折，不氣餒，東山再起，如今資產千萬，娶到一位香港大老闆的才貌雙全千金，會說法、英、日三國外語。這是拜溫州人的「拉比」之賜，一個個溫州老鄉飛黃騰達，在巴黎締造傳奇的動人故事。

溫州人何以能在世界各地，包括巴黎，不斷的創造傳奇，依柯國淳的歸納，大致有下列幾個機制：

1. 他們的文化水準不高，但有猶太人的商業頭腦。
2. 他們能吃三百年前英國工業革命時期的工人那樣的苦，在暗無天日的環境裡進行超強度的勞動。
3. 他們有著中國人講義氣重親情的人格基因，因此能有最無風險的「月蘭會」集資方式，保證「集體致富」，還有超管理學的最有效的「夫妻店管理」、「家庭式作坊」及「血緣性連鎖經營」。

以上三項機制，無疑是溫州鄉親所特有，卻是法國人所欠缺的企業品質。

當然，有其利也必有其弊。溫州人最大的致命傷是：由於語言的大障礙，更由於是來自一個偏重人治的國家，根本不能像猶太人那樣在商業遊戲規則（即法律）之下，進行高明的遊戲（賺錢），而是無奈冒險、賭徒式的冒險。因此，在老鄉的求助和各種機遇下，柯國淳決定轉業作律師事務。

猶太人的「拉比」是通過猶太法典，把處在逆境中的猶太人導向「把每一天當作世界的第一天的創造日和最緊迫的世界末日」去奮鬥的哲學；溫州人的「拉比」柯國淳則通過法國的「商業資產法」和「公司法」的律師事務，把溫州人的商業遊戲規則下的「規範遊戲」，透過信譽卓著的薩巴杰律師事務所，為溫州同鄉進行了高效率、高品質的服務，也為自己創造了口碑，聲譽鵲起。

溫州人與猶太人「落葉歸根文化」之比較

然而，身為溫州人的「拉比」的柯國淳，對同鄉們也有一層深深的憂慮。他的憂慮來自溫州人和猶太人的比較。猶太人在異邦落地生根後，不僅完好保存猶太文化，還特別主動融入他國文化直到最上流層。「雙倍人文資源優勢」使猶太人天才輩出，在經濟、文化、學術等領域有著頂級成就。可是，柯國淳覺得，溫州人並無這樣的目標。溫州人致富後，往往很快融入法國的名牌文化，知道穿皮爾・卡登襯衫，繫克麗絲汀・迪奧領帶，出入法國各種高級遊樂場，但與羅浮宮博物館、巴黎歌劇院等高尚文化無緣。而更令人憂心的還是，溫州人不像猶太人那樣，千方百計為子女作最好的、最優秀的教育投資，不少父母只讓子女學會四則運算和簡單的法語對話，便短視的驅使下一代投入小本經營的生意行列去。溫州人這般世代系列的低融入循環，其結果是跳不出「母雞的理想：一把米」，甚至還會使「這把米」一代不如一代，愈來愈少，愈無價值。[6]

6 祖慰，〈柯國淳：溫州人中的「拉比」〉，《西行的黃魔笛》，頁335-341。

PART 14

臺籍官員士紳的法國見聞

林獻堂的法國見聞錄

林獻堂小檔案

林獻堂（1881-1956），臺中霧峰人，名朝琛，號灌園，獻堂是他的字。

林獻堂出身霧峰林家，是清治臺灣中部最大的士紳家族，與北部的板橋林家齊名。司馬嘯青將二林與基隆顏家、高雄陳家、鹿港辜家合稱為臺灣五大家族，[1]早年接受儒家的正規教育，具有傳統儒生的使命感，對社會公務有高度參與的熱忱。

一九〇七年，往遊日本，與梁啟超訂交，影響一生言行。

一九一〇年，加入櫟社。

一九一一年，迎梁啟超來臺。

1 司馬嘯青，《臺灣五大家族》（臺北：自立晚報，1987），上冊，前言。

一九一四年，加入「臺灣同化會」。

一九二〇年，在東京成立「新民會」，創辦《臺灣青年》。

一九二三年，在日本創刊《臺灣民報》。數年後，遷臺發行，改稱《臺灣新民報》。

一九二一年至一九三四年，領導「設置臺灣議會運動」，前後共十五次。

一九二七年，作環球之遊。

一九四一年，《臺灣新民報》改名《興南日報》。

一九四四年，《興南日報》與其他五家報紙合併成《臺灣新報》。

一九四六年，參與省參議會議長選舉，敗給黃朝琴。

一九四七年，臺灣發生「二二八事件」。

一九四八年，搭機赴日，名義上為「養病」。

一九五六年，病死東京，享年七十五歲。

林獻堂的法國見聞

林獻堂於二〇一五年由「天下文化」出版的《環球遊記》，是一本有計畫、有準備、有組織的全球遊記，也是臺籍士紳中出國漫遊以廣見聞的範品之作。在當時民風保守閉塞的社會環境下，國人得以放眼天下，增廣見聞，對於民智之開放影響甚大。除了灌園先生本人的用心之外，林家財力的展現也是一大因素。而旅遊安排之成功，其長子林攀龍之規畫和伴行，亦功不可沒。林氏的《環球遊記》曾經臺灣史家許雪姬之介紹和推許，[2]此皆題外話，在此不詳述。言歸正傳，我們且追隨灌園先生從巴黎出遊。

1. 巴黎精緻遊

林獻堂的《環球遊記》，自以歐洲為重點之一，而歐遊又以巴黎為中心，蓋巴黎為南北歐往來必經之孔道。林氏曾五次進出巴黎，合計在巴黎住過八十一日之久，對巴黎之印象較之任何歐洲城市為深。

據獻堂先生記述，當年巴黎人口三百五十餘萬，而外國人約四十萬，乃居世界第三位的大都會。塞納河左岸多是教育家、勞動者、學生所居住，因其生活費較為低廉，而其市街的建築物亦樸實無華。河之右岸多是富商大賈、名公巨卿所居住，其市街的建築，則甚雄大美麗，真是可觀。

灌園先生寓居巴黎近三個月，除遍訪協和廣場、羅浮宮、歌劇院、賢人祠、拿破崙墓、凱旋門等名勝古蹟，並詳述其歷史外。與眾不同，較值得引錄者有下列幾項：

(1) 巴黎的民情風俗

林氏在未到巴黎之前，常以為住在花團錦簇的都市之人，必定輕浮奢侈。經過他的細心考察和親身體驗，卻是大謬不然。其評語是「巴黎人之輕浮奢侈者，乃屬於一小部分之人而已。大多數之人皆是質樸勤儉，與所懸想的實為大相徑庭。」

林氏又引某法國學者專書，比較英法兩國國民性。內云：「到英國人公事房，只看見他們埋頭執筆做他的事；到法國人公事房，只看見他們啣著煙捲，像在那裡出神。英國人走路眼注

2 許雪姬，〈林獻堂《環球遊記》之研究〉，《臺灣文獻》49：2（1998.6）。

2. 巴黎市政，世界首屈一指

巴黎也是世界各色人種的大熔爐，有越南難民十幾萬人，街上到處也可以看到以前法國非洲殖民地的黑人，更有流亡或暫寓在巴黎的中東回教徒。儘管種族有異、品類不同，但大家彼此相處，尚能相安無事，鮮少摩擦。足見法國是民權思想的發源地，具有尊重他人自由的傳統，所以無論黃、黑、白各色人種雜陳，毫無阻礙，相處甚得。

高玉樹以輕鬆的筆調，對巴黎的市政讚美有加，多次譽為「天才創作」。他一再稱道，巴黎的市政設施，在世界上首屈一指，鮮有其匹。其街道之清潔美觀，沒有五花八門刺眼的廣告牌，塞納河水相當乾淨，絕不像臺北市到處有下水道的臭味。此外，巴黎全市看不見一幢違章建築，也沒有攤販固定在巷口堵塞，每一條街道都有人行道保護行人走路的安全，絕無違規停車。「他山之石，可以攻錯」，法國人視圓環有修飾呆板都市氣氛，使之顯得流轉活潑的功用。高玉樹掌臺北市時，每當聽到交通當局為改善交通而欲拆除圓環，改為十字交叉，朝向花島來規畫，便感到非常痛心。像紐約或東京已建設的都市因從未規畫圓環而現在想要圓環已不可得。[6]這是懂市政規畫的高玉樹所最感痛心的。高玉樹對巴黎的市政建設大談特談，歌頌讚揚備至，他應該知道那是十九世紀有位名叫奧斯曼男爵（Baron Georges Haussmann, 1809-1891）的偉大貢獻。不過，他沒有提名道姓說出來，因為飲水思源，又有一大段講不完的動人故事。

高玉樹參觀巴黎地鐵（捷運）

巴黎地鐵（Métro）已有百年的歷史，全城共有十三條路線，交織成網狀，其設計之周密，指示牌之清晰，乘坐之舒適方便，是世界有名的。

高玉樹在巴黎，除了觀賞名勝古蹟、實地體驗各項市政建設外，並在我國商務代表處的安排下，參觀了大巴黎地區的地下鐵路捷運系統，以攻錯他山，做為臺北市未來興建捷運的參考。

按巴黎地鐵，幾乎與艾菲爾鐵塔（即世界博覽會舉行時）同時建造。當時，巴黎人口不到兩百萬，而今天已經到達八百多萬；早期的生活水準，自用汽車少，而今天幾乎家家有車，造成地面交通負荷量年年快速增加，因此巴黎市政府早在二戰後便果斷地規畫大巴黎捷運系統，在市區內全採行地下鐵路，在郊區則採行溝渠式或高架鐵路，以避免平面交叉而連接到大巴黎四周衛星都市，就像臺北四周的基隆、淡水、桃園、新店一樣，再作環狀線與放射線的捷運系統以橫的方式互相連接，使乘客如從新店要到桃園時，不必先乘車到中心區，再乘車出去，只要利用橫的環狀線，從新店經土城直接到桃園一樣的捷運系統規畫。

巴黎遠距離的幹線鐵路，東西南北向都有，都是在中心區邊緣地帶分設東西南北火車終站。都是舖設在地面，但無平面交叉，而四個主要火車終站，在地下即連接大巴黎都會區的捷運系統網，旅客持一票就可以從幹線鐵路到達終點下車，不出車站直接到地下改乘捷運系統可到巴黎地區任何角落。不僅如此，從地下鐵路出來後，地面上的公共汽車系統網，也是不必另外購票，可一票到底。負責巴黎地面交通的公共汽車，享有優先行駛權，包括前面所述在單行道上也可雙向行車。足見法國人的交通規畫天才。[7]

---

6 高玉樹，《旅遊文集》，上冊，頁 37-50。

7 高玉樹，《旅遊文集》上冊，頁 51-53。

PART 15

情深似海：留法前輩長憶法國

李書華和他的《碣廬集》

李書華小檔案

李書華（1890-1979），字潤章，河北昌黎人。

一九〇八年，十九歲，入保定直隸高等農業學校農科，以第一名畢業。

一九一二年，入留法儉學會附設之「留法預備學校」，擬留法。年底，經西伯利亞抵巴黎，入蒙達集男中，修習法文。

一九一四年，改讀墨蘭中學（Collège de Meulun）。

一九一五年，入都魯芝（Toulouse）大學，主修農科，同時選修數學與化學。

一九一八年，考得該校農學技士證書及理學碩士學位。

一九一九年，歐戰結束，轉入巴黎大學理學院。

一九二二年六月，獲法國國家理學博士學位。

一九二二年八月，返國，任北京大學物理系教授。

一九二六年，任中法大學服爾德學院院長兼居禮學院教授。

一九二六年三月，任中法大學代理校長

一九二九年，任國立北平研究院副院長。

一九三〇年，任教育部政務次長、後繼任部長。

一九四八年，當選中央研究院院士。

一九四六年至一九五二年，數度代表出席「聯教組織」會議。

一九五三年，移居美國紐約，在哥倫比亞大學研究「大分子」五年。

一九七九年，病逝紐約，享年九十歲。[1]

《碣盧集》介紹法國教育制度

李書華的《碣盧集》，原連載於《傳記文學》，後結集於一九六七年出版，敘其一生經歷至一九四九年為止，共分「十年留法」、「七年北大」、「兩年中法大學」、「二十年北平研究院」與「參加聯合國組織大會前後五次的回憶」五篇。李書華留學法國，從中學讀起至獲得國家理學博士學位，凡十載，其於法國教育制度頗為熟悉與用心，故輯錄剪裁於此，與讀者分享。

法國教育分為初等教育、中等教育及高等教育。法國全國行政區域，劃分八十九個州（或

1 關於李書華生平，請參閱：關國煊，〈李書華〉，收入劉紹唐主編，《民國人物小傳》（臺北：傳記文學出版社，1981），第 4 冊，頁 107-111。

稱省，département），而全國設有十六個國立大學（Université）。法國實行大學區制，每一個國立大學校長（Recteur），同時管理該區各州內中等教育並監督該區各州內初等教育。

初等教育包括小學教育及師範教育，小學教育乃強迫性的義務教育，且為非宗教的。小學不收學費。義務教育年齡由六歲至十四歲，每一自由城市（commune）居民滿五百人以上者必須設男小學一所、女小學一所，經費大部分出自國家，小部分出自地方。師範學校係為造就小學教員者，四年畢業。普通每州設立男師範一所，女師範一所。

中等教育包括男女市立中學（collège）、男女國立中學（Lycée），與職業學校。市立中學或國立中學主要目標為造就預備入大學的學生而設。中學課程分為兩段（cycle）：第一段由第六班至第三班共四年，第二段由第二班至第一班再至哲學班或科學班共三年。第一班修業期滿至該區大學接受中學畢業第一部分考試。及格後再回中學入哲學班或科學班一年，再到大學受中學畢業第二部分考試。第二部分考試及格後得第一級學位，稱為學士（Bachelier），其程度較高於美國高中（Senior High School）畢業生，大致與美國大學本科（即美國的 college）一年級學生修業期滿的程度相等。法文的 Bachelier 與英文的 Bachelor（學士）本同一來源，但英美的學士學位，與我國的學士學位，是大學本科畢業生，而法國的 Bachelier 則是高中畢業生。

市立中學與國立中學，在行政系統上稍有不同。大城市之中學多為國立，小城市之中學則為市立。中學亦不收學費，且設有少數獎學金（bourses），經過考試可以獲得。國立中學與市立中學教員，均須先有碩士學位，再經特別考試方能充任。中學教職員薪俸，均由國家支給。

高等教育包括國立大學（université）、高等專門學校（grandes écoles）與國立自由研究和教學機關。在法國十六所國立大學中，巴黎大學是最重要的，它成立於一一五〇年至一一七〇年間，距今已逾八百年。義大利的波隆納（Bologna）大學成立於一一五八年，所以論世界上最老的大學，大致以波隆納大學排第一，巴黎大學居次。至英國的牛津（Oxford）大學原是仿照巴黎大學而設立的，故時間稍遲；劍橋（Cambridge）大學的成立，則又稍晚於牛津。

法國國立大學通常由文、理、法、醫、藥五個學院（Faculté）組成，並附設若干專校或專科（École 或 Institut）。大學設校務會議，以校長為主席，各學院相當獨立，其院長均由各學院選舉教授一人充任，三年一任。法國大學教授係講座（Chaire）制，與美國大學採學系制不同（我國現行的學系制，係仿照美國）。大學教授由院務會議通過，提交大學經法定程序轉請教育部長發聘。文學院與理學院教授，必須有博士學位；法、醫、藥三學院教授且必須先經過特別考試。法、醫、藥各學院採學年制，文、理兩學院則為「證書」（certificat d'études）制。凡有「法國學士」證明者，可直接註冊入各大學各學院就讀，不再經過入學考試。外國學生如未被認為具有同等學力，則須經過同等學力的考試及格後，始能註冊入學。

法國大學文學院與理學院的講堂課室，大部分對外公開。校外人士均可隨時入講堂自由旁聽，與註冊之學生無異。但校外人士只能聽講，無資格參加考試。

法國政府特設的專門學校，有高等師範（Ecole Nornale Supérieure）、多藝學校（Ecole polytechnique）、橋樑學校（Ecole Des Ponts et Chaussées）、礦學院（Ecole des Mines）、中央技藝學校（Ecloe Centrales des Arts et Manufactures）等。因名額有限，具有學士證書者不能直接升入，必須經過入學競試（concours）方能就讀。國立中學設有特別班，專門為投考此類專校而準備。

另自由研究與教學機關，如法蘭西學院（Collège de France）、自然科學博物館（Musée d'Histoire Naturelle），課程甚專門，但不頒給任何學位。凡欲參加聽講者，均可自由前往，無任何限制。

2 論法國教育制度，可寫一本大書。且不斷修改，李書華不過略舉要點，且時過境遷，並不完備。

李宗侗的歐戰見聞

李宗侗小檔案

李宗侗（1895-1974），字玄伯，河北高陽人。

家世顯赫，祖父李鴻藻為清光緒朝重臣，父焜瀛，叔煜瀛（石曾）為黨國元老。

幼年隨父親讀經史，後入天津南開中學。

一九一二年，李煜瀛、蔡元培、吳稚暉等創辦留法儉學會，遂入附設之預備學校，習法文。

一九一三年，自東北經俄國，抵法國巴黎，先後肄習於蒙達集中學、巴黎大學。

一九二三年，返國，執教於北京大學、中法大學。

一九二六年至一九三三年，任故宮博物院秘書長，參與故宮文物之清理和接收。

抗戰期間，歷任國民政府財政部全國註冊局局長、中央政治會北平分會委員、國立北平研究院史學研究會主任委員。

抗戰勝利後，任北平中法大學教授兼文學院長。

一九四八年，故宮文物遷臺，參與清點整理，出任故宮博物院理事及管理委員；並任臺灣大學歷史系、研究所教授。

一九七四年，病逝臺北，享年七十九歲。[3]

先生自法返國後，譯有古朗日（Coulanges）名著《希臘羅馬古代社會研究》，另著有《中國古代社會新研》、《中國史學史》、《歷史的剖面》等專書。並由北京中華書局於二〇一〇年出版《李宗侗自傳》。

回憶蒙達集中學的生活

李宗侗自述，在留法預備學校只學了四個月的法文，當然不能隨便談天和聽講，故在中學裡被編入第九、十兩班的合班，班上全是八、九歲的法國小孩，課本都是小貓與小狗打架的故事，對於兒童當然合適，但對於已近二十歲（甚至有人已達三十高齡）的中國老學生，實在缺乏興趣！

此外，法國中學規則非常嚴厲，寄宿生毫無自由可言，每週四、六下午雖不上課，但皆由舍監率隊集體到郊外旅行，星期日全天亦復如此。中國學生感覺不方便，向李石曾抗議。李石曾與校長商量，研究出一個折衷的辦法，即該校專為中國學生開設一個法文班，教員即由校中兩位舍監擔任，一個負責上午教文法課，一個負責下午讀課本。另外在放假時間，中國學生可以自由上街，並指定市場左邊的兩個咖啡館，做為學生聚會聊天的去處。又蒙達集車站北側有個松樹林，林蔭蔽天，十分涼爽，亦成為中國學生在夏天散步的活動場所。

2 李書華，《碣廬集》（臺北：傳記文學出版，1967），頁7-13。

3 張榮芳，〈李宗侗〉，收入秦孝儀主編，《中國現代史辭典・人物部分》，頁128。

李宗侗亦曾利用暑假，到附近鄉間小鎮沙第庸（Chatillon）同學家小住。他很懷念法國小鎮的寧靜生活，沙第庸人口僅兩千五百人，鎮上僅有一條熱鬧些的街道，除市政府外還有個層級最低的仲裁法庭（Juge de Paix）。同學父親便是仲裁法庭的庭長。他家人口簡單，只有一子一女，標準的法國式家庭。除擁有自己的一棟二層樓兼小庭院房子外，山上還有一座小花園，種植各式各樣的水果樹。李宗侗最懷念的是他家以自養的兔子肉待客，在法國兔子肉是待客的上等佳肴。

歐戰期間見聞

留法儉學會時代，北京留法預備學校送到法國的兩批三班學生，加上後來的幾批，總計前後人數約一百人左右，他們在法期間，正好碰上世界第一次大戰，歐戰初起，德軍進展迅速，法軍節節敗退，政府不得不遷都到南部的土魯斯（Toulouse），有些華人也跟著到該地避難。

法國在軍事動員令下，許多學校變成了傷兵醫院，蒙達集中學亦不例外。學校另租民房上課，沒有了寄宿生；有的在軍營裡上課，但物質條件很差。李宗侗的五叔李煜瀛全家搬到西部一個叫木桑（Mouchan）的小村莊居住，所以他有機會便乘火車去找他們。

一九一四年八月二日法國頒布動員令。那天的《晨報》（*Le Matin*）只出版一單張。法國青年紛紛應召開往前線，後來局勢逐漸惡化，連預備役也同樣動員。李宗侗看到鄰居一位年已三十歲剛結婚不久的小職員，與太太兩人抱頭痛哭，難分難捨。

法軍在瑪恩河（Marne）一役，有效阻止德軍的攻勢，雙方構築工事，形成拉鋸戰。穩定民心，指揮官霞飛元帥居功厥偉，而領兵鎮守巴黎的嘉里埃尼（J. Gallieni）將軍動員巴黎計程車將軍隊送往巴黎城外，支援後勤，大出德軍意料之外，亦功不可沒。法國自一八七〇年普法戰爭後，便不再頒授元帥頭銜，將軍已是最高的榮譽。但從瑪恩河戰役之後，又再度恢復元帥頭銜。第一位是霞飛（Joffre）元帥，第二位福煦（Foch），第三位是貝當（Pétain），第四位是嘉里埃尼。

法國報紙素描

從《李宗侗自傳》可知，他是每天買報、看報的讀者，不但關切歐戰消息，也關心中國國內的大小新聞。在本書所介紹的作者中，他是注意又能介紹巴黎報紙的第一人。雖然李宗侗的介紹並不專業，也不夠仔細，但已經是難能可貴了。

他把巴黎報紙，大抵分成兩類：第一類是商業性質，而無黨派色彩，諸如《晨報》、《日報》、《小日報》、《小巴黎人類》，以及《巴黎午報》及《巴黎晚報》等。第二類是具黨派色彩的，諸如右派的《菲加羅報》（*Le Figaro*），其總主筆是以撰寫著名小說《禮拜一的故事》及《小物件》（*Le Petit Chose*）聞名的都德（A. Daudet）。都德的侄子以王黨復辟派自居。另有《時報》及《討論報》也是偏右的。而《人民（道）報》（*L'Humanité*）則是極左派的報紙，為佐赫斯（Jean Jaurés, 1859-1914）所創辦，法國政府在歐戰剛啟時因怕他反對總動員令而將他刺殺了。其實這是誤判，佐赫斯雖偏左，但他也很愛國並不會反對總動員。另有《正統報》，是正統社會黨的機關報。此外尚有《自由人報》，後來改名《枷鎖人報》，為克里孟梭（Georges Clemenceux）所創辦。[4]

---

4 李宗侗，《李宗侗自傳》（北京：中華書局，2010），頁94-131。

盛成論留法勤工儉學

盛成小檔案

盛成（1899-1996），江蘇儀徵人。

一九一一年，就讀於南京匯文書院，加入同盟會，投身攻克南京之役，報界許為「辛亥革命三童子」之一。

一九一四年，考入上海震旦學院。

一九一七年，考入京漢鐵路車務見習所，任職北京長辛店。

一九一九年，走上赴法勤工儉學之路，入蒙伯利葉專門學校、蒙伯利葉大學。

一九二〇年，加入法國社會黨，參與創建法國共產黨。

一九二四年，獲得蒙大理科碩士。

一九二八年，在巴黎大學主講，授「中國科學」課程，法文版《我的母親》在巴黎出版，轟動法國與歐洲。

一九三一年，返國，任北大法語系教授，授法文詩與法文小說、法國文學史課程。

一九三二年，其紀實文學《海外工讀十年紀實》在上海出版。

一九三九年至一九四五年，任廣西大學、中山大學教授。

一九四六年，任蘭州大學教授。

一九四七年，應教育部之邀，來臺任臺灣大學教授。

一九五六年，因思想問題，遭臺大解聘；教育部令公立大學永不聘用，其後改任中國文化大學，淡江文理學院等校教授。

一九六五年，逃離臺灣，先赴美國，再僑居法國。

一九七八年，返中國，任教北京語言學院（今北京語言文化大學）法語系。

一九八五年，榮獲法國榮譽軍團騎士勳章。

一九九三年，《舊世新書——盛成回憶錄》出版。

一九九六年十二月，逝於北京，享年九十七歲。[5]

《海外工讀十年紀實》的精華

盛成於民初留法多年，研究農學、生物學，就讀過蒙伯利葉大學、巴黎大學；加入過法國社會黨，參與法國共產黨的創建；專業之外，愛好文學、哲學，出版過法文版的《我的母親》，法國作家瓦勒里（Paul Valéry）為其寫序，世界文化名人羅曼．羅蘭、居里夫人、蕭伯納、紀德等均給予高度評價；他執教過北京大學、臺灣大學等兩岸名校，卻也因思想問題遭臺大革職。一生多采多姿、有榮譽風光，也有顛沛流離，他早期的《海外工讀十年紀實》和《巴黎憶語》以及晚年出版的《舊世新書——盛成回憶錄》，留下頗多資料，值得向讀者介紹。

---

5 參閱：許宗元編，〈盛成教授與《盛成文集》〉，收入《盛成文集．紀實文學卷》（安徽：安徽文藝出版社，1998），頁 351-368。

個人主義思想的西方社會，對於個人人格的尊嚴，以及社會萬惡的裁判之觀察，反不如家族觀念的東方社會來得澈底！

甚至於牢門與斷頭臺上都有：「自由、平等、大同」，只有自殺不能如此。

因此怕死的性，相習養成。老子卻不能在西方文明民族與專制魔王之前，說出：「民不畏死，奈何以死懼之。」

視死既重，西方文化極力外揚生命的生活，以為此生是萬世、是空前、是絕後。我之死，即是世界之末日。

3. 法蘭西有三美

聽說法蘭西有三美：美景、美酒、美女。

有此三美，足可銷魂。許多中國青年在法國享幸福，有一位留學已十八年，還不曾畢業。好像他與兒子是父子同堂，一份官費兩人用。

確是令人迷的香檳酒與嫣然一笑的巴黎女兒，真是神仙也難守戒！孟子動心之時，必曰太王好色。

可是，法蘭西女子之嬉笑，並不見得含有情感，大多出自天性。無心笑語，不知害煞多少中國青年。瘋的、病的，都以為西子多情，造成大錯。

豈知含情，乃東方文化之特性。而歐洲反是，必放之以彌六合，即妙在不言中之愛緒，必結成艷語而吐露之曰：「我愛你。」

愛情如此，友誼亦復如此。握手接吻，必外表情懷，不足與言情理。

巴黎是西方文化外放的中心，它的建築，它的雕刻，何處缺少西方文化的數學論理？從羅浮宮到凱旋門，直穿中央公園（Tuileries），兩兩雙雙，結隊成行，那是樹木，那是鐵石，布置與陳列，皆有規矩，皆有方圓，好像法蘭西的「米」制一般。

再者，法國人生性，最怕人笑話他，因此在他們的文章裡，蚊、蠅、蚤、虱，都不提的，談到下體與生殖器官以及廁所便池等，更要避諱。淫書則是例外特許翻印，這確是法蘭西民族性的大弱點！

倒是，巴黎的流浪人，他們不偷不摸，都住在橋肚子裡。他們直可算做自由人，無牽無掛，不貪不聚，到處倒下來就睡覺。

在歐洲，人人必有護照或居留證，否則人不是人，因為做人的憑據，比人還要重大！這是法制國家的文明，而巴黎的那些浪人，並沒有做人的憑據，所以就不是文明國的人。他們人而不人，不人而人；他們的生命，是一群不受人類約束的自由人！[6]

留法脫胎換骨的黎東方

黎東方小檔案

黎東方（1907-1998），原名黎智廉，籍貫河南正陽，生於江蘇東台。

一九二一年，考取江蘇省立第八中學（揚州）。

6 許宗元編，《盛成文集・紀實文學卷》，頁181-187、265-266。

一九二二年，重考轉入上海南洋大學附中。

其後，到北京插班入清華大學歷史系二年級。讀到三年級時，又動了留學法國之念。不考慮家境窮，不顧親人先完成大學學業再出國的勸告，從東北搭火車經莫斯科到巴黎念書。

一九三一年，獲巴黎大學文科博士學位。

歸國後，先後執教於北京、清華、中山、東北、中央、復旦等大學，並出任教育部及國立編譯館大學用書編輯委員會常務委員。

一九四六年，赴美擔任威斯康辛州大等校客座教授。

一九五五年，來臺，任中國文化大學史學系教授。

退休後，旅居加州聖地牙哥。

一九九八年，辭世，享年九十一歲。

黎東方專精史學，創作以論述為主，兼及散文、小說及傳記，主要出版有《先秦史》（重慶：商務，一九四三）、《我對歷史的看法》（臺北：文星，一九六五）、《中國上古史八論》（臺北：華岡，一九五七）、《細說清朝》（臺北：文星，一九六二）、《細說明朝》（臺北：文星，一九六四）、《細說民國》（臺北：文星，一九六六）、《細說元朝》（臺北：文星，一九六六）等系列。另有《蔣介石序傳》（臺北：聯經，一九七六）、暨回憶錄《平凡的我》（臺北：文星，一九六三；臺北：傳記文學出版社，一九六九；臺北：國史館，一九九八），各上下兩冊。[7]

巴黎大學聽課初體驗

黎東方抵法國後，先到巴黎近郊的哥倫比（La Garenne Colombes）訪友，但朋友已返國。這是當年李石曾等人創辦《旅歐雜誌》的地方，也是中國人群居的一個小城，所以很容易遇到中國人。幸賴一位初識的張君，為他找好住宿的旅館，介紹進浴室洗大澡，晚間，陪吃一頓愉快的晚餐。

第二天，又帶他進城看巴黎大學，教他如何搭公共汽車，為他買一本巴黎地圖為導覽，然後讓他這個巴黎新鮮人去對巴黎做個新體驗！

在黎東方眼裡，巴黎城的輪廓很像是一個饅頭。塞納河由東邊流了出去，形如長虹。河中心有一個小島，稱為「城島」（Ile de la cité），即最初的巴黎城。居民是高盧種的巴黎族（Parisii）。小島南岸，即所謂塞納河的「左岸」（La Rive Gauche），是羅馬人擴建之城市，因此被稱為「拉丁區」（Quartier Latin）。拉丁區的核心，是巴黎大學。

巴黎大學的鄰近是盧森堡花園。花園裡有噴泉、有鴿子、小孩以及童顏鶴髮的「元老」，法國的參議院（元老院）就座落在這花園內。

巴黎大學的入學手續，並不甚難，繳付一百法郎學費，便算註冊，領一本《學生手冊》，愛聽什麼課便可以聽什麼課（「實習課程」除外）。黎東方當然選聽歷史的課程，經過系主任的同意，他選了上古史組，也加選了英國文學和法國文學兩門課。

課堂有大有小，大的可以容納到五百人以上，稱為「半圓形劇場」（amphithéâtre），小的叫「廳堂」（salle）。黎東方進過廳堂，也擠入半圓形劇場，瞻仰了若干鬚眉皆白的老教授，附和了

7 關於黎東方的生平與著作，參閱：封德屏主編，《2007 臺灣作家作品目錄》（臺南：臺灣文學館出版，2008），頁 1304。

法國同學們的掌聲和笑聲，他們鼓掌，黎也鼓掌；他們大笑，黎也跟著大笑。但是，教授究竟說了些什麼？他卻霧煞煞。他的感想是，老教授說話太快、句子太長，而且過份賣弄淵博學問，更加咬文嚼字。

結果，黎東方自承，每次上課，均於聽到十幾分鐘之時昏昏入睡，睡了差不多足足有半年。還好，學生很多，而他又都坐在後排，並且睡得不十分熟，從未發出鼾聲。自家毛病自家知，他猜到這大概是自己的法文程度不夠。

誠然，要進入巴黎學術殿堂旁聽，沒有四年以上的學習法文功力，是徒勞無功的。黎東方上述聽課的自述，這是黎式的幽默和自我坦白。試問，黎東方在國內大學尚未畢業，法文又無基礎，如何能一步登天呢！這也是多少留法學生所遭遇的第一道不容易克服的難關。有自知之明，尚可加緊補習法文補救，怕的是顧著面子，蹉跎光陰個十年或八年，變成巴黎浪蕩子，以致一無專長，從此流落他鄉無顏見江東父老！？

點石成金博士學位到手

之後，黎東方開始聘請一位當地小學教高年級法文的老師，認真補習法文。老師選了一本《法文觀止》（*Morceaux Choisis*）和一本小說讓他讀，並且每天作文一篇讓老師改，如此三個月。這是靈活聰明的黎東方加強法文的第一招。其次，他到書店把大部頭的歷史書籍和教科書，例如古朗日（Fustel de Coulanges）的《古代城邦》、布洛克（Camile Bloch）的《羅馬共和國》與《羅馬帝國》、拉維斯（Lavisse）的《法國史》與《法國現代史》以及文學作家拉辛（Racine）、莫里哀（Molière）、夏斗布里翁（Chateaubriand）、拉馬丁等人的作品抱回。一天一本，在盧森堡公園或其他有陽光的地方翻閱、欣賞。就這樣糊裡糊塗地打下法文的紮實基礎。另外，他又到所謂的「音樂之家」（Maison de Musique），花小錢點唱一、二十首流行歌曲，練習法語聽力。總之，經過前三個月的加強補習，與狼吞虎嚥般的瀏覽，以及看譜唱歌的一番功夫，黎東方就像「頓悟」一樣，竟豁然貫通，從此聽課不再打瞌睡，法文的閱讀和聽講能力一日千里，像脫胎換骨一般。

最後一關是拜師。他到巴黎大學拜法國大革命史講座馬第埃（Albert Mathiez）教授為師。拜師之前，他先把馬第埃教授幾乎全部的著作讀過，也將別人比較重要的著作有所涉獵，訂下《一七九一年至共和三年比利時與列日的革命家委員會與俱樂部》為博士論文題目。但故事尚未結束。經過數個月的資料搜集，他把初稿呈給教授看，卻遭無情的打回票，理由是法文不夠好，文法不合邏輯。

在失望之餘，於偶然的機緣下，黎東方卻在舊書攤找到「救星」，那是他夢寐以求的「法寶」，書名叫《文體學》（*Le Stylistique*）。作者朗拜爾（Lambert）指出，字有字法，句有句法，章有章法，篇有篇法；告訴讀者，形容詞不可濫用，用多了不僅累贅，而且足以互相抵消，甚至有言過其實之感！

黎東方絕處逢生，如獲至寶，根據此書的要領，大約花了整整兩星期的工夫，將論文初稿重新改寫，就像華陀找到了治病的秘方，並鼓起勇氣重新交稿給馬教授。馬教授看完改寫的初稿，最初很生氣，以為是黎東方欺騙他，找槍手代勞，不認為僅僅相隔三個月時間，論文會有如此重大的改變。經黎東方提出刪改初稿為證，並解釋看了《文體學》一書的心得之後，馬教授終於轉怒為喜，恭喜他可以把博士論文拿去打字印刷，並參加論文口試。[8]就這樣，黎東方在天助、人助、自助之下，於一九三一年以「最榮譽記名」通過巴黎大學文科博士學位，結束了黎東方筆下又是「頓悟」，又是「如獲至寶」的一段攻讀博士學位的傳奇故事。

周蜀雲的《西窗散記》

周蜀雲小檔案

周蜀雲（1907-1989），女，四川達縣人。

三〇年代留法，獲法國南錫（Nancy）大學博士學位，與先生徐漢豪，同為中國青年黨黨員，號稱「雙璧」。曾任教廈門大學，並當選青年黨國大代表。

著有《西窗散記》（臺北：「現代國家」出版社，一九七〇），對於留法經歷與對法國各方面觀感，乃至半世滄桑記述甚詳。其文字技巧，如行雲流水，幽默自然，並極富濃厚詩意，具備近代式傳記的優點。[9]

憶梅（墨）蘭（Meulan）小鎮風光

周蜀雲於一九二七年抵巴黎，先到梅蘭中學習法文，她對小鎮記憶甚深。梅蘭鎮雖小，而街道整齊清潔，四山環抱，林木葱鬱，一片幽靜，與人海組成的巴黎繁華，恰成對比。

居停男主人任鎮公所工役，而房屋係自己所有，家中有鋼琴，各種陳設，彷彿國內上等人家氣派。一家以主婦為中心，女兒已逾雙十尚待字閨中，其工作是從珠寶店中帶回飾物在家中加工賺錢，與父母經濟各自獨立分明，每月伙食費與房客般照付。如有臨時借貸，彼此如數墊還。在中國人眼裡，初覺甚不習慣。在法國，子女一經成年即經濟獨立。[10]

法國女性的人生觀

法蘭西國家富強，與社會組織健全、採小家庭制度頗有關係。法國是一個樂天派的民族，人人皆有「人是為快樂而生的觀念」，平常處在物質文明安定的社會裡，只知如何去盡情享受。再加上小家庭制度和自由戀愛結合的婚姻，自無糾紛痛苦來纏繞，不會出現林黛玉或多愁善感的女性。

周蜀雲留法時，正值第一次世界大戰之後，法國瘡痍未復，遇見許多年輕寡婦尚在為思念失去丈夫而哀嘆掉淚，談到傷心處不免令人鼻酸，但她們絕非被迫守寡，或以守寡作為誇耀。結婚離婚，寡婦再嫁，絕對自由，並無寡婦門前是非多的說法或想法。她們重視「把握現在」，尤其將人生最寶貴的一段青春時期看得非常重要，必須盡可能享受不要辜負，"Profiter la Jeunesse"（珍惜善用青春）是她們的口頭禪。所以她們處處顯得熱情大方，無論衣飾的考究或對愛情的追求，皆有很大的興趣和陶醉。玩耍遊歷務求盡興，無論家庭主婦或職業婦女，平時雖辛勞，但一到週末或假日，總要想方設法好好消磨時光。

8 黎東方著，《平凡的我》（臺北：國史館，1998），第1集，頁203-290。

9 沈雲龍，〈序〉，《耘農七十文存》（臺北：汲古書屋，1979），頁684-686。

10 周蜀雲著，《西窗散記》（臺北：「現代國家」出版社，1970），頁13。

法國女性絕無忸怩作態的習氣，這該歸功於她們的民族熱情，熱情奔放，無拘無束。法國女人視愛情為至高無上，故能不拘種族國界。中國留法男學生之有法國女友、愛人，或結婚者，比比皆是；但中國女生和法國男人交友談戀愛者，幾乎「絕無僅有」。傳聞有位中國女生遭法國教授苦追苦戀，但她硬是不肯點頭，還輟學回國，害得那位教授在傷心之餘，看破紅塵當了神父。[11]

法國家庭主婦勤儉持家

一般人誤以為，法國婦女必定浪漫風流，風氣不好，實則不然。她們勤苦耐勞，將家布置得整齊清潔，尤其講求藝術化，沒有污穢雜亂現象，本身亦不會好吃懶作，或終日遊手好閒。

主婦們在整日忙碌之餘，一有短暫的空閒會坐下來彈彈鋼琴，放鬆心情。法國女孩多半自小便學彈鋼琴，故長大後多有音樂素養。主婦把勤儉持家視為婦女天職，一般中下層家庭很少僱用佣人，頂多在農忙或其他特殊場合會僱用短工或臨時工支應。

閒談法國政治

在第二次世界大戰之前，法國是一個實行政黨政治的民主國家，小黨林立，多至數十。把法國政治搞得波瀾起伏，政局很少長期安定。因為它是實行責任內閣制，政府對議會負責。議會則隨時可以利用投不信任票倒閣，以致內閣壽命大都短促，長者二至三年，短則數小時，政治之不穩定為世界各國之冠。人民常於一覺醒來，方知大局已變，今已非昨；有時早晚易勢，如同兒戲。

法國名外交家白里安（A. Briand, 1862-1932）綜其一生組閣十一次，擔任外交部長凡三十餘次，他如各黨領袖或政壇要人，一生組閣若干次、擔任部長若干次者大有人在。法國雖與英美同為民主國家，然較之英美常有兩黨交替執政。政局安定，其治亂不啻霄壤。惟此地所說的法國之「亂」，不過對英美之「治」比較而「言」，並非如吾國民初軍閥割據時以刀兵相見，用武力鬥爭以流血方式奪取政權可比。

法國當年雖政潮迭起，但國家統一，有憲法可據，有民主政治之常規可循，政海縱或風詭雲譎，波瀾起伏，然對國家整個大局，並不發生根本動搖之危險，對有關社會安定及人民生活之一切國計民生問題，尤無重大影響。人民面對政局演變，真如觀看政治舞臺上演戲而已。法國政治無論怎麼千變萬化，其所以不波及國計民生，一言以蔽之，軍隊國家化，武人不干政而已！[12]

周蜀雲回國後，曾於一九四八年當選行憲國大，看到法國那麼安定、人民那麼幸福舒適，心中早有戚戚焉之感！故紀錄此段回憶，以誌「他山之石」的深刻紀念！

11 周蜀雲著，《西窗散記》，頁 17-18。

12 周蜀雲著，《西窗散記》，頁 79。

PART 16

情繫法蘭西：二十世紀六〇年代的留法學生

文學家馬森的法國情緣

馬森小檔案

馬森（1932-），原名馬家興，生於山東，筆名有飛揚、牧者、樂牧、文也白等。一九五四年，臺灣師大國文系畢業，一九五九年，獲同校國文研究所碩士。一九六〇年，考取法國政府獎學金留法。

馬森在國內主修文學，到巴黎後改攻電影和戲劇。初入巴黎電影高級研究院、巴黎大學漢學研究所博士班就讀。其後又改攻社會學，獲加拿大英屬哥倫比亞大學社會學博士，並曾先後執教於巴黎語言研究所、墨西哥學院東方研究所、加拿大阿爾白塔大學、維多利亞大學、英屬哥倫比亞大學、英國倫敦大學、香港嶺南學院（今嶺南大學），期間亦曾受聘返臺，先後任教於國立藝術學院、國立成功大學、私立南華大學與佛光大學，現旅居加拿大。

馬森授課之餘，勤於寫作，著作等身，作品包括論述、散文、小說、劇本、合集、全集暨文學史等逾五十種。主要分：

1. 學術著作：《當代戲劇》、《東方戲劇、西方戲劇》、《中國文化的基層架構》等。
2. 文學評論：《東西看》、《文化、社會、生活》、《文學的魅惑》等。
3. 小說：《巴黎的故事》、《北京的故事》、《孤絕》、《夜遊》等。
4. 散文：《墨西哥憶往》、《大陸調：我的困惑》、《維城四記》等。
5. 文學史：《世界華文新文學史》（臺北：印刻，二〇一五），上、中、下三巨編。

馬森學有專精，其筆觸敏銳、文字抽象、風格鮮明，以關懷文學與社會為己任。[1]

在巴黎創刊《歐洲雜誌》

馬森剛到巴黎不久，有感於「國內一直是英語的推銷市場，而法、德、義、西等歐洲國家幾乎是一片空白」，而與一群主要來自臺灣、理念相同的好友，如金戴喜（恆杰）、李明明、熊秉明（筆名江萌，早期留法前輩）、程紀賢（抱一，早期留法前輩）、王家煜、楊景鶴、羅鍾皖、邱淑華、羅楚善、陳三井（筆名楓丹露）等人，於一九六五年五月創刊《歐洲雜誌》（季刊），希望傳承旅歐前賢李石曾、吳稚暉等人創辦《新世紀》、《旅歐雜誌》的遺志，多介紹歐洲文明，以扭轉「美雨壓倒歐風」的潮流，讓歐美學術運河得以平均輸灌入中國。

馬森在署名的《創刊的話》中，義正詞嚴的揭櫫為何要創刊《歐洲雜誌》的三大理念：

1 封德屏主編，《2007臺灣作品目錄》（臺南：國立臺灣文學館，2008），第2冊，頁675-676。

1. 糾正五四以來「以中學為尊，反西學」的偏差觀念。

「有的人一聽到西方文明，鬍子就氣漲得八丈高，認為中國所有的災害都是西風吹來的。其實物不自腐，蟲焉得入？又有些人矯而過之，適行其反，甚至於碰到歐美的垃圾污穢也要頂禮膜拜。……，更有些人眼睛似乎沒長在前邊，談文則漢魏，論詩則盛唐，銅鐵器非商周不可，至於大同治世就捨唐虞三代莫屬了。」

「這些人，不是眼睛長在腦後看不見眼前，就是眼睛長在頭頂看不見現世，再不然就是根本沒有眼睛，只憑兩手亂摸，自然就找不到正確的路徑。我們覺得做一個現代人，說得更確定一點，做一個現代中國人，唯一的辦法就是眼睛歪的把它們擺正了，閉起眼睛的把眼睛打開，切切實實正經地看一看我們所處的這一個時代和所處的這一個世界；看一看自己，也看一看他人。這樣才可以有所比較，有所取捨，才不致盲人騎瞎馬亂闖一氣。」

2. 打破「唯美國馬首是瞻」的英語市場，讓學術運河平均輸灌

「國內一直是英語的推銷市場，除了盎格魯・撒克遜的貨物不論妍媸得以暢銷外，像法、德、義、西等歐洲國家則幾乎是一張白紙。即使偶然漏進一星半點，也不過仍是這個世紀以前的古董。古董固然珍貴，但畢竟已是陳列在博物館裡的東西；要不然毛公鼎也不會失去了飯桌上的地位。對於當代的文學、藝術，則只有望洋而興嘆！」

「我們所學科系雖各有不同，但各有各的抱負，各有各的雄心。最重要的是，我們還有一個共同點，那就是對文學和藝術的愛好。可是，大家見面聊天時，也有一個共同的遺憾，那就是在國內時對歐洲的文學和藝術完全隔膜；連好一點的歐洲電影也難得見到幾部。大家嘆息，即

使偶然見到一鱗半爪，多半只是從英文或日文轉譯而來，還不知道經過多少手，摻了多少糟粕，要想認真一窺歐洲文學藝術現狀及其面貌，談何容易！」

3. 為何《歐洲雜誌》選擇先從法國開始？

歐洲是一個太大的地區，不可能一時兼顧。所以選擇先從法國著手，有三個理由：

（1）法國的文化在歐洲處於主導的地位，至少也是歐洲文化的主流之一。

（2）畫一幅大畫，總要由一點一線開始，不始自法國，就始自英、德，那為什麼不始自法國呢？（馬森所說的這個理由，有些牽強；為什麼不說，同學同好都住在法國，聯絡和討論起來方便，特別是大家對法國的種種問題也可能比較熟悉在行。）

（3）負責出版這個刊物的同學多半都在法國（事實上除負責集稿、催稿、看稿兼編輯的金戴熹外，其他投稿、供稿的作者大部分住在法國，來自德、義、西或美英等國家的外稿並不多，參與者更少。這是地點和人的因素決定一切。並不須為自己要戴的大帽子，尋找一些牽強的解釋。）[2]

馬森在以後的著作裡，至少有兩次提到《歐洲雜誌》。一次是〈懷念在巴黎的那段日子〉，文章回憶說：

「後來到巴黎來的中國同學愈來愈多了，……我們常在托卡德厚廣場（Place de

2 馬森，〈創刊的話〉，《歐洲雜誌》1（1965.5.1），頁3-4。

學潮後」學制改革的重點及其遺留的問題，最後總結說明了法國大學教育的危機。因篇幅所限，本節僅能歸納和節錄其精華所在——法國大學教育的危機，以饗讀者。

郭為藩首先指出，拿破崙確是一位偉大的行政制度建設者，他不但一手構築了法蘭西的行政組織，而且創建了國家教育體制，使法國教育行政成為中央集權制的典型。我們所熟悉的大學區制（曾由李石曾、蔡元培引進於民國初年施行）就確立於此時，而督學制度亦同時肇始。法國聞名於世的國立中學（Lycée）和高中會考畢業證書（Baccalauréat）都是拿破崙的傑作。

所謂中央集權制，意即教育部不僅控制全國公立高等學府的人事權，管制新學院的設置，並透過考試制度與文憑頒授，決定大學課程內容。法國雖准許私立大學的設置，但一向不發達，也不受學生青睞，因為它們不能稱為 Univrsité，只能叫 Institut，何況既沒有「教學和課程的自由」，也缺乏特色，無法吸引大量學生。目前法國的私立大學，只有天主教所設立的五所，其中以巴黎的規模最大。

1. 大學危機形成的背景

法國高教之所以成為眾矢之的，大致有以下幾個背景：

（1）戰後人口的爆增：隨著人口的爆增，一九五五年全國僅有大學生十五萬七千人，至一九六四年已增至三十六萬三千人，一九六八年更高達六十一萬二千人。在不到十五年間，幾乎增加了四倍，其結果是師資與設備卻未能相對配合，學生未能受到良好的照顧。

（2）傳統英才教育與社會需要脫節：歐洲大學教育傳統，一直側重英才教育，特別在法國，重視古典人文學科及自然科學理論的探討，即所謂笛卡爾式理性主義，與其所代表的對邏輯推理的注重以及對普遍文化陶冶的偏好，反映在大學教育上乃是對技術應用課程的忽視與社會實際情況的隔閡。其結果，不但造成教育與社會的脫節，而更嚴重的莫過於這種教育內容並非一般大學生所能接受，故而導致教育資源的浪費，而學生本身也受到心理上的挫折。

2. 大學教育的危機所在

(1) 高中會考的不合理

法國教育傳統崇尚保守，改革隨著時代的進步而應與時俱進，但卻不容易。自拿破崙時代以來一直為社會各界所器重的高中會考（Bac）制度，經歷任教育部長的研究和獻策，認為欽定高中畢業文憑和大學入學合格證書，早該分途辦理，因為前者被認定過於艱難，後者又被視為過於簡易輕率。

事實上，法國的高中會考早已變質，不但與考資格一再放寬，且分組亦不斷擴大。就後者而言，已經由早期的單設古典組，擴充至目前的文史哲學組、經濟及社會科學組、數學物理組、數學生物組、科學技術等五組，而且考試的方式也屢有變革。

不過，即使法國的高中會考制度不斷的在改革，但看在革新派眼裡，它仍然有考試範圍侷限於古典，考試內容偏重於資料性記憶，阻礙課程之現代化等弊病。

(2) 大學經費普遍不足

法國教育經費雖歷年皆有調整，但因學生人數膨脹過劇而不敷所需。故而常見，教室破舊擁擠、實驗設備殘破不堪，大學師資普遍短缺，大為降低了大學的水準。而最令人詬病的則是師生關係的疏離。法國大學有很多課程，多採大講堂上課，停留在教授講解學生抄筆記的單向式教學，不但缺少師生互動的機會，且乏人格教育的一環，更談不上課之外社會生活的接觸。這是法國大學教育廣受批評之所在。

(3) 教育機會不平等

儘管近幾年來接受高等教育的人數不斷增加，大學生的福利與助學貸款繼續提高，但大多數高教學生仍然出身於經濟環境較為富裕的家庭。據統計，僅有百分之八的勞工子弟能進入大學。這對於標榜「教育民主化」的法國，仍是一項極大的諷刺。

(4) 學閥把持的封建統制

一九六五年諾貝爾醫學獎得主莫諾（Jacques Monod）教授，曾公開批評法國大學中的「封建統制」（féodalité）。「學閥把持」或所謂「近親繁殖」，各國大學所在都有，不足為奇。法國大學不過是學院（faculté）的總稱。在各學院中，設有講座教授，名額有限且是無任期的終身職（除非死亡或退休），因此容易造成割據稱雄，儼若學閥。講座分別主持一研究機構（不乏空有其名而無實際研究計畫者），或稱研究所，或稱實驗室，或稱研究中心（centre de recherche），學院經費就依照講座指示朋分調配，講師與助教皆由講座教授選聘（形式上當然須經院務會議通過）。由於沒有學系之設，學院的課程亦以講座教授的馬首是瞻，其他任課教員當然附隨配合。因此，講座教授既然大權在握，壟斷經費、人事、教學與研究設備等大計。[9]一人掌權，稱孤道寡，不僅年輕後進難能出頭，亦阻礙了大學各方面之創新和進步，並削弱了與世界各大學競爭的實力。

陳三井論法國民族性兼議巴黎大學城

陳三井小檔案

陳三井（1937-），臺灣彰化人，筆名陳澤豐、楓丹露、蒙丹、舊莊居士、雙玉樓主等。

一九六〇年，臺灣師大史地系畢業，曾任教省立彰化中學，並服預官役（第十期）一年。

一九六四年，考取公費留學法國，入巴黎大學攻讀外交史。

一九六八年，獲巴黎大學文學院博士，回國擔任中央研究院近代史所副研究員，六年後升研究員。

一九七五年，借調出任淡江大學教授兼歷史系主任。

一九八六年，借調國立空中大學教授兼人文學系主任。

一九九一年至一九九七年，出任中研究院近史所所長。

二〇〇二年，退休，改聘為近史所兼任研究員（2002-2017）。當選為華僑協會總會理事長（2002-2006）。

筆者研究中法外交史、文化教育交流史，相關著作有《華工與歐戰》、《勤工儉學的發展》、

9 郭為藩，〈法國教育制度及其問題〉，《法國教育及其他》，頁 127-160。

文明而熱狂；當政局紛擾之際，粗魯、野蠻，飄搖不定如無重心之船；一會兒上天，一會兒下地；對好事熱中，對壞事的豪興也不減；認事不清便跑第一，盲從蠻幹亦絕不反悔；既不在乎放辟邪行，也不留心善行善事；和平時是生活中的懦夫，戰爭時是放蕩型的英雄；虛榮、愛嘲弄、野心勃勃，既是改革家，又是頑固分子；蔑視一切不屬於他們的東西；獨處時是最親切的朋友，在團體內是最討人嫌的傢伙；居家則和藹可親，出外則令人難以忍受。這些是古代雅典人，今日法國人的寫照。」[11]

夏翁把法國的民族性說得淋漓盡致，優缺點並舉，矛眉中顯露真性情，精彩之至，足可做為了解法人民族性的金科玉律。

2. 縱談法國人

法國男人有獨特的氣質，從咖啡館的侍者、旅館的門房到博物院的導覽，幾乎一眼就可以辨識出來，而且絲毫不爽！

法國人看來憂鬱多慮，落落寡歡，巴黎地下火車中或侯車室內的景象可以證明。不管是坐車或等車的時候，大家面面相覷，無精打采，絕少交談，甚至彼此懷有敵意，予人印象不是如喪考妣，便是剛遺失皮包，不復以往那種從容優雅、談笑風生的景象。

法國人具有批評精神，卻不一定有接受批評的雅量。他們反應快，也善變，喜怒哀樂讓人不易捉摸，他們談話口若懸河，喜歡藉手勢來加強。一般而言，愈有教養的人，愈少比手劃腳。

理論上，法國人好講平等；實際上，他們也走邊門，拉關係，甚至送禮，以求取不應該得到的特權，或保持不願失去的好處。

法國人沒有種族的偏見，卻有社會的偏見。他們無所謂黑皮膚、黃臉皮，但卻很在乎你的出身和地位。

在法國鄉下，家家戶戶營築高牆厚籬（非關治安），惟恐與左鄰右舍打交道，且在大門高懸「內有惡犬」的牌子，十足一種「拒絕往來」人家。

法國人自以為慷慨大方，其實卻是精打細算，距吝嗇只是五十步與百步之差而已！

3. 法國青年男女

當下法國青年的身高已比他們的父親或祖父輩為高，一般富庶家庭子弟的身高也優於工人家庭的子弟。

時下法國青年的穿著頗為隨便，他們留長髮的風氣甚盛。論髮型，千奇百怪，應有盡有。走在街上，真是讓人雌雄莫辨，男女難分。據說，留長髮的好處倒還不少，除了時髦外，既省時、省事，又省錢，冬天還有保暖作用。唯一的缺點是，容易藏垢納污，有礙衛生。

據專家研究，法國青年與一般西方國家的青年並無太大的差別，不過仍有下列幾點不同：

（1）法國青年比較不具冒險犯難的精神，衝勁與活動力也較缺乏。

（2）法國青年在意個人自身的前途，似多於對人類命運的關注。

（3）法國青年較無耐性，對於擔當國家重責大任的心思，似有迫不及待的感覺。

11 陳三井，《法國漫談》，頁81-84。

她們帶領風騷，難怪全天下的男人都要為她們俯首折腰。這就是巴黎，一個女人無所不在的巴黎，一切以女人為尊的巴黎。

萬般風情在巴黎

巴黎是一個兩百萬人的國際大城市。又是歐洲的中心，文學、藝術、政治都居於領導的地位，她不同於紐約、倫敦、東京或香港，處處感受有異。

談到藝術，法國人不知是天份或出於後天訓練，他們往往把藝術表現在櫥窗裡。在巴黎，逛街是很多法國人喜歡的，他（她）們牽著狗，無論買不買東西，慢條斯理地在街上蹓躂，一見陳列的櫥窗吸引人，他們便停下來看個夠。

巴黎的繁華，與富人之捨得花錢不無關係。在巴黎，一個手工製的水晶玻璃酒杯，開價五十美金，但有人一口氣就買上千隻，可見豪邁。巴黎創造了一些世界名牌，但也有不作廣告，少為人知的上等貨品，以服裝為例，巴黎有四十家服裝店，它們不作廣告宣傳，甚至店名和地址也保密，它們只做世界王公大臣、商業大亨和闊女人的生意，但其價格之昂貴，可能令你咋舌。

巴黎雖是國際性大城市，但因外來移民五花八門，故亦富地方色彩。例如阿爾及利亞人，他們的回教式貨品和經營手法，亦有別於法國。其他如希臘、土耳其等國，同樣別具一格。在二十世紀八〇年代前後，由於西貢、金邊相繼淪陷，大批的中南半島移民踴入巴黎，帶來另一種商業行為。中國餐館像雨後春筍般冒出，中國食品甚至中國蔬菜也次第出現，純中國式的大賣場也相繼揭幕，所謂「中國城」在巴黎的十三、十九區呼之欲出，為巴黎的萬般風貌添增一股東方色彩。[16]

法國人是真正懂得幽默的民族

有人說，法國人懶散、浪漫、風流，這些話都沒有說錯，但只是皮相而已，並沒有真正觸及法國人的骨髓。認真分析，在法國人骨髓深處的，應該是他們的幽默感。

法蘭西人懂得幽默，懂得欣賞幽默，懂得製造幽默而不以幽默為忤，這才是名符其實的幽默。有一個相當流行的故事。是用來嘲笑和挖苦法國人的幽默程度的，話說有幾個法國人對「法國紳士」一詞感到疑問，於是有人出題說：「假如你回家時，發現尊夫人正跟你最要好的朋友擁抱熱吻」，你該怎樣維持你的「紳士風度」？

某甲說：「假裝沒有看見！」

某乙說：「對不起」，然後迅速退出。

某丙說：「對不起，謝謝」，然後迅速退出。

某丁說：「對不起，謝謝，請繼續！」，然後迅速退出。

法國人如此幽默，可能與他們的口才便給有關。常見兩個識或不識的法國人，站在街心聊天，一聊就是一或兩個小時，聲音抑揚頓挫，十分悅耳。

幽默用在政治上，可以發揮巨大的力量，有時勝過千言萬語。另一個有趣的笑話可以印證。法國有段時間推行左右「共治」，有人發明了「同居」（Cohabitation）一詞作為調侃。但左

16 張寧靜，〈巴黎逛街購物萬種風情〉，《愛在塞納河》，頁35-39。

十家大學餐廳，為莘莘學子提供貼補的午、晚餐。彭怡平特別告訴我們，法國的學制非常靈活，不但理論與實務並重，更採菁英教育，除一般大學外，又設立「國家行政學院」、「巴黎政治研究學院」、「巴黎綜合理工學院」等專門學校，做為培養高級行政外交人才、學術研究專才和工程師的搖籃。一旦錄取，就形同公務員一般，一切由國家認養。這是多少法國青年夢寐以求，視為無上榮耀的晉身階梯。

遺憾的是，這項菁英教育所費不貲，長久累積下來卻造成一個小型的封閉社群，他們只想到自己的榮華富貴，卻沒有為弱勢族群發聲，難怪法國總統馬克宏不得不提出改弦更張的對策。

馬克宏總統所面臨的挑戰，主要還是年金改革所引發的如火如荼的「黃背心運動」。讀者不禁要問，「黃背心運動」是否就是一七八九年法國大革命或一九六八年五月學運的 2.0 版？當運動初起，先是要求廢除燃料稅，逐漸演變為高喊「全面解散國會」、「馬克宏下臺」、「斬首馬克宏」等口號時，不免讓人回想起當年法國人民攻陷巴士底監獄時，也同樣因為貴族奢華成性、財政困難、民生凋敝，以及強制增稅等問題而爆發。

馬克宏處理經濟問題的原則是：「把錢給窮人叫浪費，給富人才叫投資。」所以他取消富人稅、調漲燃料稅，加深中低收入者強烈被剝削感。彭治平在第二章「不抗議不革命就不叫法國」，對學運和「黃背心運動」有深入分析，限於篇幅，此處無法贅述。

法國社會如何面對街友？

社會面對弱勢族群的態度，以及執政者如何動用各種政治資源以有效幫助弱勢族群，並且回應、解決弱勢族群的各種問題，被視為一個城市乃至國家社會進步與否、是否民主的重要指標。

一看到或者提起街友，我們先入為主的觀念便是：這些都是上了年紀、酗酒，且長期在街頭流浪的無業遊民，事實不然。據專家指出，社會大眾對街友最常抱持的三種偏見是：

1. 只在寒冬才難以存活。
2. 街友都不想工作。
3. 街友都是酗酒與吸毒者。

因綿延不斷的戰亂而起的國際難民潮，以及全球市場自由化的結果，使本土製造業不斷外移，工廠關閉，工人一夕之間失去生活依靠。而在全世界居高不下的失業人口中，尤以四十多歲中年失業的人數比例最高。這些中年失業者除了本身的專業外，多半並無其他一技之長；加上就業市場偏愛年輕勞工，造成他們就業困難。這些都是造成街友的原因。可見街友不是道德問題，而是不義的制度使然。

從二〇〇八年至二〇一八年間，單是法國，街友的人數便增長了百分之五十，其中女性街友更激增至百分之七十。二〇一八年，單是巴黎一地便有五千多名女性流落街頭，她們為了尊嚴和人權，寧願露宿街頭，也不願入住政府所設的「巴黎社會薩姆」（Semu social de Paris）或「緊急庇護所」（Centre d'Hébergement d'Urgence）。

任何一位觀光客到巴黎欣賞美景之餘，遊民也已變成巴黎街景的一部分。巴黎人於上班、上學、回家或者購物途中，在地鐵車廂內、候車月臺或公車站，都可能常見到數量驚人的遊民。面對這些數以千計的遊民街友，法國有關當局並不認真重視，這與馬克宏總統所公開承諾「二〇一七年底，不想再看到任何人露宿街頭」的理想，儼然南轅北轍。

有趣的是，二〇一八年巴黎一位女市長叫希達爾戈（Anne Hidalgo）曾煞有介事的舉辦一次「團結之夜」，公開招募一千名以上的志工，並動員了不少社會工作者，在晚上十點到凌晨一點，針對街頭巷尾尚未入睡的街友，進行地毯式的調查訪問。其結果，僅證實了巴黎區內的遊民數量不少於五千名，而這個數字極有可能被嚴重低估。

二十一世紀的今日，街友所暴露的貧窮問題，觸碰到社會每一個階層。對抗貧窮，是人類一場永無休止的戰爭，也是每一個國家、每一個城市正在面臨的嚴肅問題。從法國到臺灣，從巴黎到臺北，解決街友問題，也是臺灣社會走向真正的民主和人權的必經之路。「貧窮無法控制」，從雨果的《悲慘世界》，到見證二十世紀下半葉至二十一世紀初貧窮的皮埃爾神父（Abbé Pierre, 1912-2007），以他們的思想與行動，為貧窮注入最深刻的悲憫，使得人道主義以及《禮記・禮運大同篇》的理想不再是空談，而是人類社會為了美好世界的可能而付諸實踐的良善。[3]

法國報業生存有道

法國報業開始於十五世紀，不過，法國報業史第一份被公認為報紙的《公報》（*La Gazette*），發行於一六三一年。一開始，便獲得路易十三的首相黎胥留（Armond Jean du Plessis de Richelieu, 1585-1683）的刻意扶植，不但有政府的資金挹注，更獲取宮廷的第一手消息，加上編排簡潔、明確，使得該報成為發行量大、普及面廣、讀者眾多、品質最高的法國報紙。

直到今天，法國政府在報業、媒體發展上，一直扮演著遠比英、美國家更為積極的角色。正因如此，相比英、美，法國媒體顯著少受商業化的影響。換言之，法國報業於商業廣告的依存度，遠不及臺灣、英、美媒體那麼高。就報業來說，在法國，絕大多數報紙主要依賴的收益來自發行量，而非廣告。以《解放報》（*Libération*）與《世界報》（*Le Monde*）為例，它們的廣告分量都不多。

法國報業為何可以不必仰賴商業廣告收入而存活，主要的原因是得自政府的資助。法國政府對報紙均提供一般性的補助，例如電話費、傳真費、郵寄費等津貼，而更多的法國報紙，即使發行量低於十五萬份，依然能夠如常出刊，並且保有一定程度以上的新聞專業及水準。比如天主教的《十字架報》（*La Croix*）、共產黨的《人道報》（*L'Humanité*）、極右的《法國今日報》（*Aujourd'hui en France*），以及左派的《解放報》，在經營困難時期均獲得政府的直接資助，為的是保障法國報業的多元及多樣性。

法國報紙當然有意識形態，也不諱言自己的政治主張，稱得上「百家爭鳴」。著名的《世界報》，被認為是中間偏左的知識分子報，主要讀者多是金融業主管、大學老師、高學歷公務員等；《解放報》是左派的報紙，支持社會黨，主要讀者為年輕的知識分子及勞工階級。儘管立場不同，兩報同樣都被大企業的財團控制，只是財團並未實質上妨礙或主導它們既定的政治立場。

同樣持左派立場的紙媒還有法共的機關報《人道報》，以馬克思主義視角觀察時事。此外，影響較大的全國性雜誌《新觀察家》（*Le Nouvel Observateur*）以及《快週刊》（*L'Express*）也都是左派傳媒。

---

3 彭怡平著，《這才是法國》，頁 218-232。

而立場相左的則有自一八二八年倖存至今的《費卡洛報》（*Le Figaro*），這是法國現存歷史最悠久的報紙，其政治立場偏右，支持自由經濟及企業主的利益，堪稱右派代言人。另《觀點》（*Le Point*）週刊，在政治和經濟層面上，更是傳統的自由派主張；《現實價值》週刊（*Valeurs Actuelles*）比《觀點》持更強烈的右派傾向，力主自由經濟、捍衛傳統家庭觀念、國家利益至上、反對移民等。

再者，法國地方報紙皆由歷史悠久的地方媒體集團所控制。例如，法國發行量極大的《西法蘭西日報》（*Ouest-France*）、西南部的《南方快報》（*La Dépêche du Midi*），兩者都是傳統左派報紙。無論社會黨在中央或當地執政，兩家都比較維護執政黨，在宣傳方面給予社會黨大力的支持，並大肆批評右派政黨。

彭怡平對法國報業和媒體現況的認識和角色的認知，頗有過人之處。最後她語重心長的總結說：「自從數位時代來臨以後，與臺灣的報業相較，法國報紙就算在免費報紙以及網路媒體的夾殺之下，依然能夠以不犧牲新聞從業人員的專業為前提，透過各式各樣的內部改革，以及國家政策的輔導來強化體質，因應時代的改變，不但守護了法國報業界一直以來追求的新聞自由及多元意識形態的精神，也推動社會改革，讓不同階級之間得以對話，產生關鍵性的影響。總之，法國報業不僅是一種傳媒，它們還是教育社會大眾，有效監督不同政治立場執政者的第四權。特別值得注意的是，經營毋須仰賴商業廣告的法國報紙，更能專心於提升內容品質，並且透過各種不同行業的結合，將優質的文化藝術活動，隨時引薦給讀者，而於培養並大為提升法國整體公民文化的素質，居功厥偉。」4

法華女作家楊翠屏品評法國「浪漫」

楊翠屏小檔案

楊翠屏，女，雲林斗六人，嘉義女中畢業。

一九六七年，考進政大外交系，與蘇起（曾任陸委會主委）同班。大二、大三到補習班學日文，大三、大四與師大的一位英文教師學中譯英，大四到臺大的歐語中心及輔大法文系上課，打下外語基礎。

一九七一年，政大畢業，即赴法國普瓦蒂葉（Poitiers）大學學法語一年多，返臺後在一家翻譯社工作。

一九七四年，再到法國，在里昂第二大學攻讀現代文學和法國文學。三年後，取得文學學士學位。

一九七七年，到巴黎第七大學，專攻東亞學，獲碩士學位。

一九七九年，與布哲梵醫生（Dr. Edgard Bourgevin）結婚。

一九八二年，隨先生前往非洲加彭（Gabon）當叢林醫生。

一九八四年，回到法國，在巴黎七大攻讀博士學位。

一九八九年，獲得文學博士學位。

一九九二年，通過副教授資格鑑定。

4 彭怡平著，《這才是法國》，頁 251-271。

楊翠屏的譯著生涯

楊翠屏在結婚後開始寫作，她的處女作〈廚房像實驗室〉，發表於臺灣的《婦女雜誌》。不久，她隨丈夫到非洲，身處不同的習俗文化，有機會觀察、比較，有感而發，寫了一系列旅居原始森林的文章，陸續投稿《婦女雜誌》，後來還在《中央日報海外書簡》、《民生報》、《消遙》雜誌發表過文章。

由於楊翠屏在法國從大學讀到博士，精通法文，能快速容易地閱讀法文書籍、報章雜誌，了解法國民情、政治動向、社會脈動、經濟趨勢和文化精髓，她選擇翻譯了三本有分量、有難度的法文作品。第一本是《見證》，為八位二十世紀法國文學巨擘評論。第二本是《西蒙波娃回憶錄》，西蒙・波娃（Simone de Beauvoir, 1908-1986）是法國二十世紀作家、哲學家、女性主義者，以及「存在主義」大師沙特（Jean-Paul Sartre）的伴侶。第三本是《第二性：正當的主張與邁向解放》，該書曾獲聯合報讀書人，一九九二年非文學類最佳書獎。

除了翻譯名著外，楊翠屏自一九九一年秋開始，為《中國時報》開卷版世界書房專欄撰寫法國書評，每月大約三篇，約十天看一本法文書，步調緊湊，磨練如何擷取書中精華作摘要評論。她寫了三年，閱讀了數以百計的法文書，就想到何不自己也著書創作。

誰說法國只有浪漫

楊翠屏在法國生活數十年，喜歡觀察法國的社經、政治、文化現象，對法國有著深入的了解。她有感於一般中文書主要敘述旅遊景點、美食美酒、服裝時尚，極少進一步探討其真面目，於是下筆撰寫《誰說法國只有浪漫》一書，與讀者分享在法國的印象和經驗。

書出版後，一位評論家這樣評論：「這本書揭示了一個我自己從來不知道的法國；一個雖然文學全世界著名的法國，卻有七百萬人是文字殘障者；一個看來全民都樂悠悠過日子的法國，使用的抗憂鬱藥品量卻居全球之冠；一個全世界都跑去旅遊的法國，國民卻最少出國旅遊；一個生產了全球最多品牌香檳酒、葡萄酒、白蘭地的法國，餐桌上最熱門的飲料卻是礦泉水；一個號稱世界第四、五大的經濟體的法國，其國民中不少人卻寧願失業領救濟金，而不願意工作；一個最浪漫的法蘭西民族，卻為人口急劇減少而傷透腦筋。這真是一本好特別的書，沒有在法國住上三十多年，寫不出這樣的書來。」[5]

楊著《誰說法國只有浪漫》一書，分成家庭、餐飲、觀光度假、社會現象、學校教育五大部分，每一部分各有五到九篇的論述，單從篇名就令人有目不暇給、迫不急待想一窺精彩內容的衝動。不過限於篇幅，僅能擇錄其與眾不同的若干篇章，與讀者細細品味。

法國家庭三代不同堂

在標榜獨立、自主，個人主義盛行的西方社會，注重孝道、尊敬長輩，講究家庭倫理的中國社會，東西方對安排老人居住持不同態度。在臺灣，三代同堂是普遍現象，老人除非境況特殊住養老院的比率不高；在法國，三代同堂極為罕見，大部分是住在窮鄉僻壤或山區，婚後子女與父母同住係出於經濟考慮，並非親情因素或雙方的協議，而且常是權宜之計，一旦子女經濟條件許可，必然與父母分居。

5 高關中著，《寫在旅居歐洲時》（臺北：獨立作家，2014），頁214-220。

在法國大約兩成一的家庭，只有一個孩子，而且比率有逐漸增加的趨勢。這與夫妻關係或男女關係的不穩定，離婚率偏高，愈來愈晚生第一胎，有絕對關係。許多擁有大學文憑，以工作為重且年過三十四歲的女性，並不再想生第二胎。

法國人心目中的理想孩子數目是二點六個，這與家庭經濟、宗教信仰和族群有絕對關係。高薪家庭希望多子多孫；虔誠的天主教家庭認為孩子是上帝賜予的禮物並不避孕；來自北非或非洲的移民家庭，視孩子眾多為家庭生計的主要依靠。在法國，只要有三個孩子便被政府認定為「人口眾多的家庭」（famille nombreuse），從出生至十八歲成年，除了有家庭補助金之外，尚可減免所得稅。平時搭公車、地鐵、火車、看電影，憑一張「人口眾多家庭卡」就可享有減價優待，巴黎市每年還另給一筆錢，家長可自由決定在瓦斯、電費、音樂學校註冊及諸多課外活動繳費時，使用該張支票。你說，住在法國，是不是合了法國一句諺語：「快樂得像住在法國的上帝。」[6]

法國年輕一代愛喝礦泉水

一般人印象，法國盛產葡萄酒，法國人以愛喝酒聞名。每天喝適量的酒，可對抗心臟或腦血管疾病，甚至降低癌症患者的死亡率。

雖然適度飲酒有益身體健康，甚至延長壽命，但最近三十五年法國飲酒人口已逐年遞減，法國人與葡萄酒之間的密切關係已逐漸疏離。法國人，尤其是年輕的一代，他們對酒的學問已愈來愈膚淺。法國人不再那麼熱衷喝酒，其飲酒冠軍的美譽已快被義大利人追上，葡萄牙人與西班牙人緊跟在後。

最近二十五年，礦泉水已成為法國人，尤其年輕一代，用餐最愛的飲料。時下餐館每兩個餐桌中就有一個只供應礦泉水，其次才是酒、自來水與蘇打。至於年輕人為什麼不歡迎葡萄酒，寧取礦泉水。理由很簡單，可能是：「酒不是年輕人生活方式的表徵，它意味著過去，是父母與祖父母的飲料。它傳達一種年輕人不再分享屬於傳統、歷史的文化與心態。所以葡萄酒不受年輕人的垂青，因為它不屬於他們的世界。」[7]

除了飲酒習慣的改變之外，法國人不像臺灣人一樣常上餐館。據統計，有兩成五的人從未到過飯店餐館。外食人口中有六成五是在公司或學校食堂解決，有的則在麵包店買三明治果腹。法國一般人的荷包並不豐厚，很少人花得起在中等餐館一個人二十三歐元的消費。法國餐館無法大眾化的主要原因是：營業稅及包括廚師在內的服務人員的費用高，不少高級餐廳因生意難做而紛紛關閉。

法國度假面面觀

根據一項調查，觀光客普遍認為，法國人不太好客，亦不親切，服務態度有待改善，且傲慢。雖然如此，但法國風景優美、歷史悠久，名勝古蹟散布全國，服裝、香水、葡萄酒、美食等聞名於世，故每年吸引數千萬的觀光客到來，稱得上世界數一數二的觀光王國。

有趣的是，法國人偏偏是歐洲人中最不愛出遠門的，他們不愛去國外旅行，寧願在書本或

6 楊翠屏，《誰說法國只有浪漫》（臺北：高寶，2006），頁 15-29。

7 楊翠屏，《誰說法國只有浪漫》，頁 46-49。

電視、影片中去憧憬。一般選擇到國外旅遊的法國人，有六成嚮往西班牙、義大利、希臘，或葡萄牙的海灘，卻較少去觀光。法國人不喜歡冒險、花太多金錢，又太勞力費神的遠距離出國旅行。

法國人在夏天一窩蜂湧向海濱，是最近幾十年逐漸形成的現象。在現代工業社會帶來的緊張生活下，大海具有另外一種涵義，它是一個乾淨、愉快、忘掉日常煩惱、舒展身心的好地方。人們並不一定游泳，在海水裡漂浮，在沙灘上曬太陽，令人有無事一身輕的自在感覺。大海並不意味什麼歷史、文化或景致，它代表處女地，象徵一望無際的空無，與複雜的現實社會形成強烈的對比。新形成的海濱社會，是個快樂、無拘無束、沒有紛爭的節慶社會，海濱的生活哲學，是人們和諧的同意去分享空間。安置遮陽傘、大條毛巾，意味劃定界線，遮陽傘下的陰影是其地盤，家人在那兒團聚、玩耍。法國女人上空身體曬太陽，意味著否定社會禁忌，與諸多社會束縛斷絕關係，其意義深遠，在尋求某種自由，唯有在海邊的人們才得享這種自由。

另一種人潮，巴黎人越來越嚮往鄉間新鮮的空氣、寧靜的環境、鳥鳴蟲聲、親近大自然、廣闊的居住空間、花園洋房以及和緩的生活步調。他們要向沙丁魚似的地鐵、街道上的狗糞、郊區的不安全感、大城市的孤寂，牆壁上的亂塗鴨等看不慣的一大堆惱人煩事，暫時告別，大聲說NO。

重稅讓法國經濟窒息？

您可知道，六千三百萬人口的法國，有半數的家庭不須付所得稅。歐洲人付所得稅，英國最高額度是百分之四十，德國是百分之四十一，法國是百分之五十四，高居歐洲之最。

除了所得稅外，法國受薪階級須再付「普遍貢獻社會稅」（簡稱 C.S.G.）、「償還社會債務稅」（簡稱 R.D.S.）以及「貢獻社會團結稅」（contribution généralisée）等三種稅，這相當於再度繳納一份所得稅。英國沒有這種稅。又財產超過七十四萬歐元的法國人，得另付財產稅（指土地、房屋稅）。除瑞典、芬蘭、荷蘭、西班牙和法國外，其他歐洲國家並不課徵財產稅。可見法國薪水階級有財產者，有五種稅要繳，這算不算重？

此外，公司行號雇用人員需繳納的社會保險支出，在法國稅率亦僅次於比利時，居歐洲第二。若公司行號易主或家族財產繼承，英國免稅，法國則課重稅，其結果導致許多企業因無法負擔高額繼承稅而宣告倒閉，亦造成數以萬計的員工失業。

法國是個民主國家，其課稅制度又像是個社會主義國家。國家花掉龐大的人事經費，例如法國公務員人數之多（五百二十萬名），居歐洲之冠。法國教育部雇用一百四十一萬名教職員，亦居歐洲之冠。因此，「重稅讓法國窒息」、「效法歐洲鄰國減稅」的呼聲此起彼落，可惜法國左右派當政者，為了選票，卻遲遲不敢啟動大刀闊斧的稅改政策。[8]

移民後裔的教養問題

一九七四年季斯卡總統執政時，法國實行「家庭團聚」的移民政策，讓許多阿拉伯（北非）、非洲婦女和孩子來法國依親。只要在法國出生即可取得法國國籍，致使移民後裔並不珍惜他們生而俱來的法國籍。這些阿拉伯、非洲移民屬於中下層勞動階級或失業者，教育程度極低

8 楊翠屏，《誰說法國只有浪漫》，頁 112-115。

甚至文盲，遑論文化素養。這樣的父母無法了解孩子的上課情況及監督學業。法國學校對他們而言，像是一個未知的世界，不想去認識或害怕學校，亦即無法掌握孩子們的前途，傳達勤奮向學的驅策力。

教養不當的孩子，在家庭中未曾學習道德規範、紀律、嚴謹、負責、恆心等一連串求學暨就業成功的要素。父母並非其模範或精神導師，父親缺乏權威與尊嚴，母親無法與孩子溝通。未受到任何權威、約束的孩子，容易淪落成為社會的邊緣，離開學校缺乏職業技能，但又不甘心接受低賤工作。在失業、容易陷入犯罪、吸毒的惡性循環下，加之得益於未成年犯罪的從輕發落，故而道德意識逐漸鬆懈乃至全部淪喪，終於變成反抗社會的一分子。

按非洲移民後裔之所以在學成績低落，與一夫多妻制的家庭不無關係。法國約有四十萬的非洲黑人，他們來自馬利、塞內加爾、薩伊、喀麥隆、象牙海岸、剛果、莫里斯島等地，多半生活在一夫多妻制的家庭。總體而言，他們沒有任何融入先進社會的文化素質與經濟資源，父親經常缺席，或僅是回家睡覺。在非洲，多妻並不住在同一屋簷下；在法國，大家侷促在同一公寓裡，朝夕不得不見面，女人們多把心思耗在嫉妒、敵對、衝突之中，哪有心情、時間和權威去照護管教後代，日子便在精神苦悶和沒有前途、缺乏遠景中得過且過。

相較之下，楊翠屏也不忘指出，一九七五年中南半島淪陷後，成千上萬的越南難民斷斷續續湧入法國，他們慶幸能脫離共產黨的統治，更慶幸能在法國謀得一棲之地。他們多半住在郊區的國民住宅，但很少人抱怨生活困苦、適應不良；他們可以從事法國人不願作的低收入工作，他們具有融入法國社會、落地生根的適應能力。更重要的是，越南人像中國人一樣，尊重長輩，對別人負責，了解受教育的重要，重視下一代的前途。雖然身在異鄉，但家庭的內聚力和兩代之間的相互關懷、凝結，依然存在。[9]

法國「文憑至上」、「精英主義」的教育

法國大學易進難出，尤其是最初兩年的淘汰率極高，成績不好的學生完全被拒於大學門外。法國道地是個「文憑至上」的國家。在同一年齡層大約六成有高中文憑，即每年約七十五萬人中有三十萬人（占四成）沒有高中文憑，其中約半數有初職文憑（C.A.P.或 B.E.P.），剩下十五萬名無任何文憑，成為被冷落摒棄的族群。

目前，法國年輕人的失業率高達百分之二十五。因為，連超市徵求收銀員都要求需有高中文憑。另根據一項「教育檢視」報告，法國只有三成七的年輕人擁有大學文憑，與美國的六成四，瑞典的七成五、澳洲的七成七難能相比，甚至還遠落在智利、俄國、菲律賓、西班牙、匈牙利和波蘭之後，名列全球第三十。[10]

這是「精英教育」政策出現差錯？「萬般皆下品，唯有讀書高」，崇尚文憑的法國社會文化，輕視勞力工作，尤其在教育當局高喊「讓八成的年輕人獲得高中文憑」的誘人口號下，職業技能訓練嚴重不足。高等教育與企業脫節，大學生光學理論，年輕人憂心前途。有人倡法國是個「封閉的社會」，這是個「工作不穩定的世代」，年輕人失業率偏高，一切是否與「文憑至上」、「精英主義」有解不開的環環相扣關係，或有待更多更深入的討論。

9 楊翠屏，《誰說法國只有浪漫》，頁 156-167。

10 楊翠屏，《誰說法國只有浪漫》，頁 171-173。

謝芷霖在法國的流「浪」與「漫」遊

謝芷霖小檔案

謝芷霖（1972-），女，臺灣苗栗人，出生臺北，筆名蕭羚。

臺灣大學外文系畢業。巴黎第八大學法國現代文學碩士，現就讀巴黎第八大學女性學研究所博士班、旅居法國。

謝芷霖創作文學以小說為主，曾獲世界華文小說獎、全國學生文學獎等獎項。

著有《不浪漫的法國》（臺北：印刻出版，二〇一六），以報導文學、散文、故事手筆，呈現出一位久住法國的臺灣女性如何看待法國的「異類觀點」，不是衣香鬢影的時尚，而是布衣人家錙銖必較的趣味與柴米油鹽的尋常人生。

「浪漫」一詞話從頭

「浪漫」（romantique）一詞，在法語中常跟藝術與文學的發展類型放在一起使用，如romantisme, romance, poète romantique，真要拿來作形容詞形容狀態的時候，都往往有不切實際，流於幻想的況味，總之不是什麼太正面的好話。為什麼傳到了亞洲，翻成了中文，卻搖身一變成為形容愛情與美好氛圍的佳詞，令人百思不解。最奇怪的是，一般人又進一步把對法國的種種美麗憧憬及遙遠印象，與這個變調的形容詞並列，讓成千上萬的人，即使從未到過法國，也能流暢的說出：「啊！浪漫法國！」這樣的評語。

平心而論，一般人心目中想像的「浪漫法國」，大致有以下幾種刻板的印象：

1. 時尚、時裝、精品、香水、化妝品之都。
2. 法國女人個個苗條優雅，穿著高貴又具有不俗的品味，創造潮流又不失個性。
3. 法國人天天悠閒喝高級咖啡、嚐美食、飲醇酒、品精緻甜點糕餅，彷彿柴米油鹽等人間煙火，皆不沾染法國人的生活。
4. 法國男人則個個英俊瀟灑、風度翩翩，對女人既殷勤又體貼，似乎個個都是風花雪月的調情高手。
5. 法國人的家居佈置都高雅華貴，彷彿每個法國人都是有錢的布爾喬亞（資產階級）。

這就是大家心目中對「浪漫法國」的極致想像。

「浪漫法國」不堪入目的景象

天堂也有醜陋的一面，欣欣向榮的社會也有黑暗的一面。是的，「浪漫」法國，也有不浪漫的一面，尤其定居在法國的異鄉僑民，他（她）們每天為生活勞碌奔波，為掙麵包錢而折腰，他（她）們過的是真實的生活，他（她）們的所見所聞可一點浪漫不起來！「浪漫」兩字對這些人而言，可是遙不可及，甚至適得其反的大錯特錯。

請看，謝芷霖為我們列舉的例子：

1. 大都市該有的髒亂，莫名奇妙的種種怪人、怪現象，巴黎統統具備。
2. 大街小巷「狗屎處處」，法國人可以穿得光鮮亮麗溜狗，卻任寵物隨處大小便，讓路人不得不小心翼翼，以免誤踩「黃金」，那可就狼狽不堪了。所以說，住在「浪漫法國」，尤其是巴黎，得先學會巧妙躲閃狗屎的輕功。

3. 有百年以上歷史的巴黎地鐵，車廂老舊，而且怪味，甚至還看得到老鼠奔竄。地鐵站裡的通道上，到處可見隨手亂丟的垃圾、票根和菸蒂。

4. 為數眾多的流浪漢（Vagabond）以地鐵站為家，往往在月臺座位或車廂裡呼呼大睡，或隨地小便；酒醉的還有可能摔破酒瓶，搞出滿地碎片酒味狼藉，甚且在月臺上騷擾乘客。

5. 巴黎地鐵和若干景點，也是小偷扒手出沒場所；偷護照、搶錢包、奪相機，根本已是司空見慣之事。也免不了乘機摸屁股性騷擾的鹹豬手。

巴黎居大不易

謝芷霖在法國定居逾二十年，從念書、嫁法國先生、生兒育女到工作養家，親身體驗的結果，比較東西文化、習俗觀念上的差異，她對法國有比較樸實的看法，不為虛名所惑，值得我們參考。

首先，她感受到法國特有的文化氛圍，這是世界上其他國家難以望其項背的。大城市中有豐富的上檔電影，便利的圖書館服務，一般人維持著起碼的閱讀習慣，難以計數的劇場活動、舞蹈表演，各式各樣的展覽，大量保持完整的古蹟，這些都使得法國的文化生活多元而多采多姿，也使得法國人在工作之餘，仍然會找時間發展自己的休閒生活，或專業之餘的第二興趣、第二專長。此外，法國長達五星期的法定年休，更是十分人性化的措施。在謝芷霖眼裡，如果法國有什麼值得我們羨慕的地方，這些才是真正值得羨慕學習的優點。換言之，這或許才是法國真正「浪漫」而可以借鏡的地方。

相對而言，從實際生活的感觸，謝芷霖身為異鄉客，在稱頌之餘，同樣提出一些另類而善意的批評。這些善意的批評正是我們「知己知彼」所要發掘的問題所在，茲分項述之如下：

1. 族群衝突問題

世界性的族群衝突，近二十年來已演變成嚴重的恐怖行動，世界不少大城市都遭受過恐怖分子的襲擊，巴黎也不例外。殺傷力最大的一次要屬一九九七年 R.E.R.郊區火車爆炸事件。爆炸地點就在巴黎市中心的 St. Michel 站，傍晚大家搭車返家的時刻，許多趕著回家的上班族和學生，都成了這次恐怖事件的犧牲者。

法國的族群衝突、暴力問題也時有所聞，這在筆者本書中還是第一次有人提到。二〇〇五年十月底，從大巴黎近郊 Clichy-Sous-Bois 引燃的警民衝突，透過網路串聯，最後演變成全國性的暴動，特別是低收入戶住宅區密集的 Cités 住宅城，更是整個脫序失控。長期忍受社會輕忽的這些地區，憤怒的青少年燒垃圾箱、燒汽車，自製汽油彈與警方對峙，有的更把公營的幼稚園、體育館當成報復的目標，趁夜一把火便毀了整個社區的集會場所。這些，其實是法國長久累積的社會問題所造成的族群對立，暴力事件只不過是一個表象，反映的其實是社會深層內裡的資源分配不均、歷史情結、種族歧視等種種根深柢固的問題。

比較令人憂心的是，整個社會的暴力氛圍，不但蔓延至校園，連中小學生上課都不能免於暴力的威脅，甚至發生老師被學生殺傷的駭人聽聞事件。一般小市民為了自身安全，也只能想盡辦法搬家、轉學，離開「敏感區域」。

2. 法國失業率高，生活費節節升

法國有三「高」，即房價高、生活費用高、失業率高。即使有薪階級，若是只賺最低薪資，也可能租不了房子，成為街頭流浪漢。人人自危，大家都怕哪天成了無業無殼遊民。弱勢族群中首當其衝的，便是單親媽媽，她們不但要賺錢養活自己和小孩，又要四處張羅小孩的托顧問題，她們的工作常常最不穩定沒有保障，薪資又是最被壓榨剝削的一群。即使是以獨立堅強聞名的法國女人，也是滿腹苦水。女人在法國的地位儘管已經提高，薪資平均水準依然低於男性百分之二十五，升遷機會仍舊不如男性。

身為法國女性，她們的形象毋寧是行色匆匆，忙碌到只好邊走路邊抽菸，或者就在地鐵車上化完整張臉的妝，想要穿得漂亮，必得尋尋覓覓省錢管道。日子過得再焦慮，表面也要維持起碼的光鮮，但她們講個性、講實際，不瘋名牌。法國女人與生活搏鬥，可以說她們現實得很，一點也不「浪漫」。

3. 法國人性格保守，安於現狀

關於法國的民族性，論者極多，是各類書籍評頭論足的熱門話題。謝芷霖對此亦有另類的看法，她大膽的指出，法國人守舊，性格封閉，安於現狀，不習慣變化。這可以解釋，為什麼法國人也愛到世界各地旅遊，他們接待的國外觀光客也多到不可勝數，然而法國人的外語能力卻沒有比別人強的原因。當然，法國人對自己語言的自負，可能也是重要因素之一。

不過，推究其源由，主要還是性格封閉作崇！到法國旅遊，別想用英語暢遊走天下，只怕三不五時要忍受法國人愛理不理掉頭就走的冷漠態度。旅行，若是自助自理，本該入境隨俗講法語，吃法國菜。只不過，當法國人到別人的國家去旅遊，卻並不如此設想，總期望別人配合自己的方便。說穿了，其實也是法國人語言能力普遍不佳而已。若語言能力不佳，對外來文化及新事務的接受度自然相對較低，也不免產生淺陋、封閉、小看天下，自以為是的缺憾！

法國人念舊，所有新事物到了法國，總要遲好些年才進得來，不然就一腳把它踢開。要法國人做新的改變，簡直比登天還難。比起容易接受新潮流、勇於嘗鮮的臺灣，法國簡直像個遲暮守舊的頑固老人。謝芷霖舉出兩個例子做見證。十幾年前，當她在臺灣已經開始用 e-mail 收信時，在法國恐怕還沒幾個人聽過此一名詞。當 Internet 如火如荼流行初期，法國人卻還在使用昂貴的 Minitel。

4. 破除巴黎女人的「迷思」

身為定居在法國的家庭主婦、職業女性，謝芷霖針對文章一開頭，巴黎女人的種種「浪漫」行徑，提出實相的經驗，藉以破除那不切實際的「迷思」：

> 「真正巴黎女人的生活，在保守的氛圍下，既要當現代女人面對職場工作，又要挑起家務上大部分的責任，其實是相當辛苦的。」

「巴黎女人」每天又忙又累，忙得灰頭土臉，不只奔波來往於住家與工作地點，還要買菜、煮飯、接小孩，哪有悠閒逛咖啡館，也沒預算光顧精品店。

「巴黎女人」的生活，有些處境比起臺灣女人，說不定還更艱難。說到底，真的沒什麼好羨慕的，種種迷思皆幻象。[11]

林樺眼中的「高盧雄雞」

關於作者林樺

林樺，出身於中國福州一文藝世家，畢業於上海外國語大學，北京外交學院碩士、巴黎大學政治學院博士。

嚮往成為小提琴家和作家，卻陰錯陽差地上山下鄉，當教師、記者和跨國公司專業人員。精通數國語言，喜歡周遊世界，品味精彩人生。

目前在日本一家跨國公司擔任法律總監，兼任法國巴黎大學客座教授。豐富的閱歷使他對跨文化交流和管理，有著特殊的興趣和獨到的見解，堅信幽默是人生智慧的最高境界。在中國和歐洲出版和翻譯過多本學術著作和小說，包括《非典型歐洲人》一書。

林樺筆下的「高盧雄雞」：法蘭西

法國人是古代高盧人（Gaulois）的後裔，她的形象就像一隻正在報曉的高傲公雞：目空一切，不可一世。有人揶揄，高盧公雞除了聲色俱厲，趕走對手之外，還是一隻不會下蛋、同時也是一隻一毛不拔的「鐵公雞」。

目前，法國是世界第四經濟大國，其航空航太、服裝工業、農牧業、金融、奢侈品、零售、旅遊和服務等行業，在歐洲乃至世界上，都占有極重要的地位。在文化、藝術、城市設計規畫、室內裝潢和娛樂行業上也獨樹一幟，促進了世界文化的多元化發展。

法國人充滿了創造發明的熱情和天才，他們的發明從共和制、帶薪休假，到墮胎藥、增值稅和最近允許同性戀合法化的《全民互助公約》（*PACS*），無所不為，無處不在。法國還曾接受和培養了許多中國當代著名的藝術家和科學家。

得天獨厚的地理環境，造就了法國四季宜人的氣候和極為豐富的旅遊資源，也使法國成為來自北方的日耳曼文化、來自南方的希臘羅馬文化、來自北非的阿拉伯文化等多種文化的交會點，造就出法蘭西民族燦爛輝煌的歷史和文化，也奠定了法國人極為鮮明的民族個性和特徵。法國人崇尚自由活躍的思維，鍾情於文學藝術，對美食和時尚有著天生的稟賦和靈性。法國人尤其對視覺藝術有著特殊和天生的良好感覺和口味。因此，培養出了絕大多數的一流畫家和時裝設計師。

巴黎是法國政治、文化藝術、商業、科技、金融、交通、旅遊的中心。巴黎人的薪資及其他待遇要比法國外省高出許多。巴黎人的優越感自然要比法國其他地方的居民更勝一籌，對巴黎之外的法國人皆鄙稱為「外省人」。天地之間唯我獨尊，巴黎之外別無他途。十九世紀，法國作家巴爾扎克（Honoré de Balzac, 1799-1850）筆下的巴黎人與外省人的爭執，至今依然如故，遠勝中國國內關於「北京人喜歡補腦、上海人注重養顏、廣東人熱中壯陽」之類的善意爭論。

法國人從小就被灌輸，他們的國家是現代民主制度、人權宣言、平等自由、美酒美食、高級時裝及化妝品、古典和現代美術的故鄉暨捍衛和集其大成者。法國在文化、藝術、美食方面

---

11 謝芷霖，《不浪漫的法國》（新北市：印刻，2016），頁8-47。

的霸主地位，是法國外交政策的延續。總之，一切美好的都應該是法國的，除了打仗之外！

法國人最崇拜的就是帶領法國人戰勝外國人、擴大法國版圖，而且代表法蘭西精神的民族英雄，從聖女貞德到拿破崙和戴高樂，所以千萬不要當著法國人的面隨便議論拿破崙，最好不要提及滑鐵盧，更不要提及拿破崙的悲慘結局。法國人對自己民族過去的領袖人物，不願輕易進行褒貶，卻熱衷於批評和諷刺現任政府和領導人。法國人給自己民族特徵的定位是：「喜歡發牢騷，永遠不滿足現狀。」法國人早晨起床後，不論天氣好壞，第一件事情就是發牢騷。

法國人的可貴與可愛之處

法國是空想社會主義的故鄉，法國人愛空談、空想，好大喜功。他們自己並不守時，很喜歡抱怨地鐵、火車、飛機，甚至計程車誤點。在法國，開會、上課、談判遲到十五分鐘屬於正常範圍。法國人不愧是拉丁文化的代言人，人人都可以高談闊論，喜歡胡謅神侃，如行雲流水。

然而，法國人也具有許多可愛與可貴之處。他們很少約束，沒有成見，富於激情，充滿想像力和創造力。他們喜歡革命和創新，巴黎公社和巴黎時裝一樣，都是法國人熱衷變革的例子。法國人生性外向，熱愛生活，敢於追求生活，生來就是為了享受。喜歡一切熱鬧場面和特別的盛會——雞尾酒會、畫展開幕式、婚禮、公開和非公開的慶典，正式和非正式的場合，都會有許多人在那裡神氣活現地高談闊論。法國人通常覺得家裡格局太狹小又沒有人欣賞，所以最能發揮他們才能的地方就是公共場所，如咖啡館、餐廳、機場候機室、歌劇院的幕間休息走廊，以及林蔭大道上。罷工、罷課、上街遊行示威，更是他們的所愛，就連維持公共秩序的國家機器——警察、憲兵、海關人員，也常常會罷工。

自大的法國人，惟有碰到中國人時才會願意表現出幾分的謙虛和興趣，相當難得。他們非常樂意了解中國文化，中文在法國已經成了最熱門的外語之一，連許多中學都開設了中文課。法國人除了承認中國歷史源遠流長和中國文化博大精深外，也願意認同中國的飲食文化和法國的飲食文化同樣「美妙」，而且「各有特色」。[12]

法國總體面向觀

「六角國土」概念的設計者：沃邦

在「太陽王」路易十四時代，輔佐之能臣專才甚多，沃邦（Marquis de Vauban, 1633-1707）是軍事家，其攻防設施獨步全歐。他首創「六角國土」概念，向法國國王建議，建築數道城堡環鏈構成防禦線以保護首都巴黎。他還提出應該統一包括里爾（Lille）和敦克爾克（Dunkerque）在內的東北部。沃邦以後的法國領土不斷擴大，路易十五時期，洛林（Lorraine）成為法國的一省；一七六八年至一七六九年舒瓦瑟爾又使科西嘉成為法國最大的島嶼；一八六〇年法國又從義大利手中奪得薩瓦。此後雖有像阿爾薩斯和洛林的失而復得，但法國的疆界基本上保持著沃邦輔政時期勾劃出的輪廓。

12 林樺，《非典型歐洲人》（臺北：閱讀地球出版社，2003），頁12-34。

法國民族特性面面觀

在一般人的印象中，法國人說話幽默風趣，面部表情豐富，待人接物彬彬有禮，熱情好客。但除此之外，還有許多獨具一格的素質，請看王毅等人所著《一代風流法國人》一書的歸納評述：

1. 充滿自信的民族自豪感

法國人隨處流露出充滿自信的民族自豪感，他們為法蘭西民族的悠久歷史和燦爛文化而自豪，更為她對人類文明所作出的傑出貢獻而自豪。這種民族自豪感成了民族團結的強大凝聚力，鑄就了法國人民不畏強敵、不甘落後的民族精神。戴高樂有一句名言：「法國不偉大，就不成其為法國」，道出了法國人民的心聲，成了法國人民的共識。因此，法國雖然只是一個中等強國，但自建立第五共和以來，儘管內閣和總統有更替，但不管那個政黨執政，都會執行獨立自主，謀求大國地位的外交政策，反對超級大國的霸權主義，特別是敢於向美國說「不」。

2. 喜歡讀書的風氣

法國人讀書的熱情很高，這從法國圖書館的數量和使用率可以看出來。法國在這兩方面都高於其鄰國。法國大小圖書館星羅棋布，其中最為現代化、舒適和藏書最豐富的，當屬一九九七年竣工的法國國家圖書館新館。

3. 熱愛藝術

法蘭西是個熱愛藝術的民族，每年在法國各地舉辦的規模不等、內容不同的文化藝術節多到難以勝計，其中除包括國際聞名的坎城電影藝術節、亞威農戲劇節、尼斯嘉年華會、蒙地卡洛雜技節、昂蒂布爵士音樂節外，大量的是具有地方色彩，多采多姿的地方藝術節。一年四季，特別是春夏兩季，文化藝術節在全國各大小城鎮接連舉辦，令人目不暇給。法國有這麼多的藝術節，首先是她有廣大的群眾基礎，符合熱愛藝術的法國人的願望。其次是她擁有一大批熱心於文化藝術事業的主辦人。最後是她得到了地方當局的支持和幫助。

4. 珍愛民族文化遺產

法國人珍惜自己的民族文化遺產，把一切帶有歷史印記，體現歷史演進歷程的遺物和遺蹟，都作為國家的文化遺產保護，並將每年九月的第三個週末定為文化遺產日（又稱博物館日），這在世界上其他國家是少有的。

每年的這一天，全國的博物館都敞開大門，公立博物館一律免費參觀，私人博物館以門票半價優待。法國人在這一天，像過節一樣，扶老攜幼，全體出動，像朝聖般紛紛前往公私立大大小小博物館參觀。

5. 酷愛旅遊

法國是世界數一數二的旅遊大國，法國人也愛旅遊，旅遊已成為法國人生活的重要部分。旅遊是一項昂貴的消費行為，從主觀上看，法國人求知欲強，對不同文化傳統和異國風光有高度興趣，可藉參觀古蹟勝景和遊山玩水，增廣見聞。就客觀上講，法國薪資族每年有法定的五星期「帶薪假」，度假風氣盛行，每逢年假或暑假藉機離開職場，到風光明媚之地，消遙式的放鬆心情，對於日後工作效率的提升，說不定也是一大利多。

6. 注重「隱私權」

法國人十分重視隱私權，不輕易請朋友到家裡吃飯，也是隱私權的一種表現。雖屬至親好友，「家永遠是一道很難逾越的藩籬」，這與中國人的好客、常常聚會吃飯、喜歡互相走訪，大不相同。

法國教育制度管見

法國的教育分初等教育、中等教育和高等教育三等。

法國學制不斷改革，有時難免成為明日黃花，此處暫不談初等教育。

法國有四類中學，即國立中學、市立普通中學、市立技術中學和市立中等學校。最受歡迎的是國立中學，這是培養行政、經濟、法律、商業高級管理人才的準備階段。市立中等學校是短期的綜合性中學，綜合「古典」、「現代」和技術於一體，讓學生得到各方面的知識。另外，法國還有不少私立中學，雖然收費較高，但素質較好，也吸引了許多學生報名。

法國中等教育的適應性甚強，按學生的能力和特長，為以後的就業或學習確定去向，以適應不同的社會需要。對學生而言，一所好的中學，往往對其今後的發展具有重大的影響，甚至決定其一生的命運。

高等教育是科學研究的基地和人才薈萃之所。法國目前共有大學近八十所，大學生一百萬人，其中有十多萬的外國留學生。大學生中以學習文學和人文科學最多，約占百分之三十，有百分之十五的學生學習數學、理工；百分之十三學習法律、政治學和醫學，約百分之六學習經濟類學科。

大學的學制一般為七年，分為三個階段（Cycle），第一階段為兩年，結業者頒發普通大學學習證書。第二階段亦為兩年，第一年發學士文憑，第二年發碩士文憑。第三階段為三年，經過論文答辯及格後，可取得專業博士學位。

法國擔負高等教育的學校有三類：第一類是綜合性大學，每年通過 BAC（中學畢業會考）的中學畢業生，有百分之八十五進入這種大學學習，最有名的是巴黎大學；第二類統稱高等院校（grandes écoles），其規模不大，但名氣很大、學生素質高，入學競爭激烈，但工作有保障，為法國青年嚮往的好去處。第三類為短期技術大學，即高等技術學院，修業二至三年，適應社會需要，頗受歡迎。

作者在高等教育方面，特別舉出四所名牌大學：

巴黎大學——「歐洲大學之母」。

法國國立行政學院——培養高級行政官員的「搖籃」。

巴黎理工學校——「會下金蛋的母雞」。

法國聖西爾（St. Cyr）軍校——法國軍事將領的「熔爐」。

此外，作者也坦率指出，法國教育遭遇的難題有：

1. 政府不斷地改革教育，但每當一項改革方案出爐後，總會引起學校教師及學生們或罷課，或上街遊行以示抗議，以致改革半途受挫，無法澈底執行。

2. 法國學校吸毒問題嚴重。據調查，十八歲以下青年學生中有近百分之三十的人抽過大麻，女學生的比率則為百分之二十左右。吸毒的學生多半迷迷糊糊，上課自然無法專心一志。

3. 暴力行為難以控制。法國中學生愈來愈不安分，他們不守紀律，愛打架，甚至毆打老師，令學校十分頭痛，管理愈來愈感到力不從心。

法國社會上的不光明面

巴黎是法國的門面，為全國政治、文化、經濟、旅遊和風尚的中心。從一個觀光客的角度看，巴黎固然美，但同時存在著若干美中不足的地方，令他們錯愕和苦惱。這些問題，前面作者已一再提過，茲簡列如下：

1. 巴黎大街小巷狗屎多。
2. 地鐵站內流浪漢麇集。
3. 地鐵逃票問題嚴重。
4. 信手塗鴨有煞風景。

關於細節，不在此贅述。

法蘭西的智慧

楔子

最近，在林郁工作室企劃下，由顧曉鳴主編、「新視野」出版社出版了一系列「世界的智慧」套書，共十六種，包括《日本的智慧》、《猶太的智慧》、《印度的智慧》、《韓國的智慧》、《瑪雅的智慧》、《阿拉伯的智慧》、《東南亞的智慧》、《巴比倫的智慧》、《印加的智慧》、《太平洋島嶼的智慧》、《吉普賽的智慧》、《非洲的智慧》、《美利堅的智慧》、《英吉利的智慧》、《古埃及的智慧》、《法蘭西的智慧》，林林總總，令人目不暇給。其中《法蘭西的智慧》一書，無論書名或內容，或正可作為本書的壓軸和象徵性的總結。

《法蘭西的智慧》一書，共分七章，分別為「法國式的表和象」、「法國式的精和神」、「法國式的政和治」、「法國式的性和愛」、「法國式的欲和利」、「法國式的言和語」、「法國式的文和藝」，這是一本感性與理性的結晶，它揉合了歷史、神話、寓言、《聖經》、軼事、俚語以及各式各樣的文學作品，上自路易十四、拿破崙、伏爾泰和莫內，下至無影無形的芸芸眾生，從巴黎市民到鄉村農夫，從政客到士兵，從男人到女人，無論真實的或虛幻的，外顯的或內隱的，崇高的或庸俗的，無一不透析出法蘭西智慧的某一側面。這些智慧，有時是相對的、矛盾的，更是感性和理性的，部分和整體的。相信，每一個民族或某一個國家的智慧，都不是一兩本書可以完全闡述的。所以，筆者只能取精用宏，主觀的擇取那些別的作者所沒有說或不常說

13 王毅等著，《一代風流法國人》（北京：時事出版社，1999），頁 14-25、43-45、205-220。

的課題或內容，並兼顧讀者的興趣和關注面，稍作介紹和轉述。若有不周或失當之處，尚請原作者鑒諒！

艾菲爾鐵塔的象徵意義

一八八九年，在巴黎拉丁區的聖米歇爾林蔭大道（Bd. St. Michel）旁邊，出現了一個「醜陋不堪的怪物」，它是作為巴黎博覽會的指航燈塔，由建築師艾菲爾（G. Eiffel）建造的。當時習慣於典雅細膩的浪漫情調的巴黎人，實在無法忍受這樣一個鋼鐵怪物。他們跑到法院對艾菲爾進行控訴，抗議他擾亂了附近居民的心靈平靜。巴黎的藝術家在一封公開信中，把鐵塔描述成一座「令人暈眩的滑稽塔樓，有如工廠的巨型煙囪插在巴黎上空。」作家莫泊桑也曾寫道：「我逃出巴黎，逃離法國，因為艾菲爾鐵塔擾得我不能安生。」

然而，就是這樣一個怪物，卻完美地體現了法蘭西民族的理性精神，預示著一個科學的理性時代即將到來。巨大的基座支撐起高達三百二十公尺的鋼鐵塔身，卻給人以強烈的穩定感，下大上小，平緩收縮的曲線勾勒出一尊法國式大衛的健碩形象，視覺上的對稱和平衡使人產生心理上的和諧美感。艾菲爾鐵塔是現代科技的產物，是法國人理性科學精神的代表和象徵。全塔兩百五十萬顆鉚接孔，在組裝中沒有一個錯位。每個孔洞都精確對接，以至鉚接時都不用銼一下；一千五百多根鋼梁在以後近九十年的使用中，沒有一根經過調換。只有在現代工業文明的技術支持下，才能創造這樣的奇蹟。

龐畢度藝術中心的衝擊

一九七七年初，巴黎人的審美視覺再次受到龐畢度藝術中心的衝擊。同艾菲爾鐵塔理智、剛性、和諧的文化形象相反，龐畢度藝術中心體現的是技術時代對人性的壓抑和嘲諷。七層高的大樓，所有柱樑、樓板都是鋼結構。在靠街的一面，赤裸裸地展示出各種管道設備，紅藍黃綠的空調、電氣、供水管道縱橫交錯，全部裸露於建築外部；一條巨龍般的透明圓筒從地面蜿蜒而上，裡面是一部供人上下的自動扶梯。整個建築活像一座煉油廠，有人諷刺它像一艘碰巧駛到巴黎來的郵船。

中心建築剛完成時，它所產生的衝擊不亞於曾被視為「鋼鐵煙囱」的艾菲爾鐵塔。它所展示的是，人們面對咄咄逼人的工業理性所產生的本能反應：以毒攻毒，用最極端的理性來反對理性。更重要的是，它所體現的無智、反智傾向，使傳統的審美智慧體系瀕臨解體。一般認為，平衡對稱是一種美，但怪異、突兀、不協調，何嘗不也可以是一種美。價值或意義的有無，都不再是絕對的。這其中的微言大義，又有誰能透析出智慧來呢？

羅浮宮的「剛性」金字塔

羅浮宮不僅是法國的藝術寶庫，而且是法國人古典主義精神追求對稱平衡的建築傑作。綿延三個多世紀的歷史沉澱，早已使羅浮宮和它的藏品成為藝術與美的化身，深深地浸透在每個法國人的意識之中。

然而，到了二十世紀八〇年代，一位美籍華裔建築大師貝聿銘（1919-2019）卻敢在太歲爺頭上動土。他用中國人特有的和諧自然觀和美國人的現代精神，兼採法國人古典式的浪漫和莊嚴，在小凱旋門西面設計了一座高二十米、底寬三十米，百分之八十透明，百分之二十反射的玻璃金字塔，作為羅浮宮的地下出入口，而東、南、北三面各立一座五米高的小金字塔，分別指示三個通往主要展覽館的地下自動扶梯。在金字塔的玻璃立面上，藍天白雲，池水激盪，噴泉飛濺，襯托著羅浮宮那夢幻般的層面造型，如幻如影。現代與古典在貝聿銘的玻璃金字塔上得到了完美的統一，這些體現所建年代之科技水準的「剛性」建築，聳立在浪漫的花都之中，豈不是法蘭西智慧的又一象徵乎？

拉・封丹與「3S」：法國人閒適的智慧

法國詩人拉・封丹（La Fontaine, 1621-1695），以《拉・封丹寓言》一書留名傳世的智慧，在法國家喻戶曉，而人們對他的智慧所作的概括只有三種——詩歌、閒適和女人。追求快樂、樂天知命、自然閒適是拉・封丹智慧的真正內涵。幾百年來已成為法國人身體力行的道德聖經和生活哲學。咖啡館是法國人閒適生活的一個縮影，但今天的法國人已愈來愈不滿足於咖啡館式的閒適生活，他們開始崇尚自然和健康，「3S」的生活模式成為許多法國人追求的目標。

所謂「3S」，即海洋（Sea）、陽光（Sun）和性（Sex）。人們把法國南部地區稱為「蔚藍海岸」（la Côte d'Azur），傳說古代司美之神背著上帝，在人間建造的私人花園，陽光、沙灘、海水、棕櫚，當然還有女人，使蔚藍海岸成為法國人理想的休閒勝地。每年七、八月間，巴黎人傾巢而出，湧到蔚藍海岸，把身體埋入沙中，戲稱「曬魚乾」或「插蠟燭」；然後帶著一身黝黑的古銅色，得意洋洋地回到巴黎。

遺憾的是，最終雖然他（她）們都帶著滿身的健康膚色和一臉愜意、滿心歡喜回到巴黎，但外表的健康並不能掩飾內心的脆弱，一時的快樂也不能代表永久的幸福。不久，一層硬繭就會重新包裹那曾經放浪於山水之間的心靈。法國人在層層防護下獲得了安全感，於自我封閉中求得舒適與安靜。同拉・封丹相比，這究竟是智慧的進步還是退化？

法國人在理智與激情間的擺盪

法國是一個政治思想極為發達的國度，每個法國人都是天生的政治家。從孟德斯鳩的「三權分立」學說，到聖西門、傅立葉的「空想社會主義」，都是不乏理智的先見之說。同時，法蘭西民族又是一個以激情四溢的政治人格著稱的「革命一族」。

從來沒有一個民族像法國人那樣，把最理想的革命，最現實的生活，乃至最保守的懷舊情緒集於一身。浪漫的理想主義使他們始終幻想著一個「自由、平等、博愛」的黃金大國；歐陸上封建王權最為根深柢固的法國，卻孕育了最為激進的社會理想。法國人不斷地為盧梭、伏爾泰、狄德羅、繆塞、聖西門等人所描繪的理想國而激動不已。但理性最終仍使法國人不得不回到現實。無論是理想還是現實，推動著革命潮起潮落的始終有一隻看不見的手，那就是對秩序的渴望。

「自由、平等、博愛」是法國人理想主義的智慧結晶，是他們對新秩序寄予的厚望。但當羽翼未豐的新秩序連法國人最基本的生活秩序都無法保障的時候，法國人便從理想精神的最高峰跌落到現實世界的低谷，難於選擇。為了理想，他們應該選擇共和民主，但面對現實，他們只能懷舊。革命伴隨著社會的動盪、價值的重組、法國和秩序的崩潰和重建，這對於長期習慣於安居樂業的法國人來說，是難以忍受的痛苦。法國人富於理想，也不缺乏為理想而獻身的激情，但卻不能持之以恆；激情如潮水般時漲時息，高潮時驚濤拍岸，氣勢滔天，但最終仍不免悄無聲息地退入大海的懷抱。

法國官僚主義的弊病

二十世紀七〇年代，法國朝野上下掀起了一場對「法國病」的熱烈討論，社會學家、政治家、普通民眾都捲了進來，電視臺、報紙等各大新聞媒體也在一旁煽風點火。這場大辯論起源於一位名叫阿蘭・佩雷菲特（Alain Peyrefitte）的社會學家所寫的一本名叫《官僚主義的弊害》的專著。在書中，他就當時法國社會中所存在的一系列弊病進行了深刻的分析，尤其對法國官僚主義弊端批駁入木三分。他如此寫道：

> （國家的職權）取代了地方權力，取代了行業，取代了家庭。它通過數不盡的措施，干涉農業、工業、商業、社會保險、環境保護；它包辦公安、公路交通和衛生……不管是舊政權還是新政權底下的官吏，有哪一門活動能逃過他們的影響！他們手裡有規章、禁令、津貼補助和後門可開。「國家大計」結果弄成了「國家謬計」。

中央集權歷來是封建國家的傳統，法國人的唯理性精神和對法治秩序的偏好，使他們很早就建立了歐洲最完善的官僚體制。法國人的思維和行事方式，導致了官僚制度的肥胖症，並由此產生了許多的併發症：辦事效率低下、機關重重設置、運轉不靈、扯皮拖沓，屢見不鮮；然而最可怕的還是思維與體制之間的惡性循環所產生的「思維硬化症」。

阿蘭・佩雷菲特痛心於官僚主義的弊端，而刻意選擇一個地方雜貨舖的經營與學校距離必須維持在兩百公尺以外的特例，以期振聾發聵、滌淨國人之耳目。由此證明，洞察自己民族在某方面弊病的，恰好也是法國人。也就是說，或許在許多民族都存在著的官僚病現象中，法國人用最強烈的自我批評方式進行描繪，乃至誇大其詞，這也可看作一種民族自我檢討、除弊圖新的智慧吧！

法國時裝個性化的智慧

在法國時裝界，有人把皮爾・卡登譏笑為一個最善於把個性玩弄於股掌之中，同時又是最沒有個性的設計師。因為廠商每年根據卡登的設計，製作十萬套服裝，以「皮爾・卡登」的品牌銷往世界各地，即便是個性智慧的設計，當它複製十萬份，穿在十個消費者身上時，還算不算是一種皮爾・卡登的個性呢？

「個性化」是法國時裝的最大特點。法國時裝店老闆有一項著名的推銷術，叫「獨一無二」。走在巴黎大街上，你很難發現兩位女士穿著同樣的衣服；同時你也會暗中察覺，巴黎女士的服裝很少有標新立異之舉。無論是休閒裝還是上班服，絕大多數走的都是溫和的中間路線，既不過分花俏前衛，又不落後保守。於是，問題便產生了，所謂的「個性」，究竟是從何而來呢？

法國的服裝設計師在個性和共性之間，摸索出一種獨特的智慧：大處著眼，小處著手。也就是說，從整體氣質協調搭配的效果出發，服裝總體式樣基本保持不變，而把主要精力和創造性用於領口、袖口、花邊、鈕扣之類的小處之上，力求花樣翻新。

個性化在金錢面前再度陷入尷尬的境地。各大時裝公司為了推銷它們的產品，無不卯足了公關馬力，利用傳播媒體大造聲勢，使本公司旗下的設計師所設計的服裝有最充足的曝光率，連篇累牘的專欄文章，鋪天蓋地的廣告宣傳，渲染吹捧的名人訪談，這一切的消耗不只是紙張，也不僅是感情，而是大把大把的鈔票。那些沒有大公司撐腰，卻不乏個性和創造力的時裝設計師，就淹沒在這鈔票的汪洋之中。於是，在這個花花世界，鈔票和金錢也同樣可能成為創造最有個性的東西。

法語是高度智慧的展現

法國人對於自己語言的重視，乃是與強烈的民族自尊感聯繫在一起的。

都德（Alphonse Daudet, 1840-1897）的「最後一課」，描寫一位有著崇高民族自尊心的法文老師，在面臨著普魯士鐵蹄踐踏和文化毀滅的最後關頭，語重心長地告誡他的學生，一定要學好法語，因為「法語是世界上最優美的語言。」他堅信，法語是偉大的法蘭西民族維護他們獨特個性的最後一道防線，只要這道防線不被普魯士攻破，法國人就永遠是法國人。

法語是法國民族的精神內核，通過法語的會話含義，可以看到法國人精於思維、想像力豐富，做事嚴謹認真而又不失靈活機智，既活潑優美又典雅細膩等等多向度的法國形象；同時，透過法語的非會話含義，法國人的民族性格也幾近可以一覽無餘。法語圓潤柔和、韻味十足，而且輕快如兒歌，故稱得上是「世界上最優美的語言」。法語也是某種心智的反映，一個思維僵化、行動保守、民風粗俗的民族，絕對不可能產生像法語這樣有著高度智慧的語言。[14]

14 敖軍著，《法蘭西的智慧》（臺北：新視野，2020），頁25-27、33-35、76-77、150-152、178-180等。

後記

筆者曾說過，在一生當中，能夠有機會一遊再遊浪漫多姿的花都巴黎，該是一件多麼愜意的事情。套一句美國作家海明威的話：「如果你夠幸運，在自己年輕時候待過巴黎，那麼巴黎便永遠跟隨著你，因為巴黎是一席流動的饗宴。」同樣是值得長久回憶，無窮玩味的話題。

一九六四年九月，就是法國戴高樂政府與中華民國政府斷交的一年，筆者第一次到法國在巴黎念書，就像許多留法前輩一樣，志氣大、抱負也不小，曾在〈從留學法國說起〉這篇文章裡特別提出一個觀點，要與同道、同好在學術專業上共勉。有鑑於當時的國內學術市場，多以美國為馬首是瞻，尚找不到一本完整的法國文學史、法國藝術史；也尚未出現一本夠格的法國史、中法外交史；更少人下過工夫對法國政黨、議會制度、社會福利制度，甚至歐洲共同市場、北大西洋公約組織等課題，作有系統而完整的介紹和研究，希望我留法前輩有志一同，站在各自專業的崗位上，努力把一塊塊空白填補或求其精實，這將是嘉惠士林、功德無量的一樁盛事。

回顧近五十年來大家辛勤耕耘的成果，雖不敢說令人完全滿意，但已大為改觀。首先，在觀光旅遊風氣的激盪下，出版界競相出版質量並重的旅遊導覽書籍，讓旅遊資訊逐漸普及到國內讀者；其次，有關法國歷史、文學、藝術，或美食、葡萄酒、時尚精品，甚至歐盟等專題的研究和介紹，也不斷推陳出新，並且不乏佳作。

中法關係課題，乃個人研究的「最愛」，數十年如一日。從法國與辛亥革命、孫中山與法國、華工參加歐戰、中國代表團出席巴黎和會，到民初旅歐教育運動（包括留法儉學、勤工儉學、巴黎中國學院、里昂中法大學、中比大學等項目）等課題，都是筆者長期悠遊、浸淫的主要興趣，並已有專書近十本問世，不敢奢談貢獻，但「得失寸心知」，此生或已少遺憾！

惟筆者念茲在茲的一項工作尚未完成。回顧從民初到現在大約一百年期間，凡我華人，無論留學生（大部分）、外交官、外派記者、文學家、藝術家、科學家，或短期觀光旅遊過客（包括官商考察團、臺籍士紳官員，甚至所謂「巴黎浪蕩客」）等，林林總總，數目何止千計。他們的足跡遍及法國，他們的接觸深入而廣泛，他們的觀察多元而銳利，透過他們親眼目睹、親手記錄下的見聞或遊記，真是琳瑯滿目，美不勝收。這些眾人智慧的結晶，若能加以整理、剪裁和歸納，無異是一部旅遊法國的百科全書，更是一部全面了解法國的經典寶庫，這是筆者為何動念撰寫本書的初衷，幸讀者諒鑒！

關於本書，筆者給自己界定的旨趣，它是一本感性與知性結合之作，而不是一本枯躁乏味，言必引據的嚴肅學術創作，取材盡量求其廣泛有趣，文筆務必求其通俗活潑。它只是近百位作者在法國讀書、工作、旅遊和生活的見聞和觀感，所以我們的調子不高，沒有採用「法國觀」這種學院派的名詞。它也是許多作者對法蘭西文化的初體驗，大家的看法和論調或許南轅北轍（例如對法國人是否浪漫一事），見解和分析也不盡相同，但我們願讓它各說各話，各存己見，是也非也，贊成與否，讓讀者自己判斷。

職此之故，筆者可以省掉結論一章，若一定得聊備一格，那最後第十七章的第四、五、六凡三節，涉及到「高盧雄雞」的可貴與可愛，「法國民族性面面觀」、「法蘭西的智慧」等，可看出筆者取材的深意，或勉強可算是代結論了。

庚子年（二〇二〇年）是全球新冠疫情最猖獗的一年，也是人人禁足、盡量不外遊最悶的一年。但於個人筆耕工作卻獲益匪淺，收穫滿滿。除了趁機如願完成這本二十萬字的書之外，還發表了近十篇長短不拘共達十萬字的文章，同樣值得一敘。

最後，感謝臺灣商務印書館的厚愛，在張曉蕊總編輯、林桶法教授兩位的玉成下，終於讓本書與讀者見面。

陳三井　於二〇二一年二月十八日

主要參考書目

丁文江、趙豐田編，《梁任公先生年譜長編》（初稿）。北京：中華書局，2002年。

王若飛，〈聖夏門勤工日記〉，原載《少年世界》1:11，轉載於《赴法勤工儉學運動史料》，第2冊（上）（北京：清華大學，1979-1980）。

王震邦，《獨立與自由：陳寅恪論學》。臺北：聯經，2011。

王毅等，《一代風流法國人》。北京：時事出版社，1999。

中國現代史辭典編輯委員會，《中國現代史辭典・人物部分》。臺北：近代中國，1985。

衣淑凡，《常玉油畫全集》，兩冊。臺北：國巨基金會，2001

池上俊一，《甜點裡的法國》。臺北：世潮出版，2020。

朱自清，《朱自清全集》。新北：華盛國際，2018。

沈雲龍主編，《曾慕韓（琦）先生年譜日記》，收入《中國青年黨史料叢刊》。臺北：國史館，1983。

沈雲龍主編，《左舜生：近卅年見聞雜記》，收入《中國青年黨史料叢刊》。臺北：國史館，1984。

李璜，《學鈍室回憶錄》。臺北：傳記文學，1973。
李治華，《里昂譯事》。北京：商務，2005。
李在敬，《夢迴巴黎》。臺北：東大圖書，1989。
沈沛霖口述，沈建中撰寫，《沈沛霖回憶錄》。臺北：秀威科技，2015。
沈謙，《林語堂與蕭伯納》。臺北：九歌，1999。
汪榮祖，《史家陳寅恪傳》。臺北：聯經，1984。
何政廣，《趙無極的生涯與藝術》。臺北：「雄獅美術」，1972。
李石曾，《李石曾先生紀念集》。臺北：中國國民黨黨史會，1975。
李書華，《碣盧集》。臺北：傳記文學，1967。
吳相湘，《晏陽初傳》。臺北：時報，1981。
吳建民，《在法國的外交生涯》。上海：三聯，2006。
吳君瑩紀錄，林忠勝撰述，《高玉樹回憶錄》。臺北：前衛，2007。
林獻堂，《環球遊記》。臺北：天下文化，2015。
林樺，《非典型歐洲人》。臺北：閱讀地球，2003。
邱家誼，《戰後初期的臺灣報人：吳濁流、李萬居、雷震、曾虛白》。臺北：玉山社，2020。
金梅，《譯壇巨匠：傅雷傳》。臺北：業強，1992。
岳南，《陳寅恪與傅斯年》。西安：陝西師大，2008。
周恩來，《周恩來早期文集》，兩冊。北京：中央文獻，1998。
周蜀雲，《西窗散記》。臺北：「現代國家」出版社，1970。

清華大學中共黨史教研組主編，《赴法勤工儉學運動史料》，三冊。北京：清華大學，1979-1980。
段懷清，《法蘭西之夢》。臺北：秀威科技，2015。
施蟄存、應國靖編，《戴望舒》。臺北：大臺北出版社，1990。
敖軍，《法蘭西的智慧》。新北市：新視野，2020。
徐國琦，《文明的交融：第一次世界大戰期間的在法華工》。北京：五洲傳播出版社，2007。
徐伯陽、金山合編，《徐悲鴻年譜》。臺北：藝術家出版社，1991。
唐啟華，《巴黎和會與中國外交》。北京：社會科學文獻，2014。
席德進，《席德進的回聲》。臺北：文星書店，1966。
席德進，《席德進看歐美藝壇》。臺北：文星書店，1966。
倪再沁、廖瑾瑗，《臺灣美術評論全集：席德進》。臺北：藝術家出版社，1999。
梁啟超，《歐遊心影錄節錄》。上海：中華書局，1941。
馬驪編著、莫旭強譯，《一戰華工在法國》。吉林：吉林出版集團：2015。
許文堂、沈懷玉口述訪問，《外交生涯一甲子：陳雄飛先生訪問紀錄》，兩冊。中研院近史所，2016。
許明龍，《歐洲十八世紀中國熱》。北京：外語教研社，2007。
許明龍，《中西文化交流先驅》。北京：東方出版社，1993。
許明龍，《孟德斯鳩與中國》。北京：國際文化，1999。
高玉樹，《高玉樹論著選輯：旅遊文集》。臺北：東方出版社，1991。

孫幹，《華工記》。天津：天津社科院，2014。
郭為藩，《法國教育及其他》。臺南：開山書店，1971。
陳正茂，《曾琦先生年譜》。臺北：國史館，1996。
陳正茂，《左舜生年譜》。臺北：國史館，1998。
陳炎鋒，《巴黎的一曲相思》。臺中：印刷出版社，1982。
陳錦芳，《巴黎畫誌》。臺北：大江出版社，1970。
陳思和，《人格的發展：巴金傳》。臺北：業強，1991。
陳思和、李輝，《巴金研究論稿》。上海：復旦大學，2009。
陳三井，《法國漫談》。臺中：藍燈公司，1976。
陳三井，《法蘭西驚豔》。臺北：秀威科技，2008。
陳三井，《華工與歐戰》。臺北：中研院近史所專刊，1986。
陳三井，《勤工儉學的發展》。臺北：東大圖書，1988。
陳三井，《中國躍向世界舞臺——從參加歐戰到出席巴黎和會》。臺北：秀威科技，2009。
陳三井，《旅歐教育運動：民初融合世界學術的理想》。臺北：秀威科技，2013。
陳厚誠，《死神唇邊的笑：李金髮傳》。上海文藝出版社，1996。
湯晏，《民國第一才子：錢鍾書》。臺北：時報，2001。
湯晏，《被壓抑的天才：錢鍾書與現代中國》。臺北：春山，2020。
盛成，《盛成文集》。北京語言文化大學，1997。
盛成，《盛成文集：紀實文學卷》。安徽：安徽文藝，1998。

盛成，《舊世新書——盛成回憶錄》。北京語言學院出版社，1993。
祖慰，《西行的黃魔笛：異域華人人物譜》。臺北：聯經，1992。
祖慰著，《朱德群傳》。臺北：霍克公司，2002。。
張允侯等，《留法勤工儉學運動》（一）。上海人民出版社，1980。
張朋園，《梁啟超與民國政治》。臺北：中研院近史所專刊，2006。
張寧靜，《愛在塞納河》。臺北：駿馬文化，1988。
張錫昌，《四十年法國情緣》。成都：四川人民出版社，2006。
張競生著，江中孝編，《張競生文集》。廣州：廣州出版社，1998。
張培忠，《文妖與先知：張競生傳》。北京：三聯書店，2008。
彭小妍，《浪蕩子美學與跨文化現代性》。臺北：聯經，2012。
彭小妍，《張競生的性美學烏托邦：情感教育與女性治國》，收入李豐楙主編，《第三屆國際漢學會議論文集文學組》。臺北：中央研究院中國文哲研究所，2002。
彭怡平，《這才是法國》。臺北：商周出版社，2019。
黃嫣梨，《張若名研究及資料輯集》。香港：香港大學亞洲研究中心，1997。
葛夫平，《中法教育合作事業研究，1912-1949》。上海：上海書店：2000。
楊允達，《巴黎夢華錄》。臺北：黎明公司，1984。
楊允達，《李金髮評傳》。臺北：幼獅文化，1986。
楊孔鑫，《兩城憶往》。臺北：三民書局，1995。
楊錦麟，《李萬居評傳》。臺北：人間出版社，1993。

楊絳，《我們仨》。臺北：時報文化，2003。
楊翠屏，《誰說法國只有浪漫》。臺北：高寶書版，2006。
趙世炎，《趙世炎文集》。北京：人民出版社，2013。
趙靜主編，《留法勤工儉學運動》。北京：解放軍文藝出版社，2004。
趙無極等，《趙無極自畫像》。臺北：藝術家出版社，1992。
趙無極，〈繪畫是我的生命〉，轉載於《雄獅美術》13（1972.3）。
趙衛民編著，《戴望舒》。臺北：三民書局，2006。
趙遐秋，《徐志摩傳》。北京：中國人民大學，1989。
黎東方，《平凡的我》，兩集。臺北：國史館，1998。
蔡和森，《蔡和森文集》。北京：人民出版社，1980。
鄭彥棻，《往事憶述》。臺北：傳記文學，1985。
鄭超麟，《鄭超麟回憶錄》。北京：東方出版社，1996。
鄭超麟，《史事與回憶——鄭超麟晚年文選》。香港：天地圖書公司，1998。
鄭向恆，《歐遊心影》。臺北：學生書局，1977。
劉恩義，《周太玄傳》。成都：四川科技，1992。
謝放，《跨世紀的文化巨人：梁啟超》。廣東人民出版社，2005。
謝芷霖，《不浪漫的法國》。臺北：印刻，2016。
魏外揚，《宣教事業與近代中國》。臺北：宇宙光出版社，1978。
鮮于浩，《留法勤工儉學運動史稿》。成都：巴蜀出版社，1994。

顧維鈞，《顧維鈞回憶錄》。北京：中華書局出版，1983。

國家圖書館出版品預行編目 (CIP) 資料

華人眼中的法蘭西：從華工、留學生、記者到外交官,橫跨二十世紀的旅法見聞/陳三井著. -- 初版. -- 新北市：臺灣商務印書館股份有限公司, 2021.07
面； 公分. -- (人文)
ISBN 978-957-05-3331-6(平裝)

1.旅遊文學 2.遊記 3.法國

742.89 110007082

人文

華人眼中的法蘭西：
從華工、留學生、記者到外交官，橫跨二十世紀的旅法見聞

作　　者：陳三井
發 行 人：王春申
審書顧問：林桶法、陳建守
總 編 輯：張曉蕊
責任編輯：陳怡潔
行銷組長：張家舜
營業組長：何思頓
出版發行：臺灣商務印書館股份有限公司
231023 新北市新店區民權路 108-3 號 5 樓（同門市地址）
電話：(02)8667-3712
傳真：(02)8667-3709
讀者服務專線：0800056193
郵　　撥：0000165-1
E-mail：ecptw@cptw.com.tw
網路書店網址：www.cptw.com.tw
Facebook：facebook.com.tw/ecptw

局版北市業字第 993 號
初版一刷：2021 年 07 月
印 刷 廠：沈氏藝術印刷股份有限公司
定　　價：新台幣 500 元
法律顧問：何一芃律師事務